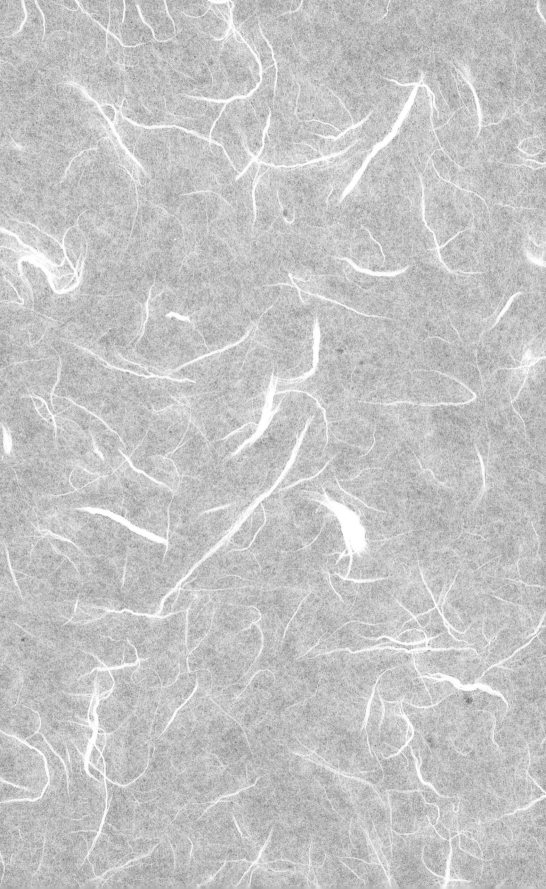

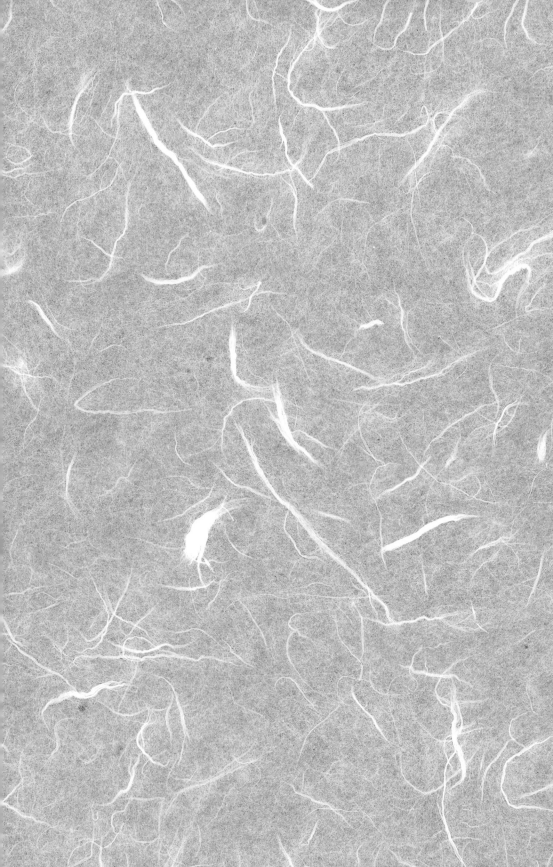

郑欣淼文集

故宫与故宫学二集

郑欣淼 著

北京出版集团
北京出版社

图书在版编目（CIP）数据

故宫与故宫学二集 / 郑欣淼著. — 北京：北京出版社，2023.5
（郑欣淼文集）
ISBN 978 - 7 - 200 - 17523 - 3

Ⅰ. ①故… Ⅱ. ①郑… Ⅲ. ①故宫—文集 Ⅳ.
①K928. 74 - 53

中国版本图书馆 CIP 数据核字（2022）第 205198 号

郑欣淼文集

故宫与故宫学二集
GUGONG YU GUGONGXUE ERJI

郑欣淼 著

*

北 京 出 版 集 团
北 京 出 版 社 出版
（北京北三环中路 6 号）
邮政编码：100120

网 址：www. bph. com. cn
北 京 出 版 集 团 总 发 行
新 华 书 店 经 销
北京雅昌艺术印刷有限公司印刷

*

170 毫米×240 毫米 16 开本 23 印张 310 千字
2023 年 5 月第 1 版 2023 年 5 月第 1 次印刷
ISBN 978 - 7 - 200 - 17523 - 3
定价：138.00 元
如有印装质量问题，由本社负责调换
质量监督电话：010 - 58572393
责任编辑电话：010 - 58572383

序言

　　2009年初，我把自2002年至2008年探索故宫学的文章编为一集，名曰《故宫与故宫学》，由紫禁城出版社（现故宫出版社）出版。最近，我检点2011年以前关于故宫、故宫学、文化遗产的论文及讲稿，又积有20篇。这自然不算多，但我觉得还是有必要把它们整理出来，以一个整体的面目呈现给读者，算是这几年继续探索研究的一个记录。

　　依《故宫与故宫学》之例，名之为《故宫与故宫学二集》。以下对这些文稿的撰写背景和要点略做介绍：

　　2004年9月，我在国家行政学院参加"依法行政专题研讨班"，思考我国世界文化遗产的保护和管理工作现状，展望世界文化遗产在国家和民族发展伟业中应当发挥的巨大作用，深感必须加强对世界文化遗产保护和管理中法律问题的研究，必须加强保护和管理工作中的法制建设。《略议我国世界文化遗产保护和管理中的法律问题》就是对此问题的初步探讨。

　　《关于文化遗产保护的几个问题》是根据2005年7月28日我在

"广州论坛"的讲演而整理的，内容包括我国文化遗产保护的现状与存在的问题、保护文化遗产的意义、正确理解保护文化遗产的方针以及当前加强文化遗产保护的几项重点工作等4个方面。

《民族地区新农村建设中的民族文化问题》是2006年上半年我在中央党校进修一班学习时所写的调研报告。在新农村建设中，与一个民族的价值取向、生活方式以及民族认同感联系在一起的民族传统文化的状况，它的价值与作用，它的扬弃与传承，不是一个简单的文化问题，而与一个民族自身的发展、民族特色的坚持有着重要的关系，需要加强研究，认真对待。

2006年11月14日，我应邀参加国务院国有资产监督管理委员会"中外名家系列讲座"，做了题为《故宫学：故宫价值发掘与民族遗产保护》的讲演。当时，故宫学提出不过三年，影响还很有限，主办方能提出这个题目，给予一个宣传交流的机会，我自然是很高兴的。这个讲演的内容反映了我对故宫学的初步探讨。

中国科学院研究生院（2012年改名为中国科学院大学）和高等教育出版社共同主办的"中国科学与人文论坛"，是一个高层次、高规格的交流平台。2006年11月30日，我应邀在人民大会堂小礼堂做《故宫与中国传统文化》的讲演。著名学者李学勤先生担纲主持，我深感荣幸。

2008年3月18日，解放日报报业集团举行"第十四届文化讲坛暨全球博物馆高峰论坛"。英国大英博物馆、法国卢浮宫博物馆、美国纽约大都会博物馆、俄罗斯艾尔米塔什博物馆、中国故宫博物院以及上海博物馆的馆长齐聚论坛，讨论"人类文明的共享与弘扬"。我在《博物馆使命：文明的共享与传承》的讲演中，论述了人类文明、文化遗产与博物馆的关系，并以故宫博物院为例，强调要加强博物馆界的交流与合作、加强博物馆藏品内涵的挖掘与研究，同时探讨了博物馆的免费开放问题。

《艺术的民族性与艺术交流》是我在北京论坛（2008）"艺术的

超越与文明的发展论坛"分论坛上的讲演，论述了艺术的民族性、艺术的多样化以及艺术交流的形式与意义。艺术是为了表达情感而产生的，也是为交流而产生的；艺术是在交流中发展的；艺术是在交流中实现艺术价值的；艺术交流要保持本民族的文化基因；艺术交流将促进世界和谐。

《以温情与敬意厚待民族文化》是2008年7月11日我在江西"鄱阳湖生态经济区文化建设高峰论坛"上的讲演。我结合鄱阳湖生态经济区的文化建设，提出我们今天面对古人馈赠的丰厚遗产要有自豪感，同时要以敬畏之心来善待，从对国家和历史负责的高度、从维护国家文化安全的高度，建立高度的文化自觉，加强对民族文化的研究与利用，以虔诚的心灵澄澈文化的血脉。

2009年二、三月间，海峡两岸故宫博物院打破60年的隔绝，迈开了交流合作的步伐。过了三个月，我受中央电视台《双周论坛》邀请，做了《两岸故宫博物院的源流与近期的交流》的讲演，详细讲述了举世关注的两岸故宫博物院交往的前后经过，也谈及了我当时的一些认识与思考。

《故宫的价值与应运而生的故宫学》是2009年10月9日我在中国台湾政治大学舜文大讲堂的讲演。鉴于中国台湾学者对北京故宫博物院了解相对较少，我提前做了认真的准备，对故宫价值与故宫学概念讲的也比较深入，特别是介绍了北京故宫博物院一些有代表性的文物精品。

《故宫学纲要》写于2010年。当时故宫学提出已逾8年，特别是两岸故宫博物院交往合作的开启，使故宫学获得更多的共识，故宫学学理探索和学科建设不断发展。有鉴于此，文章重申了故宫学的学术概念、研究对象和范围，阐述了故宫学提出的基础、依据与机遇及其学术发展的目的和意义，梳理了在故宫学以往的研究史上的方法论，指出故宫博物院的使命和故宫学的研究特点，以及故宫博物院在当前学术发展中的主要举措，展望了其学科建设和学术发展前景。

为了加强学术研究，故宫博物院2005年确定"明代宫廷史研究"为院重点科研项目，以丛书的形式，对明代宫廷史中的重大方面进行探讨。其结构是将明代宫廷史中凡是可以相对独立出来的专题单列一类书，共计18种。2009年9月，紫禁城出版社出版了第一批"明代宫廷史研究丛书"4种。这套丛书取得了较为丰富的、具有创新意义的成果，它首次从宫廷史的角度系统全面地研究明代宫廷史，较为充分地利用了博物馆藏品和实地考察的学术成果；它增强了故宫的社会影响力，拓宽了故宫与社会相关机构的合作范围；它逐渐确立并提高了明宫史研究相对独立的学术地位，推动了社会文化史的研究，并将促进中外宫廷史研究方面的交流与合作。为表示祝贺并不断提高本丛书的学术水平，我撰写了《略评"明宫史丛书"》。

2010年是抗日战争胜利65周年，也是故宫博物院建院85周年。故宫文物南迁是故宫博物院发展史上一段重要历史，其意义与影响极为深远。2010年6月，海峡两岸故宫博物院合作开展了"温故知新：重走故宫文物南迁路"的活动。我以档案资料、史实事件为基础，将故宫文物南迁置于当时历史背景（世界反法西斯战争、中国抗日战争、中国文化教育西迁、博物馆事业发展）之中，深入探讨其所具有的独特的历史与现实意义，形成了《故宫文物南迁及其意义》。故宫文物南迁是两岸故宫博物院共享的一段历史，重走故宫文物南迁路线，温故知新，继承和弘扬这份珍贵的精神遗产，让我们进一步感到历史赋予的重任。

故宫精神就是故宫博物院的精神，是故宫人的精神，它是故宫博物院自身发展的结果，是数代故宫人在创造业绩过程中的积累和结晶，是一种崇高的精神力量。从2006年以来，故宫博物院重视故宫精神的讨论和建设，先后开展过三次较大的活动。具体工作主要由院党办、工会组织，编印出版了《故宫精神·故宫人》。书名专门请耿宝昌先生题写，我则撰写《谈谈故宫精神》代作序言。故宫精神有着丰富的内涵，其核心是"视国宝为生命"，具体反映在典守珍护、弘扬服务、敬业奉献、开放创新、奋发和谐5个方面。故宫精神还是一个实践问题，需要进行长期的培育工作。

2011年春，我应邀到澳门大学参加学术交流活动。这些年来，澳门的文化界、学术界提出并大力推动澳门学建设。我认为，澳门与故宫的关系也是故宫学与澳门学要研究的重要内容，或者说故宫学中有研究澳门的内容，澳门学中有研究故宫的部分。4月13日，在澳门大学社会科学及人文学院的"名人讲坛"上，在与郝雨凡院长的对话中，我结合故宫保护与故宫博物院建设的实践，介绍了故宫学产生的基础、机遇及其学科特点。《故宫保护与故宫博物院建设》是当时的讲演稿。

1601年，经由澳门进入内地的意大利传教士利玛窦将世界地图、机械钟表、耶稣圣母像等反映当时西方文化特点的一些器物献给明万历皇帝，敲开了紫禁城的大门，一直到清代康雍乾时期，一场中西方文化的交会使澳门与紫禁城有了更为密切而重要的关系。4月14日，还是在澳门大学社会科学及人文学院的"名人讲坛"上，我做了《紫禁城与澳门——明清之际中西文化的最初交会》的讲演，就明末至清朝前期西方天主教耶稣会传教士在澳门及经澳门到宫廷的活动，探讨了当时中西文化交会的有关情况。

2011年2月25日，全国人大常委会通过了《中华人民共和国非物质文化遗产法》，这标志着我国非物质文化遗产保护新时代的到来。这一年5月18日国际博物馆日的主题是"博物馆与记忆"，而非物质文化遗产的实质就是文化的记忆，因此，博物馆与非物质文化遗产有着直接的关系。2011年4月16日，我在澳门博物馆做了《博物馆与非物质文化遗产》的讲演，对文化自觉与非物质文化遗产、文化遗产保护实践的发展与博物馆的与时俱进、博物馆在非物质文化遗产保护中的机遇与挑战三个方面进行了探讨，并介绍了故宫博物院在非物质文化遗产保护与传承中的做法。

《故宫博物院与辛亥革命》是我为2011年9月召开的"辛亥革命

与故宫博物院"学术研讨会而撰写的论文。1911年爆发的辛亥革命是中国近代完全意义上的民族民主革命运动，它为中国博物馆事业的发展创造了条件。1925年成立的故宫博物院则是辛亥革命未竟之业，标志着中国民族民主运动在文化领域的胜利。然而，由于文献记载和档案资料稀少零散，加之辛亥革命发生与故宫博物院成立相隔时间较长，辛亥革命对故宫博物院建院的推动，以及故宫博物院开院之于辛亥革命事业的意义，未受到足够的重视，国内外相关研究也十分薄弱。论文立足于院藏档案文献，以政治内涵、文化认同和博物馆事业为视角，阐释了故宫博物院与辛亥革命之间的密切联系，并力图客观地呈现当时社会事件的历史情境。

《国学新视野与故宫学》是2011年10月我在中国社会科学院研究生院"社科大师大讲堂"的讲演。国学是不断演进的，自有其适应时代需要的形态、使命和价值，具有开放性的特点。近代以降，分别在20世纪初、20年代、90年代以来出现三次"国学热"，其中第二、三次都与故宫博物院及故宫学有关。故宫学于2003年正式提出，它是以故宫及其历史文化内涵为研究对象，集整理、研究、保护与展示为一体的综合性学问和学科，具有价值的独有性、整体性、累积性以及典制类文物的集大成性4个特点，故宫学是国学的一个部分。我的讲演梳理了国学与故宫学的紧密关系，论述了国学的学术使命与故宫学学术价值的一致性，并从国学新视野的角度阐述了故宫学的文化意义。

《故宫博物院的特点与发展》是2011年11月我在上海博物馆举办的"九州文华"系列讲座上的讲演。从"由皇宫变成的博物院""作为世界文化遗产的故宫及其保护""清宫文物遗藏与两个故宫博物院""故宫的陈列展览与中华文化的弘扬""故宫学视野下的故宫发展"5个方面全面介绍了故宫博物院。

郑欣淼

2017年9月于故宫御史衙门

CONTENTS

第三编

　　故宫博物院虽然成立于辛亥革命14年后，但是以政治内涵、文化认同和博物馆事业为视角，可以看到故宫博物院与辛亥革命之间有着密切关系。故宫文物南迁为故宫博物院发展史上一段重要历史。故宫文物南迁也形成一个故宫两个博物院的局面。两个博物院重走当年文物南迁路线，温故知新，继承和弘扬这份珍贵的精神遗产，更感到历史赋予的重任。

　　故宫精神就是故宫博物院的精神，是故宫人的精神，它是故宫博物院自身发展的结果，是数代故宫人在创造业绩过程中的积累和结晶，是一种崇高的精神力量。

两岸故宫博物院的源流与近期的交流

很高兴有机会在中央电视台和大家交谈有关海峡两岸故宫博物院的交流情况。首先我要代表故宫博物院向中央电视台表示由衷的感谢。多年来，中央电视台对故宫的保护、故宫博物院的发展以及两岸故宫博物院的交流都给予了极大的关注，进行了多方面的宣传报道，特别是大型纪录片《故宫》《台北故宫》，都在海内外产生了重要的、广泛的影响。

这几年，因为工作关系，我和中央电视台的一些同志联系比较多，可以说是成了朋友。我感受深的是，好多同志对电视台的工作投入了巨大的热情，并且对文化遗产有着很深的感情。我觉得，这项工作（对故宫的报道宣传）本身就是参与了中国的文化遗产保护事业。我对大家表示深深的敬意和感谢。

我今天讲的题目是《两岸故宫博物院的源流与近期的交流》，分4个问题：一是两个博物院的共同历史；二是北京故宫博物院简况；三是台北故宫博物院简况；四是大势所趋的两岸故宫博物院的交流。

一　两个博物院的共同历史

关于故宫博物院有三点需要注意：

第一个要点是故宫博物院是什么时候成立的？故宫博物院成立于

1925年10月10日，是在明清皇宫和清宫旧藏文物的基础上建立起来的，是以宫殿建筑群、古代艺术品及宫廷文化史迹为主要展示内容的大型综合性国家级博物馆。就是说，它是由皇宫变成了博物院。法国的卢浮宫博物馆、俄罗斯的艾尔米塔什博物馆都是如此。

第二个要点，海峡两岸各有一个故宫博物院，两个故宫博物院同根同源，都珍藏着大量代表了中华古代文化的奇珍异宝，都在弘扬着源远流长的中华文化。

第三个要点，2009年以来，海峡两岸故宫博物院的交流引起海内外的广泛关注。两个故宫博物院的交流不仅是重大文化事件，而且关系到中华文化的认同、中华民族的认同，因而在两岸的和解与统一上有着尤为重要的意义。

两个故宫博物院同根同源，同源指它们是一个故宫博物院延伸出来分成两个故宫博物院的。1925年到1948年，1948年底到1949年初，故宫南迁文物的1/4运到中国台湾，台湾就有了一批清宫的旧藏，也就是故宫博物院的藏品。两个故宫博物院共同的一段历史是两个故宫博物院共同的精神上的财富。

故宫博物院是由皇宫到博物院的。辛亥革命以后，中华民国成立，清朝的统治就结束了。辛亥革命胜利后，末代皇帝溥仪本来是要住到颐和园的，但是因为有些条件还不具备，比如颐和园院子的围墙在修，涉及安全因素，等等，溥仪还继续住在故宫后宫。故宫分两部分，前边的三大殿不是皇帝居住的，是举行重大政治朝典活动的地方，皇帝的办公住所是在后边。大家看到故宫博物院的牌子挂在神武门，不在午门，就是因为故宫博物院成立的时候，前面三大殿已经是民国政府的古物陈列所了。溥仪被赶出去以后，空出来的就是乾清宫、坤宁宫、交泰殿这后三宫。

故宫博物院成立的契机是第二次直奉战争。当时冯玉祥将军从前线跑回北京，在北京发动政变，控制了当时的北洋政府，然后做了一件惊天动地的事，就是把在后宫宫廷待了13年、早应该搬出去的逊帝溥仪赶出去了。这是很了不起的。当时由临时政府的黄郛内阁主持，成立了清室善后委员会，点查清宫物品。当时，另一个很重要的人叫李煜瀛，他是清朝晚期内阁大学士李鸿藻的儿子，曾留学法国，创立过勤工俭学会，是一个国民党人，曾是北京大学的教授。

1925年10月10日，故宫博物院正式成立，意义重大，这是民主革命的又一胜利，也是我国文化艺术史上的一个伟大业绩。为什么说是民主革命的又一胜利呢？因为虽然革命推翻帝制了，但是溥仪还住在宫廷里边，发生了像张勋复辟等好多的复辟活动，影响国内形势的稳定、革命政权的稳固，把溥仪赶出去，成立故宫博物院，从根本上打消了好多想搞复辟的清朝遗老遗少的念头，可以说是取得了民主革命的又一胜利。

另外，这是我国文化艺术史上的一个伟大业绩。清朝戊戌变法搞新政的时候，维新派人士提出的一个重要新政就是办博物馆，博物馆的实质是什么？是文化的共享，民众的参与。近现代意义的博物馆是开放的，是和民主共和政体联系在一起的，关乎人民群众的民主权利。所以故宫博物院成立看起来是小事，其实关系到国家政权性质。而且故宫博物院成立的时候，很得重视，成立伊始就有相应的法律保障，起初叫《临时组织法》，1928年南京政府接管以后就叫《故宫博物院组织法》，它是中国博物馆事业的第一个法律性文件。而且故宫博物院成立的时候有董事会、理事会，和国际上的管理惯例是相通的。

我在这儿特别要介绍的是1928年至1933年的故宫博物院，通常认为这段时间是故宫博物院发展的黄金时期，在博物院的业务建设方面有很大突破，比如搞陈列展览、文物清点、文物刊布等等。另外还专门购置德国的印刷设备，创办了一些刊物，比如《故宫周刊》等。而且1928年国民政府接管以后，故宫博物院的地位很高，高到什么程度？它是国民政府的直属机构，和"五院"，就是行政院、立法院、司法院、监察院、考试院一个级别。1933年以后，它就变成部、会一级的机构了，就是部级单位，由行政院管理。现在，台北故宫博物院也是所谓的"部会"一级建制，它的院长是"内阁"成员。

故宫博物院的第一届理事会成员名单有：李煜瀛、易培基、黄郛、鹿钟麟、于右任、蔡元培、汪精卫、江瀚、薛笃弼、庄蕴宽、吴敬恒、谭延闿、李烈钧、张静江、蒋介石、宋子文、冯玉祥、阎锡山、柯劭忞、何应钦、戴传贤、张继、马福祥、胡汉民、九世班禅、恩克巴图、赵戴文、马衡、沈兼士、俞同奎、陈垣、李宗侗、张学良、胡若愚、熊希龄、张璧、王宠惠。年轻的同志看这里面的一些人可能不很熟悉，但这一批人绝对是中国当时军界、政界、财界、宗教界、文化界各方面的社会名流。我要说的是蒋介石，他是博物院的理事，为故宫办了一件很实在的事。1930年故宫博物院的院长叫易培基，易培基先生当过南京政府农矿部部长，还当过国立北京女子师范大学的校长。易培基管的是故宫后边的，前边的还不是他管，另外社稷坛、大高玄殿都不由故宫博物院管理。易培基想统一收回来，就给行政院写了一个报告。这个报告以理事蒋中正领衔，另外有李煜瀛、易培基。此报告文件的复制件在故宫博物院的档案室里面保存。当时行政院很快就批了，但是这件事的落实一直到1948年。蒋介石还到故宫来过两次，一次是1928年7月22日，一次是1929年6月27日。蒋介石的日记都存在美国斯坦福大学胡佛研究所，社会上普遍认为蒋介石的日记还是比较可信的。2008年我在斯坦福大学待过一阵，就查了一下，看看这两次来故宫他是怎么记的，发现他对故宫的印象并不好。这个"不好"，我想可能有多方面的原因，他追随孙中山搞民主革命，要推翻的就是封建帝制，所以一定要叫他赞美故宫是不可能的。他第二次来的时候，是决定给故宫捐6万块钱，由当时国民党驻北平总司令行营部出钱，应该说这是故宫博物院收到的第一笔捐款。

故宫博物院在这个时期影响最大的是对清宫档案的整理出版，很了不起。现在中国第一历史档案馆，原来就是故宫博物院的明清档案部，1980年正式划出去的。我国第一批真正现代意义上搞档案的专门人才就来自故宫博物院当时的文献部。

1931年"九一八事变"以后，故宫博物院决定文物南迁。最初，对文物南迁是很有争议的，包括鲁迅、胡适都是坚决反对的。1937年卢沟桥事变，全面抗日战争爆发，存放在南京的文物又辗转到西南大后方，一部分到贵州，大部分到四川。20世纪40年代初都集中到四川。抗战胜利以后，先运到陪都重庆，又运回到当时的首都南京。对文物南迁，我谈几个要点。

第一，从现在来看，文物的南迁是必要的。因为除此以外没有更好的办法可以保护这一批文物。不单单是中国，当时的欧洲也在做同样的事情。江苏人民出版社出了一本书《欧洲的掠夺》，美国人L.H.尼古拉斯写的，主要就写第二次世界大战的时候，欧洲的英国、法国等国家为了逃过纳粹德国对它们的洗劫和掠夺，如何把它们的文物隐藏装箱，安置到隐蔽安全的地方。还有美国，珍珠港事件以后，美国把它的第一面国旗（当时大约160多年的历史），还有好多文物也都转移到秘密、安全的地方。所以现在回过头来看，故宫的文物南迁是必要的。而且10多年在外颠沛流离的过程中，文物基本没有受损，这应该是第二次世界大战中保护人类文化遗产的一个奇迹。

第二，文物南迁使故宫文物的国宝地位得到了进一步的认可和提升。对故宫文物重要性的认识，是一个不断加深、发展的过程。文物南迁的争议很激烈，有人就反对，像周肇祥，这个人在中南海成立"北平民众保护古物协会"，还公然表示用武力来反对文物南迁。后来南京政府代理行政院长宋子文下命令，把这个人抓起来，文物南迁后才把他放了。就是在争议过程中，故宫文物的国宝地位强化和提升了。传说文物是有灵的，比如说文物从南京到长沙，到长沙以后，刚离开湖南大学没有几个小时，长沙湖南大学就被日寇的炮火给炸了；到陕西的汉中，也是刚离开，那个地方又被炸了。

第三，南迁时故宫人和负责南迁的人员对文物的保护，这种奉献精神也成为中华民族精神财富的一个重要组成部分。我给大家举南迁石鼓的例子，石鼓经大家考证是秦国时制作的，一个有1吨多重，跟着故宫文物南迁。那个时候的汽车运载量小，一辆卡车拉一个，10面石鼓在我们的后方转来转去，那是很不容易的。南迁和西迁的艰难程度，由此可见。

最后一点很有意义，正因为文物南迁，一部分文物运到中国台湾，才有了两个故宫博物院，也才有了现在两个故宫博物院的交流。

文物南迁的时候发生了一件很重要的事，就是1935年，在英国伦敦皇家艺术学院的百灵顿厅英国人举办了一个展览，叫"中国艺术国际展博览会"。当时中国提供了近1000件文物，其中700多件是故宫博物院的。这次展览，有42万人次参观，办了学术讲座，还有出版物。专家的评价很高，认为1935年故宫博物院的文物在英国皇家艺术学院的展出有助于西方，特别是欧洲对中国艺术、人文的理解，并产生对中国艺术品的渴望，而且帮助人们认识到这些皇宫艺术品是中国传统艺术的伟大作品。

抗战胜利后，故宫文物分三批运台，为什么这么清楚？因为故宫博物院都留有档案。当时国立北平故宫博物院是本院，南京存放南迁文物的库房叫南京分院。文物运到了台湾，一批故宫的人也到了台湾，但他们仍然要给北平本院写报告的，所以北京故宫博物院保留了原来的一些报告手稿，包括很重要的一些人的手稿。

我简单谈一下在1948年底以前故宫博物院的人事。

1925年成立的时候管理机构叫故宫博物院临时董事会，由蔡元培、张学良等20人组成，没有董事长。当时还成立故宫博物院临时理事会，理事长是李煜瀛。1928年国民政府接管故宫博物院以后，没有了董事会，它就有两层，一个叫理事会，一个叫院长。理事会是两年一届，第一届理事会理事长任职时间比较长一点，1928年到1933年是李煜瀛，第二届是张静江，这都是国民党元老一级的人物。第三届理事长是1934年到1936年的蔡元培，也很了不起的。1936年到1949年没有设理事长。院长是从1928年一直到新中国成立后的1952年，两任院长。1928年到1933年是易培基。易培基对故宫博物院的建设创办功不可没，但他卷入了故宫文物盗宝案。我写过一篇文章，《新华文摘》还转载过，就是说他处理东西的时候，有人揭发他偷了好多文物，然后南京的监察部门法院就一直在追究他，1933年他准备打官司就辞职了。辞职以后，听他女婿的劝，不打官司了，躲到上海的租界，1937年9月病故了。1948年以后，法院说当事人去世了，案件就不了了之了。现在大家认为是冤案，源于国民党内部的派系斗争，也可能还有更复杂的原因。1933年易培基辞职后马衡先生当代理院长，1934年正式当院长，一直到1952年。

我简单说一下故宫文物的国宝意义及它的政治象征性。在中国古代，皇家收藏不但是"宜子孙"的宝贵财富，也不只是供皇帝个人赏玩的珍稀艺术品，更重要的是这些藏品具有强烈的政治与文化的象征意义，皇室收藏与王朝命运密切相关，这些藏品成为皇权的象征。或者如一些研究者所言，皇家收藏是中国历代统治者确定其政权合法性的重要来源。有一本书叫《中国皇家收藏传奇》，作者是美国华盛顿大学的一个汉学家，中文名字是沈大伟。他在书里面就写清宫的收藏，也简单谈了中国历史上的收藏，而且把重点放在北京和台北两个故宫博物院的发展状况上。他的观点应该说有代表性，国外的很多学者，包括中国台湾的一些学者普遍认为，皇家收藏和政权密切相关。这本书一再论及的一个中心论点就是中国历朝历代的统治者都把皇家收藏视为其政权合法性的主要来源，概莫能外。我个人不完全赞同这一说法，但是他这一言论应该说有一定道理。

如果说皇家收藏有这个特点，那么故宫博物院成立以后，象征君主法统的清宫旧藏为人民共有共享，也就为其赋予了维系中华民族文化、传续中华文明血脉的新内涵。总结一下，可以说故宫是世界上最丰富、最重要的中国古代艺术品的宝库。故宫是一部浓缩的中华五千年的文明史。故宫是中华文化的重要象征物。现在我们到故宫，看的是中国的历史、中国的传统、中国的文化，已经超越了故宫本身。

故宫的地位是历史形成的，故宫是不可替代的。也有人说，中国这么广袤的大地，地域文化这么丰富，考古发掘这么多，每年都有数不清的各种文物珍品出土，有很多藏品比故宫的好多了。这是事实。但是故宫是一个文化整体，有特殊的演变历史。去年4月份《光明日报》登过我的一篇文章，讲的就是故宫的价值与地位。故宫是不可替代的，并不是说故宫的哪一件藏品好到什么地步，而是说故宫是一个整体，是了不起的。

二　北京故宫博物院简况

北京故宫博物院是世界上极少数同时具备艺术博物馆、建筑博物馆、历史博物馆、宫廷文化博物馆等特色，并且符合国际公认的"原址保护""原状陈列"基本原则的博物馆和文化遗产。经过60年的历程，特别是改革开放以来，北京故宫博物院在文物管理、陈列展览、学术研究、社会教育、数字化建设、对外交流以及古建保护、职工队伍建设等各个方面都有了重大的发展，产生了广泛的影响，跻身于国际重要博物馆行列。这些我不细说了，我就谈故宫的价值。

故宫博物院能有以上这么多特点，是"原址保护"的博物馆和文化遗产，就是因为它和故宫联系在一起。我们说故宫博物院有两个，但故宫只有一个。对故宫的认识，也是不断在发展的，特别是在故宫成为世界文化遗产以后，对它的认识还在不断加深。故宫的建设，包括故宫的这些基本状况的介绍，我想强调三点。

第一，从建筑物来说，故宫是宫室建筑的集大成。

紫禁城的建造始于明永乐四年（1406年），永乐十八年（1420年）建成。它的营造，举全国之财力物力，汇天下之能工巧匠。紫禁城占地72万平方米，现在保留的建筑面积约15万平方米，是世界上现存建筑面积最大、保存最完整的古代宫殿建筑群。

中国建筑在世界建筑史上最有名的是宫室建筑。我们到欧洲去，最好的地方是什么？是教堂，教堂不仅建筑精美，而且有大量珍贵的艺术品。欧洲是政教合一的，所以最富有的、影响最大的是教会。在中国，宗教始终没有凌驾于王权之上，王权始终占主导地位。所以最能体现财富、艺术品收藏的就是皇宫。在中国来说，皇宫也是和一个泱泱大国的历史地位相一致的。我这儿援引了"非壮丽无以重威"的古话。当年刘邦刚打下天下，灭掉项羽，天下还没有太平，刘邦仍在外面东征西讨。回到长安后发现萧何给他修了一个未央宫，刘邦很生气，说天下未定，你怎么能修这个？劳民伤财！萧何就说大丈夫四海为家，而你拥有天下，"非壮丽无以重威"——没有这么壮丽的宫殿建筑，你的威权、皇帝的威权就显示不出来。

有一个日本人把中国的建筑概括为宫室本位，中国建筑，包括寺院的建筑都是以宫室建筑为蓝本的。宫殿建筑最能代表中国建筑风格和成就。而故宫是我国古代宫城发展史上现存的唯一实例和最高典范，在建筑技术和建筑艺术上代表了中国古代官式建筑的最高水平。

第二，故宫本身蕴含着深刻的政治、文化意义。

故宫体现了"皇权至上"的伦理思想。从规划设计上讲，它基本上是附会封建宗法礼制的，继承了传统的宫城、内城、外城的三重城制度，居都城中央，"前朝后寝""左祖右社""五门三朝"，体现了儒家的理想和封建礼制。传统的阴阳五行学说在紫禁城建筑中也得到运用。故宫有个年轻的研究员名叫王子林，写了一本《紫禁城风水》，专门研究故宫风水，从中可见其中学问也是很多的。

第三，我要强调故宫不是一个壳，是和文物联系在一起的。

清宫的书画、玉器、青铜器等都是分散在各个宫殿里的。例如书画，在《秘殿珠林》《石渠宝笈》中都有原藏宫殿的记载，三希堂就是珍藏三件法书名迹的场所，把建筑与文物结合起来，更能加深对皇帝收藏、欣赏的趣味及其他特点的认识。

北京故宫博物院现藏文物约180万件（套），其中85％为清宫旧藏。文物总数占全国文物系统博物馆藏品总数的1/10，其中一级文物8272件（套），占全国文物系统馆藏一级文物总数的1/6。是世界上存藏中国文化艺术品最为丰富的宝库。台北故宫博物院现藏文物是多少？大家也都很关心。台北故宫博物院现藏文物65万件，当年带走的是60万件，到中国台湾以后征集了5万件。台北故宫博物院的文物构成大致是，近40万件明清档案，近17万册图书，真正传统意义上的古董即铜、瓷及书画有10万件。有一些报道说，台北故宫博物院3个月展一次，他们的东西20年也展不完，其实这是外行的说法。去年周功鑫院长上任以后，马英九提出台北故宫博物院应加快展览，她当时说"马总统"不懂这个，说文物不一定都是宜于展览的。65万件文物，其中近40万件档案，档案怎么展览？不可能一件一件档案去展览，书籍也是一样的。

当时故宫南迁13000余箱文物中的不到3000箱运到了台湾岛，成为台北故宫博物院的藏品，应该说运走的是好的。当时已经决定全部运走，这是正式做的决定，但只运了三次，挑了很多好的但没有全都带走。有几个原因，一个是国人强烈反对，1948年底到1949年，李宗仁代总统下命令停止运送。而且第三次运的时候，故宫的文物装了1700箱，只运走了900多箱。因为那时很多人，包括一些军人的家属，逃命要紧，都争着上军舰，没地方放文物了。剩下的700多箱文物又运回到南京库房里去了。所以不是说好东西都运完了，而且北京故宫博物院的好东西也并不是都南迁了。我写了一本书《天府永藏：两岸故宫博物院文物藏品概述》，有20多万字，分了十二大类谈两岸故宫博物院文物藏品的对比。比如说台北故宫博物院主要是书画、陶瓷见长，书画，他们大概有1万件，而北京故宫博物院有14万件。我谈了这14万件怎么来的，北京故宫博物院是什么特点，台北故宫博物院是什么特点。我这本书上有一句话说，南迁的时候，因为对文物认识的局限性，把一些假的文物也运走了。为此还有一个小插曲，当时台湾《联合报》一个女记者姓周，写了一篇文章，说我在这本书里面讲到的假文物，是否运到了台湾。我去台北故宫博物院参访的时候，这本书的繁体字版在台湾也要出版了。当时台北故宫博物院副院长还准备出席新书发布会并讲话。后来舆论炒起来以后，她劝我也不要出席（新书发布会）。我说行。但出版社组织的人不同意。我就去出席了，也说明了文物南迁的时候有假的，这不是我个人的观点，是一个共识，也包括到台北故宫博物院的原故宫博物院人士。但我并没有说这些假的都运到台湾去了。

台北故宫博物院文物的影响很大，一个重要原因是台北故宫博物院文物的图录在20世纪50年代差不多都出版了。到今年，我们（北京故宫）整整用了10年工夫，和香港的商务印书馆才合作出版了60卷的北京故宫博物院文物藏品目录，而且每一卷都很薄，类别也不全，所以社会上不知道北京故宫博物院藏的什么。李敖先生在凤凰卫视上也曾讲，他没有来过北京故宫博物院，他不知道北京故宫博物院有哪些文物藏品。而且我们还有一个观点，轻易不想让人知道北京故宫博物院藏品有哪些。我们一个副院长退休了，搞玉器的，应该说是国内玉器研究方面排在前面的。他跟我很生气地说：我现在要进库去看文物都很不容易。这是一个理念问题，现在也正在改。

我到故宫博物院以后干的一件大事就是对故宫文物的清理，整理出版文物藏品的目录；另外，要出大型的文物藏品图册，大约500本左右。要知道，中国美术全集才60本，加上分类全集也只有300本。故宫文物藏品就要出500本，那是一个宏大的文化工程。

要说北京故宫博物院的藏品哪些是国宝、是镇院之宝，我想是很多的。北京故宫博物院的藏品确实太丰富了。我到故宫博物院的时候，知道有10万多件文物资料。另外还有2万多幅皇帝、皇后的书画作品，叫"帝后书画"，光乾隆皇帝的就2000多件，但过去这些不算文物。为什么不算？说我们要收藏的是艺术品，皇帝不是艺术家，慈禧太后也不是艺术家。这个观点我想在座的诸位都不会赞同。现在启功先生的书法及许多人的书法都被当作宝贝，各个博物馆都在收藏，包括台北故宫博物院都收藏现当代书画家的作品。"帝后书画"当然是文物。这是文物认识的理念问题。

博物馆的藏品主要就是用来展览，1949年到2008年，北京故宫博物院共举办各种展览近800次，应该说很多。北京故宫博物院拥有宫廷原状陈列、固定专题展馆和临时专题展览在内的完整展览体系。我们的陶瓷展办得很成功，台北故宫博物院的周院长来访问，她看了很吃惊。120多个窑址几万片陶瓷片中我们选了一部分，用来内部观摩。因为现在这些窑址不存在了，这些资料更显得珍贵。

北京故宫博物院对外交流，这几年来主要是两个方面：一个是和博物馆、大学、科研单位合作，包括科研人员方面的交流。另外一个就是展览。我给大家特别介绍一个展览。1935年在南迁的文物中选了700多件，参加了在英国伦敦皇家艺术学院百灵顿厅举办的中国文物的展览。70年后的2005年，又在皇家艺术学院百灵顿厅办了一次故宫文物的展览，这一次胡锦涛主席、英国女王出席了开幕式，而且看完了全部展览，胡主席还给女王做了很多介绍，这在领导人中应该是第一次。

北京故宫是我国重要的爱国主义教育基地，是具有世界影响的中国历史文化遗产的重要传播场所。故宫博物院每年接待观众人数不断上升，2007年达970万，其中1/6为国外游客。2008年"十一"黄金周，7天接待游客达68万人。近10年，每年接待约40批次外国国家元首和政府首脑等重要来宾。我们主要担心的是人太多，最担心黄金周，害怕应付不了。游客最多的一天是2008年10月2日，达到14.8万人。你们那天要到故宫，三大殿的台阶都是上不去的。有好多同志都关心说，能不能限制游客数量？不好限制，好多人就是奔着故宫来的。联合国教科文组织给我们提出旅游风险的防范问题，我们也正在研究。

三　台北故宫博物院简况

台北故宫博物院的藏品中确实有很多精品，绘画、法书、典籍、档案、陶瓷、青铜器等，出版物也很有影响。台北故宫博物院大致分两个时期。

第一个时期是文物运到中国台湾以后，在台中租借台中市糖厂仓库存放，最后到台中县的雾峰乡北沟。其实台湾地方当局一直处于战备状态，现在外双溪台北故宫博物院的文物许多仍藏在山洞里边，也是出于战备的需要。北沟从1950年到1965年，大概15年时间，运台的故宫文物是和"中央博物院筹备处"在一起的。"中央博物院筹备处"主要是古物陈列所的文物，文物数量并不多，归到台北故宫博物院有1万件，另外59万件是北平故宫博物院南迁过去的。这15年间，台北故宫博物院做的一个很重要的工作是文物的整理和出版图书。整个过程，美国人给了很大帮助，好多出版物都是美国的亚洲基金会资助的。包括瓷器、青铜器、法书、绘画整个的目录出版，而且好多图录也都出版了。1961年出版了《故宫藏瓷录》，台北故宫博物院和"中央博物院筹备处"的2万多件瓷器全部是按形制、纹饰、款式、尺寸逐件予以录入。器物上的文字，包括乾隆的一些诗，都照样记录下来。前天上午，我和我的同事商量，我们现在也要出目录，我问他们能不能达到这个水平。大家说达不到，如果要达到，三五年内可能出不来，因为有35万件陶瓷，确实太多了。不得不说我们的基础工作没有台北故宫博物院做得好。15年里，他们做了大量博物院建设的基本的整理工作。因为他们不对外展览，不开放，就是藏品管理，相当一批人专门搞这个，应该说有时间，也有精力。

第二个时期，1965年起，美国的国际开发署捐助台湾88.8万美元，用于馆舍建设。台湾当局所谓的"行政院"，提供了地皮，其他的设施由台北市来负担，三方合力最后把馆舍建立起来。这个馆的建设也是蒋介石提议的。台北故宫博物院搬到新馆以后，也不断地在扩展，现在已经经过5次扩建了。我想重点介绍台北故宫博物院的对外展览。对外展览对台北故宫博物院来说意义重大。1961年到1962年，一年多的时间，台北故宫博物院在美国五大博物馆办了书画展览。那时我们和美国没有建立外交关系，而且是敌对状况。台北故宫博物院的展览在让美国了解中国的艺术品方面就显得特别重要。第二次是到1991年，台北故宫博物院又在美国办了一次展览。

台北故宫博物院与中国台湾社会之间，有着深刻的关系。电视片《台北故宫》的这个观点我是赞同的。我概括为，台北故宫博物院与台湾社会生活已有了密切的联系，在中国台湾社会文化的提升上起了积极的导向作用，并在国际社会有相当的影响。台北故宫博物院在办好精品展览、文物藏品的管理与出版、为公众服务、文化创意产业发展等方面，都取得了很大的成绩。我去过两次台北故宫博物院，感受也是很深的。在博物院的基本理念上，台北故宫博物院和西方基本是一致的。1970年，他们还办过一个中国画的国际学术研讨会，当时有14个国家和地区的129个专家学者参加，还有各国的观察员70多人。宋美龄任大会名誉会长，蒋介石接见全体与会人员。所以很长一段时间，应该在20世纪七八十年代以前，西方攻读、研究中国艺术史的人主要是以台北故宫博物院的藏品为主，主要的依据就是台北故宫博物院的藏品。

中国台湾当局对台北故宫博物院也很重视。1966年大陆开始了"文化大革命"，横扫一切"牛鬼蛇神"、破四旧，故宫城隍庙西南角泥塑的神像就是那个时候打掉的。中国台湾这个时候搞起了"中华文化复兴运动"。对中华文化复兴运动，他们认为台北故宫博物院有重要的责任。台北故宫博物院的首任院长叫蒋复璁，蒋先生有一篇文章，题目就是《中华文化复兴运动与国立故宫博物院》。他回忆说，蒋介石曾"询余曰：'尔亦知尔责之重乎？'余对以'知道，当尽力负责办理'"。

四　大势所趋的两岸故宫博物院的交流

海峡两岸故宫博物院同根同源，藏品都主要来自清代宫廷。北京故宫博物院现有文物藏品180多万件（套），其中130多万件（套）是清宫藏品和遗存，占藏品总数的85％。台北故宫博物院现有文物藏品65万件（套），清宫旧藏占到92％。两岸故宫博物院是收藏中华历代艺术品最为丰富的两个博物院，充分反映了中华文明五千年灿烂辉煌的历史，而且都是序列完整的，在世界上都很有影响力。一些书籍，一部分在台北故宫博物院，一部分在北京故宫博物院。《四库全书》书运走了，书柜子仍在文渊阁。今年2月台北故宫博物院周功鑫院长来北京故宫博物院，就提出要到文渊阁看书柜。

两岸故宫博物院藏品我认为很难说一定谁的好，因为严格来说文物是不可互相替代的，只有把它们放在一起看，才能认识中华民族文化的价值。

两岸故宫的同根同源，还在于作为一个博物院，有着共同的历史。这段历史也是共同的财富，形成了故宫博物院的一些传统、一些精神。两岸故宫博物院在20世纪90年代以来，开始有所来往。如1995年两岸故宫博物院合作出版了《国宝荟萃》，各选了70多件藏品。2002年12月31日，我到台北故宫博物院，台湾《中国时报》报道《当故宫遇见故宫，两岸历史性的一刻》，写的就是我和台北故宫博物院院长的会面。同时，我和当时中国台湾《中国时报》的总经理黄肇松先生（现任"中央通讯社"董事长）有一个会谈叫"故宫虽分两地，国宝全民族共享"。但是台湾民进党的"去中国化"的腔调在台北故宫博物院也有。2007年1月18日，《联合报》登了"故宫条例，也去中国化"，讲的是陈水扁当局在台北故宫条例里边，把来自于故宫旧藏清宫的文物改成来自"国内外"。当时台北故宫博物院院长强调文物的普世价值，认为不能老说"故宫文物是中华民族的"，而是在人类的历史上对所有民族都有价值。

2009年10月，台北故宫博物院要办雍正文物展，展览的名字叫"为君难"，而"为君难"的印章就在北京故宫博物院，所以就提出要借北京故宫博物院的一些与雍正有关的文物。我们收藏的雍正时代的文物不少，但是反过来说，台北故宫博物院不借这些文物也能办这个展览，不用这个印章也还是可以叫"为君难"，不是说非借不可。借文物、搞交流其实是两个故宫博物院都需要。另外我想，这一举动也是和当时台湾当局的两岸政策有联系，就想打破不交流的局面。

由于雍正展，2月中旬周院长来拜访北京故宫博物院，3月初，我去回访。加上来回路上的时间，合起来就8天，达成了八项共识。我感到大家都很诚恳。这次回避了两个博物院没法解决的一些问题。像司法免扣押，这不是北京故宫博物院能解决的。还有它叫"国立故宫博物院"，要在一起签东西，我们不能容忍它用"国立"两个字。所以我们干脆回避这些问题，把它先搁置起来，待后再说。像八项共识，都是放在大屏幕上，我们双方坐两旁，一个字、一个字地过，通过以后对外宣布。我们不签协议，但公布了就是算数的。这一次是由点到线，由线到面，即从具体案例入手，达成一个方面的共识，然后合起来，就包括了多个方面。这八项共识里边，包括了落实双方合作机制、文物影像利用互惠机制、展览交流机制、人员互访机制、出版品互赠机制、信息与教育推广交流机制、学术研讨会交流机制、文化创意产品交流机制。所以这8条是很不容易的。

当时台湾采访报道的媒体很多，总的来说是给予积极的、正面的评价。但是反对的总是在反对，你都不能想象它会以什么方式来反对。我举一个例子，《自由时报》是宣扬"台独"的，他们对两个故宫博物院交往的报道常常是歪曲攻击的。大家知道，一个单位的同事可以说同仁，一个行业的也可以说是同仁，同仁即同人。在新闻记者会上，我有感于同人这个称呼谈了点感想。"同人"是周易六十四卦里的第十三卦，"同人"卦意思是同心同德，大家一起把事情干好。它的上一卦是"否"卦，天地不通就是"否"，但穷则思变，变则通，通则久，塞的太久了肯定会通的。"同人"卦下面是"大有"卦，大有是人多的意思，也是丰收的意思。所以我在会上就说两岸故宫博物院的交流已经过了"否"卦阶段，到了"同人"，通过我们的同心协力，为"大有"阶段而努力。《自由时报》标题则是"中国故宫院长昵称同仁台湾故宫院长微笑以对"，它不说北京，而说中国，因为它是搞"台独"的，又说我叫"同仁"似乎是占了周院长便宜，极尽攻击之能事。第二天，在我的新书《天府永藏》发布会上，我用了"我们的同行"，该报马上说郑欣淼今天没有用"同仁"。不管怎样，但我感到台湾地区社会主流对两岸故宫博物院的交流还是很殷切盼望的。

最后谈故宫博物院交流四个层面的意义。

第一，从两个博物院来说，加强交流合作是双方事业发展的需要，对两院的发展有很大助推作用，也有利于故宫学的进一步发展。两个博物院渊源很深，也有很强的互补性。拿研究成果来说，比如都是清宫的珐琅器，有一部分在台北故宫博物院，另一部分在北京故宫博物院。北京故宫博物院的人搞自己的研究，不了解台北故宫博物院的研究状况，研究成果肯定会受影响，反过来也是一样的。两院事业要发展，确实需要合作。我提出要把故宫博物院作为一个文化整体，对故宫文物的认识不能仅仅从古物学角度，把它当作古董来看待，它是和故宫的古建筑，和宫廷的历史文化联系在一起的，是一个整体。两岸故宫博物院都是故宫文物藏品最重要的地方，都是故宫研究的重镇，两岸故宫博物院的合作对故宫学的发展、故宫价值的发掘将会起到重要作用。

第二，两岸故宫博物院的交流与合作，是两岸同胞的福祉。两个故宫博物院的交流和合作可以向两岸同胞共同展示故宫的全貌，这也是民众的文化权利。两个故宫博物院交流与合作不仅是两岸故宫文物的汇聚，更重要的是两岸同胞对共同历史、共同文化的认同。在我的新书发布会上，出版社专门请了中国台湾佛光大学艺术研究所的所长林谷芳先生当主持人，他说："两岸故宫博物院交流合作的最重要意义是两岸同胞回到了中华文化的原点上。"我认为他这个话说得很好。

第三，两岸故宫博物院的交流与合作，对于在世界上弘扬中华文明也有积极意义，可以使世界人民更深入、更全面地认识中华文明的丰富博大。而且，这种交流合作体现了中华文化中那种刚健、坚韧、包容、和合等精神内涵，显示着中华文化的旺盛生命力。

第四，两岸故宫博物院的交流与合作，对两岸的文化交流将起到积极的推动作用。

2009年5月26日上午，吴伯雄到北京故宫来参观，我陪同他。下午他和胡主席会谈，当时胡主席谈了关于两岸交流下一步进展的六点。第三点就是两岸文化教育交流。胡主席是这样说的，"新形势下，开展两岸文化教育交流，既有巨大需求和潜力，也显得更为重要。我们要比以往更加努力地开展两岸文化教育交流，共同传承和弘扬中华文化，增强中华文化认同、中华民族认同"。会谈后记者会的时候，吴伯雄积极响应了这点，说7月份在长沙要举行一个国共论坛，就是以文化交流为主。他认为两岸关系最大的原动力在于血缘和文化。吴伯雄5月31日在南京大学发表演讲，他说我们两岸间的共同基础就是血缘，发自自然的同属于炎黄子孙的民族感情；另外就是我们的文化，两岸人民同为炎黄子孙，两岸人民对于振兴文化和发扬文明具有共同的责任。我们属于同一个文化，这是凝聚两岸不可磨灭的力量。

中国台湾有一股逆流是"去中国化"，这根本不可能去掉，因为我们的生活不是单纯的意识形态所能改变的，我想两岸其实都有文化交流的需要。在这个交流中，两岸的故宫博物院可以起到特殊的不可替代的作用。

（本文为作者2009年6月12日在中央电视台《双周论坛》第101讲的演讲）

故宫文物南迁及其意义

　　任何一国之国民，对其本国以往历史，都应该略有所知，尤必附随一种对其本国以往历史之温情与敬意。[①]中华民族有着悠久的珍视自己历史的传统，中华文化也因此得以穿过时空而延展与传承。对于以典守中华国宝、守护中华文化根脉为职志的故宫博物院来说，在85年的历史风云中积淀了具有恒久意义的文化与精神力量，故宫文物南迁[②]就是其中永远值得追忆、回味的一页。

---

　　① 钱穆：《国史大纲》，第1页，商务印书馆，1996年。

　　② 关于"南迁"的概念，尚有几点需要说明。据档案文献记载，南迁当事人将1933年文物迁往上海、南京，称之为南迁，将1937年文物自南京向西南诸省迁徙称之为西迁（或疏散）。以地理空间对应历史事件，例如欧阳道达《故宫文物避寇记》，以南迁、西迁、东归分述1933年至1949年间故宫文物迁徙历程；那志良《故宫博物院三十年之经过》，以南迁、疏散、复员、迁台等细述文物迁徙路线；杭立武《中华文物播迁记》，以南迁首都、疏散西南、复员还都、迁运中国台湾等分章论述。关于整个历史事件的统称，大陆学者通常采用"南迁"一词，中国台湾学者较多选择"播迁"一词。近来，关于"故宫文物南迁"所包含的时空范畴，又有新认识。2010年6月3日至18日，两岸故宫博物院"重走故宫文物南迁路"考察活动期间，与会的学者专家指出，故宫文物南迁历程应该包括1933年至1958年的南迁、西迁、东归、留京、迁台、北返6个阶段。更有学者指出，故宫部分文物迁台后，曾在杨梅、北沟等地停留近15年，直至1965年台北故宫博物院在外双溪建成，北沟文物才陆续迁运新馆，结束了颠沛流离的迁徙生活，因此认为故宫文物结束迁徙之旅的时间当定在1965年。这说明学术界对于故宫文物南迁这段历史的认识正在不断加深。本文研究侧重于回顾1933年至1949年这段历史，题目采用南迁统称文物迁徙过程，而在具体论述过程中，则以南迁、西迁等对应不同历史时空下的文物迁徙。

这是故宫博物院的一段峥嵘岁月。1933年至1949年间，故宫博物院约13000余箱文物精品为防日寇劫毁，自1933年2月起迁存于上海、南京，1937年11月后又疏散于西南后方，至1947年6月全部东归南京。时延十年，地迤万里，辗转颠沛，备尝苦辛，这批中华文明的重要瑰宝才得以基本完整保存。今年，正值紫禁城建成590周年、故宫博物院成立85周年以及中国人民抗日战争胜利65周年，为铭记这段不平凡的历史，北京故宫博物院与台北故宫博物院共同组织"温故知新：重走故宫文物南迁路"考察活动，追寻先辈足迹，传承典守精神，探索南迁的意义与价值。

一 保护本国、本民族文化遗产是反法西斯战争中的一项任务。从世界反法西斯战争的全局看，故宫文物南迁的壮举和成就，是保护人类文化遗产的伟大贡献

文化遗产是一个国家和民族文明历程的积淀和载体，也是全人类的文明成果。对任何民族文化遗产的损害即是对全人类文化遗产的损害，因为每一民族对世界文化皆有其贡献。第二次世界大战是德、意、日法西斯国家发动的人类历史上空前规模的世界战争。中国人民抗日战争是这场世界反法西斯战争的重要组成部分。中国人民为世界反法西斯战争的胜利做出了巨大的民族牺牲和重要的历史贡献。故宫文物南迁及其基本完整保存，是中国人民在民族危急关头保护民族文化遗产的伟大壮举，也是对保护人类文化遗产做出的重大贡献。

战争不仅会造成人民生命财产的损失，也必然对文化遗产带来破坏，特别是大规模武装冲突更是如此。鉴于此，1899年和1907年两次海牙和平会议通过的公约就提出："在包围和袭击中，应采取一切必要的措施，尽可能保全用于宗教、艺术、科学和慈善事业的建筑物、历史纪念物，以及医院和病者、伤员的集中场所，但以当时不作军事

用途为条件。"①并且明确规定："对这些机构、历史性建筑物、艺术和科学作品的任何没收、毁灭和有意的损害均应予以禁止并受法律追究。"②《华盛顿条约》规定："历史性纪念物，博物馆，科学、艺术、教育和文化机构应视为中立，依此受交战国尊重与保护。"③也正由于第二次世界大战中文化遗产所遭受的极其严重的掠夺和毁坏，催生了1954年的《海牙公约》，它系统地规定了武装冲突情况下文化遗产保护的原则、范围、缔约国的义务、特别保护制度、标记和运输、执行措施等内容，对于文化遗产的国际保护具有里程碑式的意义。

德、意、日法西斯出于其反人类、反文明的本质，悍然发动侵略战争，用各种残暴的手段屠杀无辜的民众，在被占领地区施虐，而且大肆抢劫和破坏各国的文化遗产。反对法西斯的中国及欧美各国，都在保护自己国家和民族的文化遗产上做出了巨大的努力，其中普遍采取的保护办法，就是把文物珍品转移到比较安全偏僻的地方存放，防止敌人的洗劫或空袭。

当德军的侵略气焰方炽时，西班牙爆发了内战，内战中文物受毁以及抢救保护文物的行动震惊了欧洲。1936年至1939年的西班牙内战，使西班牙成了交战双方外部支持者所研制的最新式炸弹的试验场。在大批的轰炸机群和新型燃烧弹的威力面前，著名的普拉多博物馆决定把最重要的绘画运到瓦伦西亚。当内战在巴塞罗那周围激烈展开之际，存放在普拉多博物馆的艺术品被多次转场，一次比一次偏远，又再次被夹在交战战场之中的一处采石场里。藏品守护人员设法向英、法两国文博同行发出吁请，要求声援。后来佛朗哥将军同意暂停轰炸，让这些绘画安全撤出。抢救西班牙艺术珍宝委员会联合民族联盟以及法国和英国的文化机构用24小时之内在欧洲筹集到的一项

---

① 1899 年《陆战法规和惯例公约》，即海牙第二公约，第二十七条、第五十六条。

② 《陆战法规和惯例公约》，第五十六条。

③ 《华盛顿条约》，第一条。

捐款，组织车队将收藏品运到法国。在法国，这些箱子又装上挂有22节、上可停放汽车的特别专列开往瑞士日内瓦，终于找到了一处安全的栖身之处。①

英、法等国博物馆界从西班牙普拉多博物馆保护文物实践中受到启发：为了防止敌人的空袭、劫掠，最可靠的办法是把文物珍品转移存藏到偏远安全的地方。第一次世界大战后期，卢浮宫藏品也曾匆忙转往图卢兹存藏。1937年，当巴黎即将遭受侵略时，法国立刻进行仔细的准备，详细罗列了巴黎和各个省份的博物馆里所有重要的收藏品清单，积极搜寻国内每一处适合隐匿藏品的古堡、修道院和教堂，周密安排抢救路线。1939年战争爆发前后，卢浮宫等一批博物馆的艺术珍宝，包括1.8万平方米的巴黎教堂的彩色玻璃窗，都被运至卢瓦尔河谷地区最大的城堡尚博尔，后又分藏到附近的11处古堡。伦敦博物馆的艺术珍品主要被转移到英国西北部的威尔士。1941年6月22日凌晨，德军向苏联发动进攻后，列宁格勒（今圣彼得堡）的艾尔米塔什博物馆开始抓紧文物的包装，两次把120万件文物运到了新西伯利亚，后因德军切断东运的铁路运输线并开始轰炸该城市，文物再没有运出去。②

随着二次大战的进展，美国由罗斯福总统组建备战的国家资源委员会在1941年3月就特设了一个文化资源保护委员会，负责"为保护美国的文化资源收集情报、准备计划和采取措施"。是年12月7日，日本未经宣战，偷袭珍珠港美国海空军基地。次日，美对日宣战，太平洋战争爆发。保护艺术品的任务急迫地摆到了美国面前。在对英国和欧洲其他国家的实践做了研究之后，他们决定最好的保护方案是把国家艺术品收藏转移到偏远地区的防弹建筑中。国家美术馆最重要的艺术品运到北卡罗来纳州阿什维尔的比尔特摩宫；纽约大都会博物馆

---

① L.H.尼古拉斯：《欧洲的掠夺——西方艺术品二战蒙难记》，江苏人民出版社，2000年，第61—64页。

② L.H.尼古拉斯：《欧洲的掠夺——西方艺术品二战蒙难记》，江苏人民出版社，2000年，第62—69页、109页。

的约1.5万件藏品用了90节车皮转运到了费城没有人烟的郊外；波士顿美术博物馆的珍品转运到马萨诸塞州西部的三座建筑物里；在其他地方，艺术品收藏搬家的工作也持续了数月之久。此外，仅华盛顿就有4万立方英尺（约1132立方米）的书籍、手稿、印刷品和绘画，加上第一面星条旗，这些不可替代的反映美国历史进程的档案被送往"内陆腹地的三处教育机构"，《独立宣言》原件则送往诺克斯堡保存。[①]

当然，安全转移的只能是一些最重要的艺术瑰宝，被侵略者抢劫去的仍然相当多。希特勒和纳粹军队对占领国的文化遗产进行了大规模的掠夺。战时每月从波罗的海国家和苏联送往德国的艺术珍品达40到50卡车。[②]在法国，从1941年4月到1944年7月，德国侵略者就把至少装有2.2万件艺术品的4174个箱子，装满了138节车皮运往德国。[③]为了完成希特勒的"林茨特别任务"，纳粹主要通过掠夺方式从欧洲搜罗到数千幅绘画。但是各国保护文化遗产的行动毕竟是反法西斯战争史上不可或缺的一页。

与二战中欧美等国的文物保护比较，同样是转移保存，故宫文物南迁有以下4个特点：

其一，在时间上，动手早，持续时间长。第二次世界大战是以纳粹德国于1939年9月1日入侵波兰而正式爆发的。欧洲各国博物馆一般是在此期间进行文物转移的，部分博物馆或在一二年前已做文物包装的准备。美国、苏联是在1941年受到日军、德军攻击后才着手文物档案等的安全转移，而随着欧洲战场的结束，保卫文物的任务也告结束。故宫文物动迁的准备，则在1931年日本发动"九一八事变"后即

① L.H.尼古拉斯：《欧洲的掠夺——西方艺术品二战蒙难记》，江苏人民出版社，2000年，第264—271页。

② 唐海清：《论1954年〈海牙公约〉对于文化遗产的国际保护》，《湖南行政学院学报》2010年第1期。

③ L.H.尼古拉斯：《欧洲的掠夺——西方艺术品二战蒙难记》，江苏人民出版社，2000年，第174页。

着手进行，五批文物于1933年2月至5月运离北平，存储于上海、南京，并成立"国立北平故宫博物院南京分院"。1937年"七七事变"爆发，中国的全民族抗战开辟了世界反法西斯战争的东方主战场，南京分院文物又分三路疏散到西南川黔诸省。1945年9月2日，日本正式签署投降书，宣告了世界反法西斯战争的最后胜利。抗战胜利后，三路故宫文物先后集中于重庆，1947年返回南京；1948年底至1949年初，其中2972箱文物运往台湾；1950年、1953年与1958年这批文物中的6254箱分三批运回北京紫禁城。至此，距离文物最初迁出故宫已逾20年。目前，仍有2000余箱、约10万件文物暂存当年所修的南京朝天宫库房。

其二，在空间上，文物多次转迁，涉及区域广。欧洲各国面积都较小，文物藏品一般离首都或大城市不远，且存放地比较集中。中国幅员辽阔，故宫文物穿越南北，横跨东西，播迁不断。文物迁徙期间，曾先后储存过文物的省市有上海、江苏、湖南、贵州、陕西、四川、重庆，曾迁运经过的省区有当时的河北、湖北、平原、山东、江西、西康、安徽、广西、河南等。且运输文物事宜涉及海（河）、陆、空交通：以火车装载，经平汉、陇海、津浦、京沪等铁路要线；以汽车装载，经湘桂、黔桂、川陕、川黔等公路要道；以轮船装载，溯长江，导岷江。此外，赴英展览，乘军舰、邮轮跨几大洋抵伦敦；赴苏展览，乘飞机越祁连山抵莫斯科。如此纵横辗转，洵为奇观。

其三，在保护任务上，数量众多。欧洲各国的文物转移，其文物数量与保护中的难度，都与故宫文物南迁不可同日而语。故宫南迁文物为挑选的院藏精品，因门类众多，形体不一，包装、运输都难度很大。故宫南迁文物13427箱又64包，此外，还附运了古物陈列所、颐和园、国子监、先农坛的文物珍品6065箱又8包8件，合计达19492箱72包8件。西迁时，三路文物都是多次转迁，不断装卸，加上气候、道路及交通工具的影响和限制，更是险阻重重。凭着故宫同人的努力与各有关方面的支持，终于克服了各种困难，完成了文物保护任务。

其四，在保护力量上，投入巨大。故宫南迁文物数量大，历时长久又多处转迁，需要大量的财力、人力和物力。文物的运输、保卫、保管等工作以及管理人员的开支，都需要资金，政府给予了支持。现在尚无法准确统计整个南迁期间所花费用，从所存档案看，投入是不少的。如1933年2月至5月，铁道部奉行政院令"以半价计"，五批故宫文物铁路运费共计473210.85元（不包括古物陈列所文物南迁的铁路运费）[①]，租用上海库房每月支付租金5244.76元[②]，南京朝天宫保存库工程款及办公用费共计490723.32元（截至1937年度）[③]，等等。1937年11月存于南京库房文物的第二次、第三次西迁，故宫原无预算，则由管理中央庚款董事会资助，解了燃眉之急。在人力方面，则有军民力量的大量投入。在文物的整个迁运以及存放过程中，都有一定的军警力量予以保护，各存放地政府和民众为文物提供场所，给予大力支持，有些民众还参与了文物的维护管理。这些投入都是欧洲文物迁移保存所无法比拟的。

此外还应看到，欧洲各大博物馆虽然藏品丰富，有些也极为珍贵，但多来自于其他文明古国，与占有这些藏品的国家的历史文化并无多大关系。当然也有一些文物，如波兰的维特·斯陶斯圣坛、比利时的根特祭坛、奥地利的王冠珠宝等，它们与这些国家、民族的历史文化有关，有其特殊意义，但这都难以同故宫文物与中华文明的关系相比拟。故宫文物为清宫旧藏，是中国历代皇室收藏的延续与仅存硕果。它们以其宏富的古代器物、图书典籍、档案文献以及壮伟无比的紫禁城宫殿，成为中华文明最重要的成就和代表。故宫文物的最大特点是它们是中华民族创造的，是民族智慧和创造力的体现，反映了中华文明五千年来一脉相承的辉煌历程。这就是故宫文物所具有的特殊的不可替代的价值，也由此可见中国人民对其竭尽全力保护的特殊意义。

---

① 《铁道部公函（计字第7567号）》，1934年12月29日，存故宫博物院档案室。

② 《行政院训令（字2476号）》，1933年6月2日，存故宫博物院档案室。

③ 《国立北平故宫博物院南京分院函（收文第555号）》，1937年7月10日，存故宫博物院档案室。

二 故宫文物南迁是中国抗日战争的有机组成部分，完整保留这批文物是抗战胜利的成果，其播迁历程也赋予故宫文物特殊的价值

1931年，日本发动"九一八事变"并占领我国东北三省。社会各界对于故宫博物院的前途及其文物甚为关注。为社会安定起见，易培基（时任故宫博物院院长）与汪申（时任北平市工务局局长）等商议以修建故宫库房为名，着手集中文物装箱，不敢对外明说南迁。[①]后来为保护文物安全，江瀚、刘复、徐炳昶、马衡等30多位北平文教界人士认为，北平各文化机关所藏的许多珍贵文物是"表扬国光，寄附着国家命脉、国民精神的""是断断不可以牺牲的"。为此，他们上书国民政府，建议从北平撤出军备，使其成为一个不设防的文化区域。[②]不久，由于战局变化，故宫即开始文物南迁的动议及筹办。经院理事会讨论决定，并报国民政府同意，最后决定选择院藏文物中的精品，南迁上海储存。对这一决策的形成，在1933年初文物起运前故宫博物院的一份文稿中有明确陈述：

> 查故宫博物院，文物渊薮，甲于世界，而又为清室曩日窃据之地，满逆日寇，咸所瞩目。际兹日犯热河，榆关吃紧，平津地区当然在可危之列。则以故宫物品之繁重宝贵，设非未雨绸缪，万一仓猝变生，势必束手无方，非沦敌手，即遭摧毁。用是预定计划，及时妥筹安顿之策，实为必要。现在本院新库方告落成，正集中新库。择其最

---

① 李宗侗：《从九一八说到故宫文物的南迁》，《传记文学》1971 年第 19 卷第 3 期。

② 《拟向政府建议请明定北平为文化城撤除军备意见书》，《世界日报》1932 年 10 月 6 日第 4 版。

要数千箱，佥议必要时期分别装送北平东交民巷及天津、上海租界区域，暂为安顿，再策万全。惟兹事体既大，责任綦重，自非本院所能擅专，应请行政院迅予核准备案并派大员就近会同办理。①

故宫文物南迁准备工作从1932年秋天开始，主要是选择精品及装箱。日寇于1933年1月3日攻陷山海关，26日又大举进攻热河，故宫文物遂决定于1月31日南运。但因受到阻挠，2月5日才正式起运。在故宫文物南迁消息见诸报端后，舆论哗然，形成反对和支持两种声音，持续达半年之久。反对者有社会团体，有文化名流，反对的原因主要有三种：

其一，认为大敌当前，政府应首先要保护土地和人民，现在政府却如此重视故宫古物，是因为故宫古物是古董，值钱，才要搬迁。鲁迅的议论很有代表性。就在1933年2月6日，故宫第一批文物运出北平的当天，鲁迅在《申报》上发表文章：

倘说，因为古物古得很，有一无二，所以是宝贝，应该赶快搬走的罢。这诚然也说得通的。但我们也没有两个北平，而且那地方也比一切现存的古物还要古。……为什么倒撇下不管，单搬古物呢？说一句老实话，那就是并非因为古物的古，倒是为了它在失掉北平之后，还可以随身带着，随时卖出铜钱来。②

"寂寞空城在，仓皇古董迁"——他嗟叹政府不顾大学生死活，却要迁移团城玉佛："所嗟非玉佛，不值一文钱。"③此时，马彦祥（马衡之子）也化名在天津《益世报》发表了多篇反对南迁的文章，他说：

① 《故宫博物院致行政院呈文稿》，1932年8月，此件存故宫博物院档案室。

② 鲁迅：《崇实》，该文最初发表于1933年2月6日《申报·自由谈》第5张第18版，署名何家干。参阅《伪自由书》，人民文学出版社，2006年，第12—14页。

③ 鲁迅：《学生与玉佛》，该文最初发表于1933年2月16日《论语》第11册，署名动轩。参阅《南腔北调集》，人民文学出版社，2006年，第70—71页。

因古物之值钱，结果弄得举国上下，人心惶惶，束手无策，这种现象，想起来实在有点好笑。……要抵抗么？先从具有牺牲古物的决心做起！①

其二，认为日寇入侵，将文物运出北平会影响人心，引起社会不安。严智怡（时任河北第一博物院院长）上书中央政府，并致函故宫博物院，指出：

北平文化精神寄予古物，一旦迁移，则故宫建筑，躯壳仅存，不惟丧失文化中心资格，不久且将沦为芜城。②

况值此国家危难之时，敌忾同心，正宜示镇定坚决之心，励一往无前之气。已经迁洛之政府，近且回京，何以独于敌氛未及之北平，岌岌若不克保，又专措意于古物？政府统筹全局，寸土一民，不能置之度外。窃谓不宜以此寒国人之喁望，逞强敌之觊觎，危累世之蓄积，散仅存之文物。为此电达，备祈转请中央收回成命，文化前途幸甚！③

其三，认为故宫文物与其建筑以及北平市有着不可分离的关系，不应单独迁出。严智怡指出：

北平为累代文化中心，一切古物与建筑、文献、图书互相辉映，息息相关，势不能划出一部分可以取携之物，谓之国宝，而

---

① 马彦祥：《旧事重提说古物》，《马彦祥文集·话剧论文杂文卷》，文化艺术出版社，1997年，第615—616页。

② 《故宫古物将迁未迁严智怡主就地慎重保存》，《大公报》（天津）1933年1月27日第4版。

③ 《严智怡函》，1933年1月16日，存故宫博物院档案室。

其余概置不问。①

周肇祥则强烈反对古物迁移，认为"古物与地方繁荣有关，而历代文化之品，一散不可复合"②。北平市各自治区向故宫博物院发出公函，称"故宫古物为建设文化区域之要素，北平全市人民生命所系，学术研究所关，断难坐视运徙"。③

支持故宫文物南迁者认为，日本侵略野心不会终止，如继续南下，平津就可能成为战场，必须未雨绸缪，采取果断措施，把文物运到安全地带。多齐云的言论很有代表性。他说：

> 夫故宫博物院、古物陈列所所藏古物，咸为希世之珍。为本国之文化计，为世界文化计，均宜早为之所，妥为保存，纵不能一举迁避，亦宜先后施行，……深愿贵会诸公刚果毅断，一洒因循敷衍之积弊，速行有效之处置；古物得免于难，文化不再遭劫，则中华文化幸甚！世界文化幸甚！为功为罪，自取之耳！④

故宫文物该不该南迁，争论虽然激烈，但其实质是如何看待故宫文物，即这些文物是一般所谓值钱的"古物""古董"，还是其有特殊的不可代替的价值？这也是从故宫博物院成立以来就存在的争议。1928年，南京国民政府接管故宫博物院后，就有国府委员提出"废除故宫博物院，分别拍卖或移置故宫一切物品"的议案，理由是故宫的文物是"逆产"。通过争论，此议案被否决，社会上对保护故宫及故宫文物的重要意义有了深刻认识。就在此次故宫文物南迁准备中，"北平政务会议"却于1932年8月3日做出决定："呈请中央拍卖故宫

---

① 《严智怡函》，1933年1月16日，存故宫博物院档案室。

② 周肇祥：《力争古物南迁被逮记》，《中和月刊》1943年第4卷第2期。

③ 《北平市各自治区公所函》，1932年11月26日，存故宫博物院档案室。

④ 《多齐云致故宫博物院、古物保管委员会函》，1932年8月8日，存故宫博物院档案室。

文物，购飞机500架。"①易培基"不胜骇异"，立即多方努力，劝阻拍卖行动，终于制止了这一荒唐决定。故宫文物虽然来自清宫，曾为皇帝个人所有，但"为我国数千年文化艺术之结晶，尤于学术方面关系匪浅，即在世界文化上亦占重要之地位"②。故宫文物不是一般的"古物""古董"，而是国宝，是民族的历史文化遗产，它的价值是不可用币值衡量的，这已成为许多人的共识。故宫文物南迁是基于敌强我弱、抗日战争将是一个持久长期过程所做出的决策。政府方面认为，敌人入侵，失掉土地还有收复的可能，唯有文物留在原地不动，只有受毁损的危险，于是不顾一些人的反对，仍然坚持进行迁运。

随着抗日战争的全面爆发以及故宫文物的西迁，人们关注的已是故宫文物的安危。抗战之中，这批文物万里间关，多次险遭灭顶之灾。例如9000余箱文物由重庆运往乐山而暂时寄存宜宾沿江码头时，上游乐山及下游泸县皆受到敌机狂轰滥炸，独有处于中间地带的宜宾幸免；长沙湖南大学图书馆，自文物搬出后不到4个月即被炸毁；重庆的几个仓库，在文物搬出不到1个月，空房也被炸掉；从陕西南郑运往成都时，将存在南郑文庙的文物抢运出才12天，那文庙就被敌机投下的7枚炸弹夷平。像这一类的奇迹，简直没有办法解释，只有归功于国家的福命了。③文物搬迁途中发生多次翻车事件，所幸都是有惊无险，文物未有损失，以至于大家觉得"古物有灵，炸不到，摔不碎"④。

抗日战争是中华民族走向振兴的伟大转折，促进了中华民族的觉醒，极大地改变了中华民族的精神面貌。故宫文物是源远流长且从未中断的中华文明的载体与见证，是中华民族重要的文化根脉。所谓

---

① 《俞同奎致易培基密电》，载："今早政会召集讨论保存故宫古物办法……议决，各委员签字，呈请中央拍卖故宫古物购飞机"，1932年，存故宫博物院档案室。

② 《北平学生抗日救国会致故宫博物院函》，1932年8月16日，存故宫博物院档案室。

③ 马衡：《抗战期间故宫文物之保管》，1948年9月3日，存故宫博物院档案室。

④ 那志良：《典守故宫国宝七十年》，紫禁城出版社，2004年，第10页；另参阅那志良：《古物有灵——谈抗战时期搬迁故宫博物院文物的惊险》，台湾《"中央"月刊》1982年第15卷第1期。

"国家的福命""古物有灵",就是把故宫文物与中华民族的命运连在了一起,与民族独立、民族尊严连在了一起,其中倾注了深沉的民族感情。故宫文物的保护过程,对于抗战精神的形成、民族认同感的增强起到了积极的作用。同样,伟大壮烈的抗日战争也为这些珍贵的皇家收藏赋予了不同寻常的意义。

1945年10月10日,日军华北方面投降受降仪式在庄严的太和殿前举行,第十一战区司令长官孙连仲代表受降方,日军华北方面司令官根本博代表投降方在投降书上签字,是日10余万人目睹了这一壮观的历史场面。这一天又恰逢故宫博物院建院20周年纪念日,古老的皇宫、新生的博物院与中华民族的伟大独立和解放事业如此休戚与共,大约也是冥冥之中的安排!

抗日战争的长期性、艰巨性,日本侵略者的野蛮残暴,证明当年故宫文物南迁是正确的选择。虽然故宫南迁文物得以保全,但日本侵略者仍然破坏与劫掠了相当多的中国珍贵文物。据有关研究,抗战时期中国文物损失至少在1000万件以上。[1]在沦陷区的北平故宫,就有一批铜缸、铜灯亭被日军强行劫走。抗日战争更使中国人民认识到保护本国历史文化遗产的重要性。抗日战争是近代以来中国人民反对外敌入侵第一次取得完全胜利的民族解放战争,它彻底粉碎了日本军国主义灭亡中国的企图,捍卫了中华民族数千年发展的文明成果。早在1945年4月,即日本投降4个月前,为保存战区文物,国民政府教育部就成立了"战区文物保存委员会",主要任务是在军事情况许可的范围内,竭力减少战区内文物的损失。其所做的一项主要工作,是与军方及盟军联系,编制战区内古迹文物的目录、地图及照片,以防止轰炸时的不必要损失。曾编制中英文对照的10省市重要建筑目录99页399项,照片176张,地图106幅。日本投降后,该机构改名为"清理战时文物损失委员会",调查文物损失、清理敌伪文物、估计文物损

---

[1] 戴维:《抗战时期中国文物损失概况》,《民国档案》2003年第2期。

失价值等，特别是编制了《中国甲午以后流入日本之文物目录》。该会曾请外交部向远东顾问委员会及盟军驻日总部提出追偿我国文物意见书一种，其中主要要求，为自甲午以来凡为日本掠夺或未经我国政府许可擅自发掘之一切文物均须由日本交还。而在此期间，凡为日本破坏，或因日本军事行动损失之文物，则必须责令以同类或同等价值之实物赔偿。此项目录由故宫博物院古物馆馆长徐森玉主编，历时9个月，引用日本历年出版之参考书目122种，计内列珍物15245件，并将战争期间日人历次在我国之发掘编为附录。此时，驻罗马教廷公使还受命调查过庚子年意大利劫掠我国文化艺术品及其他古物的情况等。[①]虽然日本归还的文物远未达到这个要求，但从中国人民的主动追索及把追索时限定在甲午以来，就可见抗战胜利对中华民族解放与复兴的意义，可见文物与民族自尊心、自豪感、自信心的关系。

三　故宫文物南迁是抗战时期文化、教育西迁的组成部分，故宫文物的有效保护是社会各界共同努力的结果，是全民抗战的体现

抗日战争不单纯是一场军事力量的较量，还是一场社会动员力的较量，需要全民的参与。因此，伟大的抗战自然对中国政治的进步和经济的发展提出了新的要求。抗战初期，各行各业的人们积极投入抗战，形成全民抗战的局面。沿海的工厂辗转内迁，为大后方经济发展注入新的活力，国民经济实现了向战时经济的转轨。与此同时，高校及文化机构的内迁则使文化、教育事业得以在战火中延续和发展。对于故宫文物南迁的意义，放在抗日战争时期中国文化、教育西迁的大

---

① 中国第二历史档案馆编：《中华民国史档案资料汇编》（第5辑第3编），江苏古籍出版社，1999年，第451—453页。

背景下审视，当会有新的认识。

抗战爆发前，中国高等院校、文化机构大多分布于东南沿海沿江地区，上海、北平、南京等大城市，汇聚着大批当时重要的教育、文化机构及著名文化人士。抗日战争爆发，这些地区首当其冲地遭受了严重摧毁与破坏。大批文化机构纷纷西迁，改变了旧的文化中心分布结构。抗战时期，中国的文化力量大致经历了两次大迁徙。一次是1937年到1938年期间，随着战火的蔓延，中国的大批文化名人和文化机构数度西移。先到武汉，继而又转至重庆。故宫博物院、古物陈列所、颐和园、国子监等文物精品长期存放于四川、贵州等地，亦是整个文化西迁的一个部分。故宫博物院还在此代管过国立中央图书馆、国立中央博物院筹备处以及安徽省立图书馆的部分文物。另一次是太平洋战争爆发后，由于日军迅速占领了上海的英、法租界和香港，一度栖身于这些地方的文化人士和文化机构纷纷转移到西南地区，特别是重庆，集中了当时文化界的大批知名人士。重庆不仅是当时的全国政治、军事、经济中心，而且成为全国文化中心。云南的昆明、广西的桂林也是抗战时的文化中心之一。①

同样，抗战之前，中国高校也主要分布在沿海沿江地区，尤以北平、上海、南京、天津等大城市最为集中。抗战爆发后，国民政府决定将沿海沿江的各高校西迁，在西南和西北地区建立新的教育基地。高校内迁形成了一场影响深远的教育中心的大迁移活动。从1937年到1939年，中国东部地区的高校除了一些教会学校保持中立未作迁移及上海交大等校迁入租界外，其余学校或迁往西南西北，或就近迁入山东。随着战局的变化，一些高校一迁再迁，如国立北京大学、清华大学、南开大学三校奉教育部令迁往长沙，于1937年8月合并成立长沙临时大学；1938年春，因长沙屡遭轰炸，该校又迁往昆明，改为"国

---

① 军事科学院军事历史研究部：《第二次世界大战史》（第3卷），第533—534页，军事科学出版社，2005年。

立西南联合大学"。而北洋工学院、北平师范大学、北平大学则组成西北联合大学。在各界的共同努力下，中国的高等教育在西部地区存在、恢复和发展起来，弦歌得以再续，薪火得以相传。①

抗战时期文化、教育的西迁，是坚持长久抗战、培养未来人才、事关国家前途的大事，对西部地区文化教育事业的发展起到了积极的促进作用，产生了深远影响。例如抗战期间，同济大学，中央研究院历史语言研究所、社会科学研究所、体质人类学研究所，中央博物院筹备处、中国营造学社、北京大学文科研究所和金陵大学文科研究所等高校和科研机构都内迁到四川宜宾县李庄，当时这个约有3000人的小镇就接纳了约12000名文化人，成为一大盛事，至今为人乐道。1939年至1946年间，故宫9000余箱文物在乐山安谷乡存放近8年，时值国学大师马一浮在乐山乌尤寺创设复性书院以及武汉大学西迁乐山，这三个教育文化机构之间及其与乐山地方又多有互动。故宫文物迁于乐山后，按照要求，应会同当地最高文化机关清点造册，而当时在当地最高文化机关就是武汉大学，于是武汉大学就参与了此项工作。此事在欧阳道达《故宫文物避寇记》中有载：

> 王校长（即时任武汉大学校长王星拱）以本院南迁文物品件曾由本院在上海、南京相继开箱，逐一点查，历时一年有半，并有教育部派员莅场监点，编造清册，有案可稽，西迁会点，应无庸再行开箱，只须按照迁储各库文物会点箱件数目，随加抽对箱件字号。②

复性书院则"感于寇乱，经籍缺乏，各省官、私版本多遭焚荡，学者苦于无处求书，爰事裒集，凡四部主要诸书为学人所必读者，皆

---

① 王建明、曾景忠：《中国近代通史》（第9卷），江苏人民出版社，2009年，第135—160页。

② 欧阳道达：《故宫文物避寇记》，紫禁城出版社，2010年，第74页。

谋渐次刊行"。书院遂派人就抄存放乐山的文渊阁本《四库全书》，自1945年7月2日迄翌年1月28日，历时193日，计抄成经部易类、诗类、四书类，史部政书类、传记类、目录类，子部儒家类、术数类，集部别集等共22种，又校抄四库集部别集一种。①此外，乐山地方人士以刊刻乡贤专集，搜求善本校抄，曾派员赴故宫驻乐山办事处就抄。自1944年11月14日迄同月19日，计抄成四库子部《武编》、集部《眉庵集》《颐山诗话》《荆川集》《李文公集》5种。故宫文物西迁、武汉大学西迁和复性书院设立，成为抗战时期乐山文化教育三大盛事，其间的交流大有益于乐山的文风。

故宫文物南迁具有保护民族文化命脉的意义，对它的保护是社会各有关方面共同努力的结果。故宫文物南迁，具体的筹划、组织、协调是故宫博物院院长马衡等领导人所承担，押运及具体管理是故宫博物院同人，但是仅凭故宫博物院上下，要完成如此旷日持久、组织缜密、复杂多变的迁徙行动，显然无法实现，离开了应有的支持和帮助，甚至寸步难行。抗日战争是全民族抗战，作为抗日战争组成部分的故宫文物南迁，同样体现了全民族抗战的特点。在整个南迁、西迁中，有三方面力量发挥了重要作用：

其一，得到国民政府以及有关省市政府和铁道、公路等有关部门的支持。1933年初，文物开始南迁，分5批运输，政府都有明确指示，并在经费及运输工具上给予保证。当时有人企图暴力阻止，行政院代院长宋子文即密电北平市政府，要求果断采取必要措施，保证文物南运顺利进行。在文物存放地点（即迁沪或迁洛）之分歧发生后，易培基院长曾致电委员长蒋介石，请求中枢维持原定方案。西迁时分三路，又多次转迁，每次转迁的命令都是行政院下达的。在文物途经或存放有关省市时，都得到当地军政负责人及有关机关的支持。1938年2月，存放陕西宝鸡的文物奉命运存汉中，要翻秦岭，又值隆冬，

① 欧阳道达：《故宫文物避寇记》，紫禁城出版社，2010年，第80—81页。

只能车辆载运，行程442.5公里，且限当日到达，不得在中途停留。1938年2月22日至4月10日，7000余箱文物，装载305车次，经48天抢运，按时运抵汉中。①在抗战期间，车辆缺乏且多半老旧，长途公路运输确是一个问题。当时西安行营统管所有陕甘军公商车，他们规定这些车辆以"运军火为第一，运古物为第二"，终于解决了问题。

其二，在文物迁移途中与存放地，都有军人押送和守卫，起到了安全保障作用。文物开始南运时，以宪兵押送，火车上架着机枪，吓退了企图抢劫的土匪。在南京浦口火车站停留期间，南京方面加派500名军警保护。各个存藏地都有军人担任警卫看守。存放四川乐山安谷文物达6331箱，几乎占南迁总数的一半。护送这批文物入川直至驻守安谷库房的部队是国民革命军独立第29师某营，1941年春由军事委员会直属特务团2营接防。其中第5连驻安谷，第6连驻峨眉，他们在执行保卫工作的同时还修筑公路，开辟操场晒坝，打扫街道，制作墙报宣传抗日。第5连连长因久驻安谷，遂与当地一位姑娘结婚成家。②

其三，得到文物存藏地民众的大力支持。故宫南迁文物，曾经在多处停留，一些地点停留时间极为短暂，或为中转站，或停留数月，但也有一些地点较为长久。例如最初南迁上海，存储达4年，其间还开展文物点查、伦敦艺展等重要工作，后分三路西迁，辗转多次，终于各自安存三地。南路文物密藏安顺华严洞6年，中路文物妥存安谷7年，北路文物安藏峨眉7年。漫长的时间，艰苦的条件，如果没有当地民众的配合和支持，要保护好这些文物是不可能的。以安谷乡为例，民众对于保护故宫文物做出了巨大贡献。当选中乐山安谷乡的一寺（古佛寺）六祠（朱潘刘三氏祠、宋祠、赵祠、易祠、陈祠、梁祠）为文物存放地的决定做出后，安谷乡乡长刘钊多次召集各保长、执事

---

① 《故宫文物由宝鸡运往汉中运输情形表》，参阅杭立武：《中华文物播迁记》，台湾商务印书馆，1980年，第76页。

② 参阅"故宫文物南迁乐山史料陈列馆"解说词，内部文稿。

宗族族长商议妥善安置文物事宜，并积极宣传文物迁移安谷的意义。被选作文物库房的各宗庙祠堂，将各自宗牌收藏，腾出庙堂以备文物存放。安谷人杨宗友将自家5亩田地无偿供给守卫驻军。据统计，当时驻各库房的故宫博物院及中央博物院筹备处职员共计30名，此外还临时雇用安谷乡民众21名。这些安谷雇员在家食宿，按时到各库房工作，从事木工、泥瓦工、搬运工、勤杂工，有些还协助文物登记工作。其中有位名叫易泰安的安谷人还曾随文物东归重庆，服务时间长达8年之久。[①]1946年，为奖励乐山县安谷乡协助故宫存放文物事，故宫博物院呈请国民政府题颁"功侔鲁壁"[②]匾额7份分赠安谷乡储存文物各寺庙。[③]事实上，不仅是安谷民众，在各个文物存放地，广大民众在故宫文物保护中都做出了极大的贡献，他们都"功侔鲁壁"。

四　故宫文物南迁是故宫博物院发展的特殊时期，特殊的任务，艰苦的环境培育和形成了以"视国宝为生命"为核心的典守精神

文物南迁打破了故宫博物院正常发展秩序，特别是从1937年底西迁后，主要是迁运及保护文物的完整安全，工作性质发生了重要的转变。时任故宫博物院理事的李济，受管理中英庚款董事会委托，曾调查抗战时期故宫文物搬运存放情形，他在报告书中说：

---

① 参阅"故宫文物南迁乐山史料陈列馆"解说词，内部文稿。

② "功侔鲁壁"为一典故，"鲁壁"为孔子故宅之壁，在鲁之曲阜。史载，鲁恭王好治宫室，尝坏孔子旧宅，以广其宫，于壁中得古文经传。匾额题词意为，安谷民众在保护西迁文物方面所做出的贡献可与当年孔子后裔将典籍深藏"鲁壁"之功相媲美。

③ 《故宫博物院乐山办事处主任欧阳道达致马衡之报告》，1947年1月11日，存故宫博物院档案室。

　　谨案自抗战以来，敌人对于我国文化品之加倍摧残或尽量劫夺，为极显著之事实，政府对于故宫文物必须尽力保管，亦为朝野所公认。在此大前提之下，所最成为问题者，为故宫博物院之原有组织是否能负此时期之非常责任。查原有之故宫组织，为一纯粹的学术性质，其行政机构亦偏重于此类功能。自战事发生以来，其原有之功能已无运用之机会，所需要者远超乎原有工作之范围。济自视察以来，深感此问题之迫切。[①]

　　李济的调查进行于1938年9、10月间。这时候故宫文物西迁离开南京已近一年，他所检查过的包括由中路运出的存放于重庆的文物以及由北路运出的存放于陕西汉中的文物。其时，正奉命把存于汉中的文物运往成都，在他检查时尚未运完。李济看到文物保存状况尚好，但也感到存在问题，主要是近一年来故宫文物不断转徙，往往是未及安顿又要迁往新的地方，在运送力量以及经费上都需要"外界有特别之推动力"。对故宫博物院来说，则要从"纯粹的学术性质"转变到适应战时需要，负起"普通保管之事及运输中安全之责任"。其实，近一年来种种艰辛，是故宫博物院适应变故的过程。事实证明，故宫博物院很好地完成了工作任务和工作方式的转变。从1939年底开始，以故宫为主的南迁文物分别存放于贵州安顺（1944年迁往四川巴县）及四川峨眉、乐山等三处，故宫人开始了长达六七年的相对稳定的文物保管时期。

　　波澜壮阔的抗日战争是一次伟大的民族洗礼。中华民族在救亡图存中形成的以爱国主义为核心的民族精神，进一步凝聚了中华民族的意志和力量，促进了全民族空前的觉醒和团结。故宫博物院同人在这一抗日洪流中，在保护国宝的实际工作中，在本院已有精神资源的基

---

　　① 李济：《受管理中英庚款董事会委托调查抗战时期故宫古物搬运存放情形报告书》，1938年11月10日，原稿存台北"中央研究院"历史语言研究所，本资料为李光谟先生提供，特致谢忱。

础上，也形成了具有鲜明特色的故宫精神。故宫精神是伟大的中华民族精神的一个部分。

故宫精神的核心是视国宝为生命的典守精神。这是从故宫博物院成立以来逐渐树立、在文物南迁中不断强化的观念。这是源于对自己所保护的珍贵文物的重大意义以及自己所担当的神圣责任的深刻认识，是故宫博物院同人的价值取向。正如马衡院长所说：

> 本院西迁以来，对于文物安危原无时不在慎微戒惧、悉力保护之中，诚以此仅存劫后之文献，俱为吾国五千年先民贻留之珍品、历史之渊源，秘籍艺事，莫不尽粹于是，故未止视为方物珍异而已矣。①

这种认识的体现就是"典守"②的践行，他们是一群"典守者"。1946年，台静农曾有一首和申若侠及庄尚严的自况诗："羡尔公牡俩，深山好养真。庋藏可敌国，贫乃到柴薪。小饮三杯满，流亡百劫身。明年出巴峡，依旧老宫人。"③这首诗形象地刻画出了这群"老宫人"即"典守者"的情操与风范。

在这　漫长的典守过程中，故宫博物院同人以储藏整理、保护文物完整为首务，尽管备尝艰难，险象环生，个别工作人员还付出了自己的生命，但人们无怨无悔，忠于职守。这种对国宝价值的认识，这种强烈的责任感、使命感，使得故宫同人在保护好故宫文物藏品的同时，也认认真真地做好代管文物的保管工作。

遵奉行政院令，故宫文物南迁还附运了古物陈列所文物5414箱，加上颐和园、国子监、先农坛的文物，达到6000余箱，几乎占到故宫南迁文物总数的一半。这些机构都没有派人，全由故宫人员搬运、看护。

---

① 《国立北平故宫博物院理事会 1940 年度会议记录》，存中国第二历史档案馆。

② 《论语·季氏》："虎兕出于柙，龟玉毁于椟中，是谁之过与？"朱熹《论语集注》："言在柙而逸，在椟而毁，典守者不得辞其过。"

③ 此诗为庄尚严先生的四公子庄灵提供。

　　最难搬运的是存放在国子监的10个石鼓，还是故宫人帮助装箱的。这些石鼓为国之重器，每个约1吨重，鼓上的字在石皮上，但石皮与鼓身已分离，稍有不慎，石皮就可能脱落下来。故宫人经过反复商量，使用浸湿的高丽纸覆在石鼓面上，用棉花轻捺，使纸张接近石身，干了后就固定在那里，即把石皮上的字紧贴于石鼓身上，然后每个石鼓包上两层棉被，棉被外又用麻绳打成辫子，缠紧棉被，再把石鼓放在厚木板做的大箱子中，箱内用稻草塞严实，箱外包上铁皮条。这样的包装，翻山渡水，甚至经过翻车事故，石鼓都没有出现问题。故宫同人在西迁期间还曾代管过其他省图书馆、博物馆的文物藏品，都一视同仁，尽心尽力，照管得很好。

　　严格的制度，细致的管理，是故宫精神在文物管理上的体现。为了确保文物安全，在西迁期间的存藏中，都有一定的工作程序，坚持有关规则制度。一般来说，文物迁定某库后，即应清点造册，或组织视察抽查。入库箱件，要按行列排比，同时绘成方位简图，编定方位表及方位索引，以利检提而便稽查。文物箱件经会点后，接着开展典守业务。为使工作有所遵循，故宫博物院于1939年岁暮公布各项章则，如本院附属办事处办事细则，库房管理暂行规则，开箱工作暂行办法，库房警卫暂行规则，接受委托保管及寄存公私文物暂行办法，库房招待参观暂行规则，等等。又于1940年4月制定南迁文物点收清册记载订误暂行办法。关于文物的防护设备，则有防潮、防蛀、防险三项。[①]

　　四川潮湿多雨，为防止文物受潮霉损，每逢晴天常常出库翻晒，称之为"出组"。"出组"是在清室善后委员会清点清宫物品时形成的制度，一直沿用下来。每次出组，一般五六人，有组长、组员、工友等。程序是：10点启封进库，提箱开箱，按档案清册逐件核对后，出库摊放在场坝上，卫兵持枪环立，外人可远观不能近看；14点收摊，对照清册，由出组成员会同核对无误才装箱，钉牢，签封，搬

---

① 欧阳道达：《故宫文物避寇记》，紫禁城出版社，2010年，第74—75页。

存原处；如开箱发现虫蛀霉损，须据实登记，并在开箱记录表中载明"出组"的时间、地点、参加者和文物状况等，然后签名存库。[①]正是由于有了如此严密的制度、严谨的作风以及严格的执行，才保证了以故宫为主的南迁文物的安全，也不断强化着故宫人认真细致、一丝不苟的工作作风。

故宫精神的又一体现，就是不忘博物院的职责，在可能情况下，努力办好文物珍品展览，以弘扬中华文化艺术，发挥博物院的教育职能。故宫博物院成立后注重陈列展览，在社会上有相当的影响力。在文物南迁、西迁中，利用存藏的文物，故宫在国内外举办过多次文物展，收到了良好的效果。1935年12月到1936年3月，故宫的735件精美文物赴英国参加"伦敦中国艺术国际展览会"。这是故宫文物第一次远渡重洋出国展览，是一次意义深远的活动，观众达42万余人次，为英国人民了解中国悠久的历史和璀璨的文化打开了大门，在英国甚至欧洲掀起了一股"中国热"。[②]这次展览准备充分，出国前先在上海举办预展，以飨民众，回国后又在南京举办展览会，以昭明信。[③]西迁前夕，故宫选送文物参加教育部第二次全国美术展览会。西迁以后，存放于安顺华严洞的部分文物精品于1939年赴苏联参加中国艺术展览会，精选的百件文物在莫斯科、列宁格勒（今圣彼得堡）展出，受到苏联民众的盛赞。回国后参加了教育部第三次全国美术展览会，以昭明信。1943年至1946年间，故宫博物院先后举办重庆书画展、贵阳书画展、成都特展等，以报答西南民众。这几次展览，共同特点是精心选择展品，认真布置展场，注重讲解宣传，在播迁中不间断地传扬中华文化，借此振奋民族精神，对当时当地的文化产生了深刻影响。抗

---

① 参阅"故宫文物南迁乐山史料陈列馆"解说词，内部文稿。

② 参阅庄尚严《赴英参加伦敦中国艺术国际展览会记》及傅振伦《中国艺术国际展览会参观记》，《国立北平故宫博物院年刊》，1936年，第113—136页，第137—168页。

③《伦敦中国艺术国际展览会筹备委员会专门委员会第二次会议录》，1934年12月6日，存故宫博物院档案室。

战胜利前夕的故宫西迁书画告别西南父老展览，就很有代表性。为了报答西南父老协助运输、保卫之劳，以使其饱览祖国文化瑰宝，故宫博物院马衡院长特呈准行政院，在陪都重庆举办了一次西迁书画告别展览会。精选书画作品142件，为晋唐宋元明清名家之作。此外，宋高宗《赐岳飞手敕》、李公麟《免胄图》、黄道、周诗翰等关于民族意识以及有关西南人物或地方文献者（如赵昌、黄居寀、文同、苏氏父子、王守仁、杨文骢等和诸葛亮像与大理国梵像）特重点选出了参加陈列。①展览会当场发送《本院举行书画展览会经过》及《国立北平故宫博物院书画展览会展品目录》。在《国立北平故宫博物院书画展览会展品目录》之首，印有7条"参观须知"，第七条为"如有空袭消息请来宾退出"。②这一系列国内外展览，正如马衡所说："结果不独在阐扬学术与国际声誉方面，已有相当收获，即于启发民智，增进一般民族意识，亦已有影响，成效颇彰。"③

南迁文物保护是责任极为重大的任务，需要保护者的无私奉献，全身心的投入，也要耐得住寂寞，并习惯那每天都要重复的近乎单调的工作。而且当时人员经费大量削减，"左支右绌，久苦不克，时有顾此失彼之虞"。④在一些人的印象里，这些守护者似乎始终处在一种紧张、严肃甚至愁苦的状态中。其实不然，这些守护者的多数人，特别是各办事处负责人差不多都参与过博物院的建立，有着良好的文化艺术修养，他们在做好工作的同时发挥着自己的爱好，或吟诗作画，或访古览胜，或从事研究，或兼任地方中学英文教员。他们达观，从容，淡定，认真而不刻板，严肃却不枯寂，勇于吃苦又善于苦中寻乐，始终对人生、对未来充满希望，遂使得穷乡僻壤的生活充满情趣。这无疑也是故宫精神中不可或缺的一面。曾任峨眉办事处主任的

---

① 傅振伦：《追记故宫西迁书画告别西南父老展览》，《紫禁城》1990 年第 5 期。

② 《国立北平故宫博物院书画展览会展品目录》，1943 年，存故宫博物院图书馆。

③ 《国立北平故宫博物院 1944 年度业务检讨报告》，存中国第二历史档案馆。

④ 《国立北平故宫博物院 1944 年度业务检讨报告》，存中国第二历史档案馆。

那志良，在记述文物由汉中运成都时，他的感受竟如此浪漫：

> 运输的事虽然很苦，若把押车当作旅行，却是极饶兴趣的事。这一路古迹极多，我们走到剑阁的时候，万树丛中，远远望到栈道旧迹，顿时想起唐明皇避难到四川的事来，又想到前人曹伯启的《南乡子》词来了。我最爱他这首词，……他所说的"应被旁人画里看"与"到晚才知身是我"描写得真是好极了，我托好友欧阳道达先生替我写了一幅中堂，他的字又写得十分好，我把它好好保留起来了。①

先后担任过安顺、巴县办事处主任的庄尚严，曾在友人所绘当年存放故宫文物的华严洞图上有一跋文，记载自己在此的一些活动，我们感受的是那一代人的风雅逸事：

> 读书山三大字洪北江书，木刻髹漆，悬于庙内前厅，年久失修，余与森老（按：即故宫古物馆馆长徐森玉）曾解私囊为之重漆贴金，并纪年月于后。
>
> 居安顺时余好题名，每一登临必有爪痕。华严洞附近诸山尤多，独于是洞不著一字，人以洞主呼我，我亦暂以洞主自居，遂两忘也。今事过境迁，岂可再得乎？卅二年叔平师因事至安小住月余，一日酒后忽发逸想，老头子（按：指故宫院长马衡）竟攀梯登三丈许，亟崖大书百余字，可作纪念。②

任过南京分院主任、乐山办事处主任的欧阳道达，他的《蜀江夜泊思家》的诗我们未见到，但见马衡《邦华（按：欧阳道达字邦华）

---

① 那志良：《典守故宫国宝七十年》，第100页，紫禁城出版社，2004年。
② 庄灵：《故宫南迁时代忆往·安顺读书山华严洞图（二）》，《紫禁城》2010年第7期。

于役雅安，用其〈蜀江夜泊思家〉韵寄诗四首以代书简》之一：

> 君昔蜚声翰墨林，久忘结习废哦吟。
>
> 于今无限兴亡感，聊复濡豪吐寸心。①

可见欧阳道达在书法诗歌上都有很高造诣。

马衡院长是著名的金石学家，他存留至今的87首诗歌，完全写于1938年至1945年故宫文物西迁期间，第一首《答方鹤老》：

> 劫余文物在人间，客里豪情已渐删。
>
> 强寇即今成弩末，征人何日唱刀环。
>
> 关河累我风尘老，诗酒输君岁月闲。
>
> 多感殷勤珍护意，举杯相嘱看岷山。

感时抒怀，慷慨悲歌。正如沈尹默1946年在诗稿抄本上题跋中所说："叔平四兄能为诗而不常为。违难入川，感时兴怀，遂斐然有此。其间与亲故往还之什尤款款见至性。"②这些诗作，使我们进一步认识了诗人的才情和心绪，看到了他朴茂笃实性格的另一面。

五　部分南迁文物运台形成一个故宫、两个博物院的局面，两个博物院都坚持弘扬中华文化的职志，重走南迁路，更加认识到历史所赋予的责任

避寇西迁文物，历经千磨百折，终于1947年6月全部回到重庆，

---

① 马衡：《马衡日记附诗抄》，紫禁城出版社，2006年，第25页。

② 前揭《马衡日记附诗抄》，紫禁城出版社，2006年，第241、247页。

一朝相聚，其乐可知！1948年5月29日至6月8日，故宫博物院与中央博物院筹备处在南京联合举办文物联展，参展文物共计1400余件，故宫博物院展出历代名画、名窑珍瓷，中央博物院筹备处展出殷周铜器、汉代文物等，规模宏大，观众踊跃，可谓盛况空前。① 可谁又能想到，此后不到半年，这批历经劫难的文物又要遭受离别之苦。

1948年9月下旬，中国人民解放军展开的辽沈战役将解放东北全境，全国战局发生根本变化，南京国民政府准备撤退至台湾。11月10日，翁文灏（时任国民政府行政院院长兼故宫博物院理事长）邀集理事王世杰、朱家骅、杭立武、傅斯年、李济、徐森玉等，以谈话会的方式密议南迁文物运台，决定选运精品，以600箱为范围运去。② 12月4日，经常务理事会议决：“先提选精品贰百箱运存台湾，其余应尽交通可能陆续移运，其不能运出者仍在原库妥为存放。”③ 就是说，只要条件许可，尽可能都要运去。1948年12月21日、1949年1月6日与29日，南迁文物分三批运台：第一批文物由海军部“中鼎”轮载运，共计320箱（原定200箱，因舱位有余裕，临时增加）；第二批为招商局的“海沪”轮载运，共计1680箱；第三批由海军部“昆仑”号运输舰载运，由于舱位有限及军舰停留时间短等原因，已装箱的1700箱文物，仅运走972箱。④

为什么迁台文物只运了3次？主持迁运的杭立武（时任故宫博物院理事会秘书、南京政府教育部政务次长）说：“第三批文物运出后，

① 《国立北平故宫博物院、中央博物院筹备处联合展览会特刊》，南京《和平日报》1948年5月29日第6版；《一千余箱故宫古物今起在京展览一周，几经辗转搬移，幸得玉全，历代书画瓷器美不胜收》，南京《和平日报》1948年5月30日第4版；胡小石：《观古铜器记》，南京《中央日报》1948年6月8日第4版。

② 《国立故宫博物院、中央博物院两院理事谈话会纪录》（1950年）；杭斌：《中华文物播迁记》，台湾商务印书馆，1980年，第121—122页。

③ 《国立北平故宫博物院存京文物迁存台湾经过情形略述》，1949年，存故宫博物院档案室。

④ 《运台文物分类统计表》，1949年9月1日，存故宫博物院档案室。

局势紧张，遂告停止。"①局势确实紧张，三大战役，国民党军队节节败退，国民党统治行将崩溃。翁文灏虽于11月10日与故宫有关理事商定文物运台，但因金圆券改革失败，他于11月3日已提出内阁总辞职，蒋介石则于11月26日批准翁辞去行政院院长职务。第三批文物还未运出，蒋介石就于1月21日发表文告，"决定身先引退"。随后，没有总统身份的他回到浙江奉化溪口老家，从此再没有回到南京。当了代总统的李宗仁则下令停止文物运台。故宫文物运台也受到很多人反对。马衡院长致信杭立武，以病后健康未复婉拒乘南京政府派来北平接运文教界名流的专机，又望停止迁运文物赴台，并以第三批作为结束：

> 运台文物已有三批菁华大致移运。闻第一批书画受雨淋湿者已达二十一箱。不急晾晒即将毁灭。现在正由基隆运新竹，又由新竹运台中。既未获定所，晾晒当然未即举行；时间已逾二星期，几能不有损失。若再有移运箱件则晾晒更将延期。窃恐爱护文物之初心转增损失之程度。前得分院来电谓三批即末批，闻之稍慰。今闻又将有四批不知是否确定。弟所希望者三批即末批，以后不再续运。②

故宫运台文物2972箱，约占故宫南迁文物总数的1/4，开始登记总数为231910件又27张692页，后对文献档案重新仔细计算，总数变为597423件。文物运台开始存放台中糖厂，1950年迁往台中雾峰乡北沟，1965年台北近郊外双溪修成新馆，台北故宫博物院遂于是年11月12日在新址举行开馆典礼。中央博物院筹备处迁台文物11562件，一直与故宫文物一起保存，现在台北故宫的文物藏品，包括这两个机构

---

① 杭立武：《中华文物播迁记》，台湾商务印书馆，1980年，第30页。
② 《故宫跨世纪大事录要》，台北故宫博物院，2000年，第200页。

的藏品。①其中中央博物院筹备处的文物主要为当年古物陈列所的南迁文物，而古物陈列所的文物又来自清沈阳故宫及热河（今承德）避暑山庄，因此也属于宫廷文物。截至2007年，运台文物加上到台湾后征集的各类文物，台北故宫博物院典藏文物总数为655687件。

　　部分南迁文物运台，形成了今天一个故宫、两个博物院的局面。也正由于"南迁"的原因，虽然分隔两岸，但同根同源的两个博物院的联系却难以割断：首先，两个故宫博物院的藏品都主要来自清宫旧藏，收藏的都是中华民族文化的遗产且都具有世界影响，又都在弘扬着中华文化。台北故宫博物院馆藏文物中清宫文物占92％，北京故宫博物院的180万件（套）文物，来自清宫的达到85％。两岸故宫博物院藏品有着很强的互补性，既各有千秋，又不可能孤立存在。例如许多互有关联的书画分藏两岸故宫博物院，甚至台北故宫博物院有些文物如唐代怀素的《自叙帖》等精美的原包装盒则留在北京故宫博物院，珠椟相分，令人感慨。其次，两个博物院都拥有从1925年至1948年这一长达24年的共同院史，而这24年中，又有16年是文物南迁时期。最后，两个博物院的一批元老级人物，都曾是国宝播迁中相濡以沫的同事和战友，都曾有过深厚的情谊。在地覆天翻的历史转折关头，个人的作用总是微弱的，故宫同人在去与留的抉择中，道路不同，信念却依然相同，那就是"和文物在一起"。欧阳道达组织人力用混凝土封闭了文物库房，迎来了新的政权；庄尚严、那志良、梁廷炜和吴玉璋奉命押运文物去了台湾。一些家庭因国宝的分离而父子、兄弟天各一方。故宫职员梁廷炜，其祖辈两代为清宫画师，他带着两个儿子梁匡忠、梁匡启伴随文物辗转到乐山。他的长子梁匡忠，在峨眉办事处参加管库工作，并与当地一姑娘结婚。梁匡忠的儿女都以出生地命名：峨眉出生的儿子叫峨生，乐山出生的女儿叫嘉生（乐山古称嘉定），抗战胜利返回南京后所生的两个儿子分别叫金生、宁生。梁廷炜的次

---

① 杜正胜主编：《"国立"故宫博物院巡礼》，台北故宫博物院，2002年，第16页。

子梁匡启，1945年底也成为乐山办事处的临时佐理员。梁氏一家人在乐山守护国宝度过了近8年时光。1949年1月第二批故宫文物运台，梁廷炜奉命押运文物，大约是出于一种预感，他带走了老妻、二儿子匡启，以及长孙峨生，梁匡忠则与女儿嘉生及儿子金生、宁生留在大陆。一家人从此分隔两岸。当后来供职于北京故宫博物院的梁金生与台北故宫博物院有了联系，才知爷爷梁廷炜早已离开人世，此类故事，令人唏嘘！

时代的潮流终究是阻挡不住的。2009年，两岸故宫博物院打破60年阻隔，实现了正常交往。台北故宫博物院举办"雍正——清世宗文物大展"，展览主题是"为君难"，向北京故宫博物院借37件（套）有关文物，其中包括雍正帝"为君难"玉玺；文渊阁《四库全书》运到了台湾，台北故宫博物院周功鑫院长提出要进文渊阁，当她看到当年珍藏《四库全书》的柜子仍完整放置时，大有感叹；清宫有两套《龙藏经》，康熙时期的在台北故宫博物院，乾隆时期的108函，台北藏36函，北京藏72函，台北故宫博物院要出版康熙时期的《龙藏经》，但因为时经340年之久，其中一函无法揭开，便请北京故宫协助，解决了问题；等等。这些还只是文物上的联系，更重要的是两岸故宫博物院都坚守着故宫的基本精神。故宫人对故宫的特殊情感，以及早期特别是南迁时期形成的理念、精神甚至规章制度，在两岸故宫博物院延续至今。1935年清点南迁到上海的文物，留下127册《存沪文物清册》，两个故宫博物院至今仍然保存，这是故宫文物的重要档案。为祖宗和子孙守护"国宝"，是两岸故宫博物院的共同使命，也是两岸故宫人的共识。

"温故知新：重走故宫文物南迁路"，是通过"重走"这一形式，亲身追寻与体味故宫前辈迁运文物的艰难历程，进一步探求与认识这一壮举的价值与意义。活动由北京故宫博物院16人与台北故宫博物院10人组成。自6月4日至18日，考察团一行在15天的行程中，先后到了重庆和江苏、贵州、陕西、四川4个省级地区的南京、贵阳、安顺、宝鸡、汉中、成都、乐山等城市，探寻了37个故宫南迁文物的存放点，串联起当年文物南迁、西迁、东归的部分运输路线，考察活动按照将历史考证与现状调查、档案文献与口述历史相结合的思路，调查收集了散存各地的文献、档案及研究资料，考察了遗址、遗迹的保存状况，聆听了当年参与"护宝"行动人员的介绍，并通过摄影、摄像、录音等多种形式，补充、完善了相关影像资料，取得了丰硕的成果。

其一，考察活动对当年文物南迁历史有了更为全面、深入的了解，特别是遗址考察、人员采访、文献搜求，具有抢救性质。丰富的资料、鲜活的细节，使文物南迁史变得更为生动、形象，人们可以从中了解到民众对保护国宝的支持，感受到故宫人典守国宝的执着与坚定。这也是故宫一笔宝贵的精神财富。

其二，两岸故宫博物院共同重走南迁路，是一次唤起共同历史记忆的"寻根"行动。两岸故宫博物院都保留了大量有关南迁的文献档案，从文物开始南迁直至1937年底西迁前，有关南迁的档案都保存在北京故宫博物院；台北故宫博物院则保存自1938年以后与文物南迁相关的院史档案153件。两岸故宫博物院都感到南迁史研究的重要性，但从未进行过实地调查，倒是当年一些南迁工作人员如庄尚严、欧阳道达、梁廷炜的后人曾多次寻访父辈与自己生活过的地方。这次北京故宫于建院85周年与抗战胜利65周年举办"故宫文物南迁史料展"，同时举办"重走故宫文物南迁路"考察活动，立即得到台北故宫博物院的积极响应，并建议以"温故知新"作为此次重走活动的主题。庄尚严的四子庄灵（1938年出生于贵阳，1938年至1941年长于安顺），梁匡忠的三子梁金生（1948年出生于南京分院，后随文物北返回到北京）均参加此次考察。15天的共同考察，加深彼此的了解，了解一段共同历史的同时，也在进一步了解自己、了解对方。这次考察活动是继2009年实现两院院长互访、在台北故宫博物院合作举办雍正大展、合作举办第一届两岸故宫学术研讨会后的又一次重要合作，必将继续推进两院今后的交流与合作。

其三，当年保护故宫国宝的行动，已逐渐引起社会广泛关注，其精神也得到传扬。一些文物存放地已被很好地保护起来，作为爱国主义教育的活教材。乐山的安谷还由民间投资，办起了"故宫文物南迁史料陈列馆"，并建起了纪念碑。故宫文物南迁已成为集体的记忆、民族的记忆。

"温故而知新，可以为师矣。"[①]拂去历史烟尘，故宫文物南迁的意义正在被人们所认识，而故宫人也更体会今天所典守的国宝的分量与价值，更感到历史赋予的神圣使命，更激励自己继续努力弘扬中华文化，在两岸交流、祖国统一中发挥应有的作用。

（本文刊载于《华中师范大学学报》2010年第5期，《新华文摘》2010年第22期转载）

---

① 《论语·为政》。

谈谈故宫精神

一

在对故宫精神进行思考之前，首先引起我兴趣的是"故宫人"的提法。《故宫人》是故宫博物院的一份小报，每月出两期，多刊登职工的日常活动。故宫人是个颇令故宫同人引以为自豪的称呼，那么它有些什么样的内涵和要求呢？我认为值得探究。2003年9月29日，故宫博物院研究员朱家溍先生逝世。朱先生的父亲朱翼庵先生曾任故宫博物院专门委员，其兄朱家济先生是故宫早期人员，在文物南迁时保护国宝。朱家溍先生是著名的文物专家和历史学家，为故宫服务60载，他学识宏博，品德高尚，贡献巨大。我在朱先生的追思会上不由得想到故宫人三个字，我认为，朱先生用自己的一生，对什么是故宫人做了最好的诠释，也使故宫人的形象得到了提升。我概括了朱先生身上体现出来的故宫人特点，就是热爱故宫，以故宫为荣，为故宫博物院的发展做出无私的奉献；严谨认真，努力做好本职工作；面向社会，为大众服务。我在发言中说：这是一代又一代故宫人在近80年的岁月中磨炼并逐渐形成的可贵的精神，是故宫博物院发展的基础。我们纪念朱家溍先生，就是要学习和弘扬这种精神，做一个真正的故宫人。

故宫人精神其实就是故宫精神。因为故宫精神终究要体现在故宫人身上。把故宫人精神与故宫精神联系起来并摆到故宫博物院建设与发展的重要位置，始自2005年。2005年是故宫博物院建院80周年。这一依托古老皇宫并以宫廷遗珍为主要藏品的博物院，历经风雨，仍然焕发着青春的活力，正在向世界一流博物馆的目标努力迈进。故宫人在回顾总结中认识到，80年历程使故宫博物院形成了具有鲜明特色的理念、品格、气质等，可以称之为"故宫精神"，这种精神在故宫事业发展中起着重要的作用，是故宫博物院的宝贵的财富遗产，需要认真地总结、梳理，需要弘扬、充实。

博物馆是一个活的机体，它在融入社会、服务公众的过程中，自身也在成长。一个博物馆，不仅要有宏大的或像样的建筑，要有先进的设施，这是硬件；更重要的是要有精神，要有气质，要有品格，这是软件。博物馆的这种精神，是自身长期发展的积淀，相对于硬件建设来说，是博物馆的内功。博物馆精神可以理解为博物馆文化，反映博物馆的价值观和理念，即哪些是要坚持的、要提倡的，哪些是要反对的、要抵制的，它又具体体现在博物馆的各项工作上，如文物管理、陈列展览、学术研究、对外交流等等，人们可以从中看到博物馆的社会责任感、工作态度、服务水平等。精神是看不见的，但又无时无处不体现出来。作为博物馆，有着一些基本的共同的理念和要求，但具体到每个博物馆，又有其自身的特点，这往往与博物馆的历史与传统有关。博物馆精神是博物馆的灵魂，是生机与活力所在，也是软实力。

故宫精神就是故宫博物院的精神，是故宫人的精神，它是故宫博物院自身发展的结果，是数代故宫人在创造业绩过程中的积累和结晶，是一种崇高的精神力量。我们深刻地体会到，故宫博物院在走过80年之后，故宫博物院的事业要继续大发展，要增强竞争力，需要做的工作很多，其中故宫精神的培育、弘扬，则是一个不容忽视的问题，是一个要下气力去抓的问题。过去虽然已经形成了故宫精神，这种精神也在实际工作中起到了激励作用，但并没有明确提出"故宫精神"这一概念，说明我们对此还缺乏理性的自觉。重视故宫精神，这是时代对我们的要求，是故宫博物院自身发展的要求。在当前文化大发展的形势下，博物馆也遇到许多新问题，行业之间也存在竞争，而要提高竞争力、解决碰到的问题，就离不开精神力量。故宫精神的核心作用，就在于它能够凝聚全体同人的意志，形成共同的精神追求，焕发出勠力同心、团结向上、奋发进取的精神风貌，从而应对挑战，战胜困难，不断进步。

二

基于以上原因，从2006年以来，故宫博物院重视故宫精神的讨论和建设，先后开展过三次较大的活动：

第一次，2006年3月至9月，全院用半年时间，集中讨论故宫精神，其中包括两方面工作：一是举办"故宫风采"征文比赛，征文内容是对故宫精神某个方面的理解、阐发和弘扬；二是进行"故宫精神大家谈"活动，院内各个单位组织讨论，提出对故宫精神的概括，然后院里在此基础上进行归纳、提炼，并就故宫精神的表述及内涵，征求广大职工的意见。这一活动进展顺利，"故宫风采"共收到38篇征文，对故宫精神也概括出了几种表述内容，后感到尚需继续讨论，并未公布。

第二次，从2009年8月至2010年5月，院工会网站举办"故宫人故宫事"征文活动。谈到对故宫博物院的贡献以及社会影响，一般较多地突出老专家、老学者的作用，这是应该的，他们不仅为故宫博物院做出了重要贡献，有的人以自己的非凡造诣与业绩，也成为难得的"国宝"。我们也认识到，故宫博物院是一部大机器，有着不同的岗位、不同的任务。在故宫博物院这部大机器里，在故宫博物院漫长的发展过程中，许多普通职工都做出了应有的、不可或缺的贡献，他们也是故宫博物院的"脊梁"。有的人经过刻苦钻研，在平凡的岗位上做出了不平凡的事迹；有些年轻的故宫人，也以自己的热情和勇于创造的精神，给故宫博物院带来了蓬勃朝气。事实证明，行行出状元，每人头上一片天，人人都可以创造出优秀的成绩。"故宫人故宫事"征文，主要是反映普通岗位上故宫人的奉献，包括一些过世的职工，从他们的点滴事迹中，看到不平凡的奉献精神。这次长达10个月的活动，共收到来自全院20多个部门的征文70余篇。

第三次，2010年6月4日至18日，北京故宫博物院与台北故宫博物院举办了"温故知新：重走故宫文物南迁路"活动。2010年是故宫博物院成立85周年，也是抗日战争胜利65周年。为了防止日寇的劫掠，故宫的13000余箱文物精品从1933年迁存于上海、南京，1937年底又疏散于西南后方，到1947年6月全部东归南京，时延10年，地迤万里，辗转播迁，备尝艰辛，在社会各界的支持下，故宫人基本完整地保护了这批中华文明的重要瑰宝，是第二次世界大战中保护人类文化遗产的巨大成就。故宫文物南迁时间长、任务艰巨，是故宫精神形成的最重要的时期。两岸故宫博物院同人先后到了南京、贵阳、安顺、宝鸡、汉中、成都、乐山等城市，探寻了37个故宫南迁文物存放点，将历史考证与现状调查、档案文献与口述历史相结合，对当年文物南迁的历史有了更为全面的掌握，对故宫前辈的奉献精神有了进一步了解，对今天自己所典守的国宝的价值和分量有了更为深入的体会，对自己所承担的责任和使命也有了更为明确的认识。这是一次院史的回顾考察，也是故宫精神的探寻和教育。

故宫精神有着丰富的内涵，需要梳理、概括、阐发并科学地表述。概括故宫精神，是当代故宫人的责任。故宫精神的提出及其内涵的阐发，也标志着故宫人对故宫精神从自发的自我激励到自觉的理性追求。近年来，故宫博物院曾就故宫精神的概括及表述做过多次讨论。

概括、提炼故宫精神，要处理好继承与发展、全面与重点、共性与个性的关系，实现客体与主体的互动，体现故宫博物院的历史、现实及未来发展，又能为大多数人所接受、认同。

2006年，故宫博物院的一些部门经过认真讨论，对故宫精神如何表述提出了不少建议，例如：

古书画部：深厚底蕴，博大胸襟。知荣明耻，敬业乐群。立足文保，勇于创新。面向世界，无愧先人。

古器物部：用热情让更多人了解故宫，用行动无愧故宫远扬声名。

宫廷部：团结，奋进，敬业，贡献，严谨，求实，承古，创新。

资料信息中心：恪尽职守守护典藏，亲和贴心做展示，每时每刻思进取，全心全意为故宫。或故宫利益高于一切。

工程管理处：敬业贡献，尽职奉公，勤奋务实，创新进取。

开放管理处：爱岗敬业，恪尽职守，认真细致，一丝不苟。

行政服务中心：炽热的爱国精神，严谨科学的治学精神，甘于奉献的精神，顽强战斗的精神，与时俱进，开拓创新的精神。

图书馆：典守文物，为职为志；鞠躬尽瘁，无怨无悔；嘉言懿行，德业益人；锐意进取，忠贞艰苦；无取无求，乐于奉献。

文保科技部：爱岗敬业，无私奉献，刻苦钻研，永攀高峰。

保卫处：爱岗敬业，勇于奉献，拼搏进取，开拓创新。

可以说，以上概括都从不同角度揭示了故宫精神的一些特征，也在一定程度上带有本部门的特点和局限。正由于故宫精神的丰富性，故宫博物院原拟归纳、提炼出一个大家普遍认可的提法，后来则感到不必急于马上提出来，而应让大家继续讨论、研究。讨论很重要，讨论的过程就是认识不断深入的过程。

三

这里我想谈谈自己对故宫精神内涵的认识，也是一家之言。笔者认为，故宫精神有着丰富的内涵，其核心是"视国宝为生命"，具体反映在以下5个方面：

第一，典守珍护。

故宫人最重要的责任是守护，是对紫禁城古建筑的珍护和院藏180万件（套）文物藏品的典守，使其永保永藏。这首先体现在故宫人对故宫及藏品的价值与意义的深刻认识上。故宫及其皇家收藏凝聚了传统的特别是辉煌时期的中国文化，是几千年来中国的器用典章、国家制度、意识形态、科学技术以及学术、艺术等积累的结晶，既是中国传统文化精神的物质载体，也成为中国传统文化最有代表性的象征物。特别是在抗日战争时期，故宫的大量文物精品避寇南迁，与中华民族的命运紧密相连，更为故宫文物赋予了不同寻常的意义。保护故宫及其藏品，就是保持我们与祖先联系、沟通的渠道，就是保护中华民族的文化根脉。故宫人因此对自己所保护的文物有种敬畏感、神圣感，也因此热爱故宫，以故宫为荣。对故宫古建筑及其文物价值的这种认识，使故宫人有一种强烈的使命感、责任感，即视国宝为生命，决心献身于保护国宝的事业，这是故宫人的价值取向。这突出表现在抗日战争时期故宫文物南迁，故宫同人历尽艰险，不顾个人安危，有的人甚至献出了自己的生命，有的一家几代为保护文物而鞠躬尽瘁。这是故宫人的传统，在新的时代又得到发扬。

故宫是世界文化遗产、全国重点文物保护单位，故宫人为保护古建筑做出了不懈的努力。从1925年以来的约700余项古建维修项目，从2003年以来的大规模修缮，不仅使故宫恢复了庄严、肃穆、辉煌的历史面貌，而且传承着中国官式建筑的营造技艺，并以维修的实践与探索丰富着国际文化遗产保护的理论。

近年来，故宫博物院文物保护观念有了新的变化，对文化遗产概念的理解与认识逐步深化，把故宫作为一个文化整体来看待，更加自觉地对历史文化遗产进行全面保护。按照这一思路，故宫博物院从2004年至2010年，进行了院藏文物的清理工作，全方位地整理，切实保护文化遗产。在整理中，对原来认为是"资料"的藏品予以重新鉴别、定级，对由于历史原因重视不够的藏品认真研究，妥善对待。不仅重视物质文化遗产的保护，对非物质文化遗产也给予足够的重视。故宫官式古建营造技艺及古书画修裱技艺、古书画人工临摹复制技术、青铜器传统修复复制技术等传统文物保护修复技艺被国务院公布为国家级非物质文化遗产。

故宫人强烈的保护意识，又反映在具有高度的安全观念上。在故宫博物院，文物的安全与古建筑的安全是一切工作的生命线，或者说全院一切工作是以安全保卫工作为前提，并贯彻始终。安全工作以防火为中心。安全工作关系到每个人。严格的规章制度、经常的安全教育、逐级安全负责制，使职工的安全意识不断增强。故宫博物院认识到，情况不断变化，安全工作要坚持抓，不能有任何的松懈和麻痹。

第二，弘扬服务。

利用故宫得天独厚的文化资源，为公众提供丰富的精神食粮和优质的文化服务，既是博物馆公益性特征所要求，也是历史赋予故宫博物院的使命。故宫博物院从成立以来，坚持办好陈列展览，以使更多的海内外观众了解故宫的价值，认识源远流长的中华文明。即使在抗战时期文物南迁中，故宫博物院也不忘博物馆职责，在可能的情况下，认真办好文物珍品展览，以弘扬中华文化艺术，发挥博物馆的职能。在英国、苏联的国外展，在重庆、贵阳、成都等地的国内展，也都产生了重大影响。每次展览，故宫博物院都是精心选择展品，认真布置展场，注重讲解宣传。近年来，故宫博物院在展览布局上做了大的调整，突出宫廷文化特色，形成了拥有宫廷原状陈列、固定专题展馆和临时专题展览在内的完整展览体系，并不断提高办展水平。从1925年成立以来，故宫博物院已接待观众3亿多人次。多年以来，故宫博物院观众人数不断增加，2009年达到1186万人次。为适应这一需求，故宫博物院努力完善服务体系，在提高服务水平上下功夫。不断完善自动讲解器的讲解内容并新增语种，语种总数达到40种，高居世界各大博物馆前列。着眼于服务特殊人群，故宫博物院还进行专用坡道、残疾人升降器、爬楼车等无障碍通道和设施的建设，为他们提供方便。

作为爱国主义教育基地，故宫博物院在实践中努力探索博物馆纳入国民教育体系的具体方式方法：其一是建立向未成年人的免费开放制度。2005年，故宫博物院在国内博物馆界率先通过预约方式向有组织的中小学生免费开放，并无偿提供讲解，至今已接待来自全国31个省区市的学生、教师27万人；其二在故宫昭德门东侧崇楼成立青少年活动中心，不定期举办各类文化讲座；其三是举办"故宫知识课堂"活动，针对青少年观众，以喜闻乐见的形式、寓教于乐的特色，开展丰富多彩的教育活动；其四是在北京高校举办"永远的故宫"系列讲座，以及"紫禁城图片展"进校园活动。我们认为，这些措施，既反映了对故宫遗产核心价值的认识，也是故宫博物院服务方向的体现，应该坚持下去，并力求不断发展。

第三，敬业奉献。

敬业是中国传统道德的要求，也体现了社会主义职业道德的本质特征。奉献就是付出、努力，就是承担社会责任，干好自己的工作。敬业与奉献是联系在一起的。敬业奉献要求钻研业务、提高技能、掌握本领。故宫的工作门类很多，每一门都有学问，都需要下功夫去做。故宫博物院一些专家的成长事例说明：在故宫，只要有心，任何东西都有研究价值，都有学问可做；只要肯用功，就会有收获、有成果；长期坚持，就会成为某方面专家，就会干出大事业来。敬业奉献还体现在工作态度上，即严肃认真，一丝不苟，一切按照规定办事，创造一流成绩。故宫从2003年开始大修，如何保证工程质量，为社会各界所关注。故宫博物院为此提出，一切服从质量，决不能赶进度。在维修中，采取严谨态度，遵循有关程序规定，重视细节要求，加强各个环节管理，发现问题及时处理和纠正。太和殿维修时，为尽可能多地保存原来的材料，对屋顶全部约10万块琉璃瓦和构件进行了编号，拆卸后逐块甄别，凡是不破碎的均力争把它们安装回原来的位置，工作量巨大且要求细致，大家以高度的责任感对待这项工程，按照要求完成了任务。

敬业奉献还反映在热爱自己的工作岗位，踏踏实实，终生不悔。故宫博物院有些工作岗位，例如"站殿"、警卫等，日复一日，年复一年，比较单调，也很辛苦，需要乐于付出，甘于默默无闻。一个北大毕业生在钥匙房管了30多年钥匙，能把故宫所有宫殿的几千把钥匙名称背得滚瓜烂熟；警卫队人员，"无论在电闪雷鸣的深夜，还是大雪纷飞的黎明，都会看到他们的身影。一年365天，巡视城墙和院落；无论白天黑夜，都有他们警觉的眼睛，在观察着故宫的每个角落，守卫着它的安全"（征文《平凡中的可贵》）。他们以自己的实际行动诠释并弘扬着敬业奉献的精神。

第四，开放创新。

开放是由博物馆的本质所决定的。博物馆是为公众服务的，是在平等、自由、民主基础上的文化共享与文化参与，它的公共性决定了它的开放性。这是博物馆坚持与公众联系的本质、保持其生机与活力的重要保证。故宫博物院的成立，将紫禁城这座昔日帝王居住的宫苑禁区变为平民百姓可以自由参观的场所，将作为君主法统象征和仅供皇帝观赏享用的珍宝文物变为全民族的共有财富，是一个翻天覆地的变化。故宫博物院成立时，就直接借鉴西方博物馆管理的经验，运用董事会与理事会的形式，这也是开放的体现，说明中国博物馆自起步就与国际通行做法相接轨。在学术研究上，故宫博物院创始人之一李煜瀛提出"多延揽学者专家，为学术公开张本"，又提出故宫学术之发展，"当与北平各文化机关协力进行"。1935年故宫博物院成立了10个专门委员会，聘请社会上一批有名望的专家学者，进行文物的鉴定与审查。开放与公开联系在一起，从清室善后委员会点查清宫物品，就坚持"绝对公开"的作风，边点查，边出点查报告，并向社会公开发行；建院初期就重视整理出版档案、文献，介绍院藏各类文物，供学术界研究。

　　故宫博物院这种开放公开的传统，在改革开放以来得到很好的继承，又和创新结合起来，有力地推动着事业的发展。"故宫学"的提出，就具有创新意义。故宫学体现出的故宫博物院对传承弘扬中华文明的强烈的责任感和自觉性，它倡导的"故宫在中国、故宫学在世界"理念所蕴含的开放的工作思路、自觉的创新意识，不仅引领着故宫学术研究从自发走向自觉、积极规划故宫的学术前景、提高故宫的学术影响力和学术地位，更为故宫保护和博物馆建设事业提供了理论的指导。在故宫学引导下，故宫博物院工作有了新的思路和举措。在认真清理文物基础上，正在编印《故宫博物院藏品大系》《故宫博物院藏品总目》等，向社会公开发行，更好地为公众服务，同时为院内外乃至海内外的故宫学研究者提供便利，反映出故宫学术研究的开放性。文物征集有新思路，入藏著名现当代画家李可染、吴冠中等和一批国家工艺美术大师的代表作品，确立起从传承民族文化角度审视当代艺术品，从保护民族财富的高度认识征集收藏的新理念。在开放的文化视野下，故宫博物院在博物馆发展、学术研究、古建筑维修、文物保护、数字故宫建设等方面加强与国内外的交流与合作，收到了良好的效果，也为故宫的进一步发展带来了活力。

　　第五，奋发和谐。

　　奋发指奋发有为、奋发图强，展现的是故宫精神阳刚向上的一面，它包括不断开拓、勇于进取的意识，不怕困难、不畏艰险的勇气，不甘平庸、创造一流的志向。故宫博物院的发展史，就是一部奋发图强史。故宫博物院是在坚持抵制北洋政府阻挠和清室遗老破坏下成立的。故宫博物院创立后，由于北洋军阀政府的内战，政局的不稳与变化，以及经费的困难，使博物院遇到诸多艰辛与挫折，并常常处于紧张与动荡之中。在1926年3月到1928年6月短短两年多的时间内，仅院方负责主持工作的领导人就先后有4次变动。依靠故宫同人的团结努力和社会贤达的有力支持，终于渡过了一道道难关。南京国民政府接管故宫博物院后，国民政府委员经亨颐又提出"废除故宫博物院，分别拍卖或移置故宫一切物品"的议案,故宫同人为此拟写传单,四处奔走,积极宣传,争取各界人士支持,终使故宫博物院保存了下来。后来文物南迁,故宫人竭尽全力,而沦陷时期的北平故宫博物院留守员工,在极其艰难的情况下,奋力保护,使院藏文物和古建筑未遭受损失。新中国成立以来,故宫博物院克服困难,努力探索,在古建筑修复、文物藏品充实、陈列展览、开放服务、专业队伍建设等方面都取得了明显的成绩,特别是进入改革开放新时期以来,故宫博物院在各个方面都有了重大发展和变化,从整体上反映着中国博物馆事业的发展水平。85年的发展历程,凝结着故宫人努力奋斗、锐意进取的心血与汗水。

奋发有为的精神,促使故宫人在工作中有高标准,要干就一定干好,争取创造出优异的成绩。"数字故宫"建设、文化产品开发、志愿者队伍发展、对外交流与合作、5个研究中心的建立、非物质文化遗产的保护等,都能与时俱进,舍得下功夫,并且讲求实效,引起海内外同行的关注。

奋发有为的基础是团结和谐。团结和谐是故宫博物院的管理理念。和谐是中国传统文化的重要内涵。古代把"和"看作是一种理想的境界,故宫内的太和、中和、保和三大殿的名称集中反映了这一观念。团结和谐包括了开放包容的心态、合作共赢的理念、团结协作的精神。和谐也是一种为人处世的原则,是一种人生的智慧,即胸怀广阔,心态平和,诚恳和善,勤劳务实,尊重他人,善于合作。倡导和发扬和谐精神,有利于妥善协调各方面的利益关系,加强人们之间的理解和信任,调动一切积极因素,共同打造一个和睦、和祥、和平的故宫。

奋发和谐的精神,使故宫人有一种强烈的荣誉感,在工作中争优秀、创先进,不甘人后。故宫博物院经常举办一些竞赛活动,各个部门都认真组织、职工积极参加。大家认为,这不仅关系到名序排列问题,而且是一个部门作风面貌的反映,是人的精神状态的体现,关系到集体的荣誉，因此从不马虎。不少人都以自己的努力和贡献获得了不同的奖励。多年来，全院也在安全保卫、接待服务、科研成果、文物保护、文娱活动、精神文明建设等方面连续获得不少国家级奖项和荣誉，2009年又获得"全国文化先进集体称号"。荣誉也是一种精神力量。

以上用20个字、从5个方面，概括和表述了新时期故宫精神。事实上，故宫精神的内涵比这更为丰富。但若从简明扼要角度讲，并考虑到故宫博物院的人文传统，以及立足现实和展望未来，我认为这20个字大体上把主要的东西抓住了。20字精神，其实互有联系，是一个有机整体。"典守珍护"，是故宫人的使命和责任，是故宫人的价值取向；"弘扬服务"，是博物馆的基本功能，也是故宫人日常性的重要工作；"敬业奉献"，是基于使命感和责任感的职业道德与工作态度；"开放创新"，是故宫人的胸襟、视野、境界以及工作思路；"奋发和谐"，是故宫博物院的整体精神风貌，也是治院之道。"典守珍护"与"弘扬服务"都是讲故宫人肩负的重任，"敬业奉献"和"开放创新"是讲完成重任需要具备的品德、素养和工作作风，"奋发和谐"是讲故宫博物院发展的环境、基础和条件。

四

故宫精神不只是一个理论问题，更是一个实践问题；不是权宜之计，而是要长期进行的工作。对于故宫精神的培育，根据多年来的实践，应坚持以下4点：

第一，要强调化育。《周易》有"观乎人文以化成天下"的话，对于培育和弘扬故宫精神，用"化育"这个词似乎更贴切。化育，一是化，教化、转化、涵化、春风化雨、潜移默化、化腐朽为神奇等，将一些负面的精神化为正面的精神，将正面精神由潜在的化为现实的。二是育，教育、培育。强调化育，更重要的是把故宫精神内化为故宫人的精神品格，应该遵循一种柔性的原则，更多通过内心情感的调动、环境氛围的营造、文化活动的感染等文化的手段，在潜移默化中陶冶人、改造人。强调化育还有领导带动、影响的问题，上行下效，风行草偃，领导的作为是无声的示范，对于故宫精神培育有重要意义。

第二，要加强制度建设。依照法规制度办事，既是故宫精神的重要表现，也是化育故宫精神的内在要求。故宫精神与制度，是一种内化与外化的关系，制度是骨骼，精神是血肉。培育故宫精神离不开制度的保证。这种保证，在形式上表现为制定、完善和执行各种符合故宫精神需求的规章制度，通过规则性和强制性使人们的行为合乎法律的规范，从而引导故宫博物院整体道德的和谐统一，最终促进故宫精神的弘扬与传承。制度的不断完善有利于规范人们的思想行为，增强自律意识。因此，要把故宫精神体现到职工守则和各项院规之中去，用制度的形式把故宫精神固化下来。

第三，要抓典型。扶正祛邪，是培育故宫精神不可或缺的手段。积极宣扬先进人物、模范事迹，这是要经常着力进行的，让故宫精神形象化，让人们学有榜样。同时也要认真对待存在的问题，不回避，不遮掩。2006年，故宫博物院曾就一位观众来信中反映开放服务等方面的问题，开展过集中的教育和整改，收到了好的效果。对于那些败坏故宫博物院声誉、损害故宫博物院形象的人和事，故宫博物院更不姑息迁就，放任不管，而是高度重视，加强批评教育，严肃纪律。

第四，要把故宫精神培育与日常工作结合起来。故宫精神不是孤立的、抽象的，而是体现在日常的具体工作中。同样，故宫精神的培育，也要从具体工作入手，而不能只是一般性的号召。各部门应根据自己的行业特点，抓行为规范，抓日常养成。要结合建设学习型组织和创优争先活动的开展，努力提升干部职工的人文素质和树立远大的理想信念，不断激发干部职工的进取精神和提高大家的文化品位。

要结合日常管理，努力净化干部职工的道德风貌和优化大家的生活环境，不断褒扬干部职工的奉献精神和热爱故宫的情怀。要将培养和弘扬故宫精神作为一个长期的任务，采取多种形式的宣传教育活动，使之深入人心，成为推动事业发展的精神动力。

在故宫博物院建院85周年之际，院党办从2006年以来全院征集的有关故宫精神的100多篇文章中，选了60篇，结集出版。这些文章，或议论，或记人记事，都很生动、亲切，启人深思，值得一读。当然，精神不是万能的，但必须相信精神的力量。在有的情况下，精神的力量更是巨大的。故宫博物院在长期发展中所形成的故宫精神，是进一步发展的推动力量，而故宫博物院的进一步发展，也必将使故宫精神得到不断的充实和提升。

（本文为故宫博物院编《故宫精神·故宫人》代序言，紫禁城出版社，2010年）

故宫保护与故宫博物院建设

故宫是明清两代的皇宫，是世界文化遗产。故宫博物院是以宫殿建筑群、古代艺术品及宫廷文化史迹为主要展示内容的大型综合性国家级博物馆。"宫"与"院"合一，是故宫博物院与生俱来的特殊身份。要了解故宫博物院，首先就应对故宫的内涵与价值有所了解；检视故宫博物院的工作，可以加深对这个有过不平凡历程的博物院的认识，更可看到故宫今天在展现中华文明与弘扬中华文化上的重要作用。

今天的演讲分两部分，第一部分是"故宫文化与故宫保护"，主要介绍故宫丰富的内涵，它的重要价值。但是，自故宫博物院成立以来，围绕故宫、故宫博物院发生过多次争议，博物院的存废之争，故宫的拆毁之议，虽然成为历史，仍值得深思。今天，完整地保护故宫，更是故宫人及社会有识之士的强烈呼吁与不懈努力。第二部分是"积极进取和探索中的故宫博物院"，通过几个方面的重点工作，介绍故宫博物院对于丰厚的故宫文化资源，在保护中利用、在传承中创新、在弘扬中发展的思路和举措。

一 故宫文化与故宫保护

故宫有着深厚的历史文化内涵，人们可以从不同角度去研究和认识。但是不管怎么说，都无法回避它作为皇宫时特有的价值与意义。故宫曾是明清两代的皇宫，当时叫紫禁城，在491年的岁月里先后有24位皇帝在此居住、执政。这里是封建王朝的权力中枢，在国家历史中曾起过非常重要的作用。从文化的角度看待故宫，或者说了解故宫文化，对我们认识故宫是很有裨益的。

故宫文化就是宫廷文化，是作为紫禁城即皇宫时的文化。故宫文化也是丰富多样的，这里主要介绍宫殿建筑、宫廷收藏以及宫中的文化活动，当然这些都离不开宫廷的各种人物，特别是紫禁城的主人——贵为天子的皇帝。

宫殿是中国古代最重要的建筑类型，故宫则是历代宫殿建筑的集大成者，也是我国古代宫城发展史上现存的实例和最高典范，在建筑技术和建筑艺术上代表了中国古代官式建筑的最高水平。故宫的规划设计依据的是《周礼·考工记》，从中可见"五门三朝""前朝后市""左祖右社"等体现的儒家理想和封建礼制。故宫蕴含着深刻的政治、文化意义。

从政治上讲，故宫既是至高无上的皇帝威权的反映，也是中国古代中央集权和国家统一的重要象征，是一个政治符号。在中国历史上，坚持传统的宫殿制度又与政权的继承性、正统性联系在一起。因而少数民族建立的全国政权，为求争取汉族上层分子的支持与合作并减少汉族民众的反抗，在所建政权的形式和宫殿及都城、礼仪等典章制度方面，都不同程度地比附、效法汉族传统，尊崇儒家，以表明自己的正统地位。元朝新建的大都及宫殿就是如此，而清朝则完全使用了明朝的宫殿。当然，历朝在宫殿建设上也会有其自身的一些特色，但基本格局则是逐渐形成并不断完善的。

从文化上讲，中国的传统思想文化包括阴阳五行学说及审美观念等，都通过故宫建筑语言得到充分体现。例如故宫匾额楹联相当多，因宫殿使用功能的差异，各处风格不尽相同。太和、中和、保和三大殿，是故宫最重要的宫殿，明初的殿名分别为奉天、华盖、谨身，体现了奉天承运的主旨；嘉靖时改为皇极、中极、建极，突出了皇权的至高无上；现在的名称则是清人入关后第一位皇帝顺治时改的，希望以"和"为准则，反映了其作为少数民族的治国理念和政治意愿。顺治的年号也体现了这一含义。1915年袁世凯复辟帝制，又拟改三大殿名为承运、体元、建极，取"承天建极，传之万世"之意。这也是故宫匾额名称的政治文化内涵。

中国古代皇室有着收藏文物珍品的传统。皇室文物收藏与承袭，与王朝"奉天承运"的统治合法性更是密切相关。皇权高于一切，君主能调动全国的资源，顶尖的技艺，来为宫廷服务。宫廷既是政治中心，也是文化艺术品的中心，有着大量珍贵的文物收藏。一般来说，这些收藏代表着当时社会文化艺术发展的最高水平。清代帝王重视文物收藏，特别是乾隆皇帝，更使宫廷收藏达到了极盛。《秘殿珠林》《石渠宝笈》《西清古鉴》《西清砚谱》等就是宫中收藏书画、铜器、古砚的目录。这些收藏品，一是包括了中国传统文化艺术的主要门类；二是数量宏丰，且多是精品；三是反映了各个重要艺术门类从发生、发展到成熟的过程，体现了中华文明五千年不间断的历史。例如，中国历史上最重要的书画作品，现基本上都存藏在两岸故宫博物院。浙江大学正在编印一部《宋画全集》，包括流散世界各地的宋人绘画，共1000余件，其中一半多分藏在两个故宫博物院，又多是最有影响的名迹巨品。另外500余件，也有相当一部分是从清宫流散出去的。

宫廷不仅承袭前代王朝的收藏，还大量制作各类精美的工艺品。故宫博物院去年办了一个"明代永乐宣德文物特展"，就有随郑和下西洋的宝船远走南洋诸国的花色繁多的瓷器、色泽润美的雕漆、婉丽飘逸的台阁体书法、笔墨工谨的"院体"绘画等。清宫内务府更设有造办处，从全国各地选拔技艺高超的工匠，在宫廷内造做各种物件，多不惜工本，精益求精，设立的各种作坊最多时达到41作，每月仅领1两钱粮的各项匠役曾达595名。在画院处有外国传教士画师，造佛像处有来自尼泊尔、西藏的匠人。这些人常年按照御旨制作独有清代皇家风范的艺术品、工艺品和各种精美的日用品。明清宫廷还编刻了大量图书典籍，明代最著名的是大型百科全书《永乐大典》。清康熙时把武英殿作为清代内府专门的修、刻书机构，内务府主持编纂、刊刻和抄写了许多大部头的图书，《古今图书集成》《四库全书》《四库全书荟要》等，在中国图书史上占有极为重要的位置。

明清两代帝王，不少人有着很高的文化素养和艺术天分。例如明宣宗朱瞻基，擅长诗文书画，故宫现存藏他的5幅绘画作品，而明神宗的书法、明熹宗的木工，也都是帝王的韵事。清代皇帝更是受到良好的教育，多有御制诗文集刻印。故宫博物院现收藏清代从顺治到光绪帝等帝王及后妃的书画作品2万多件。康熙皇帝兴趣广泛，努力学习西方自然科学知识，曾组织了一次大规模的，在当时说来是史无前例的全国地图勘测，绘制了《皇舆全览图》。乾隆皇帝更是博学多才，有着很高的艺术鉴赏力。明清以来许多著名的工艺品，如成化斗彩瓷器、康雍乾珐琅彩及其他官窑瓷器、清宫玉器、文玩等，都与皇帝的推崇或参与有直接关系。近年来，凡是与乾隆皇帝有关的工艺品在拍卖行上价格不断攀高，动辄上亿元，2010年11月，一对乾隆时期的瓷器以5.5亿元天价成交，固然有多方面原因，但乾隆时期工艺品的精美应是重要因素。

中国传统思想文化的一个重要特点，是儒释道的逐渐合流。在紫禁城内，明清两代都重视多种宗教的并存。在清代，虽以藏传佛教为主，但也重视汉传佛教，每天宫中都有吹吹打打的佛事活动；坤宁宫每天也必有萨满教祭祀，要宰4头猪；道教有钦安殿、天穹宝殿及神武门北面的大高玄殿；乾清宫东庑则有祀孔处；城内西北角有城隍庙，奉紫禁城城隍之神；城隍庙东为祀马神之所，乾隆皇帝曾下谕旨："朕所乘之马，祭祀甚属紧要。"

明清两代，宫中的重要文化活动是演戏。特别是清代，戏曲演出成为朝廷仪典，新年、除夕、万寿节及各个节令，每月的初一、十五都有较为固定的戏曲演出活动，内廷喜事如皇子出生，册封嫔妃，也都要唱戏以示庆贺。清宫中有特设的演戏机构，并有专供演出所需戏具的制造机构。故宫博物院现收藏各类戏衣8000件，盔头道具类文物4600余件，戏本1万余册，保存大小戏台5座。

故宫文化大致有这么四个特点：

其一，文化人类学有一个大传统与小传统的概念，主要研究一个文化中的上层文化和民间文化关系。以此来看，故宫文化属于大传统，是上层的、主流的文化。中国历来讲究器以载道，故宫及其皇家收藏凝固了传统的特别是辉煌时期的中国文化，是几千年来中国的器用典章、国家制度、意识形态、科学技术等积累的结晶。

其二，故宫文化的整体性。故宫文化虽然相当丰富，涉及许多方面，但这些方面之间不是杂乱的毫无关联的，而是有着紧密的内在联系，是一个文化整体。这种文化整体性是故宫学得以提出的重要依据。

其三，故宫文化虽属上层文化，但又与民间文化、地区文化相互影响。皇帝的爱好，宫中的习尚，往往对整个社会产生极大的影响。如清宫重视戏曲活动，对京剧的形成就起了推波助澜的作用，特别是乾隆时期四大徽班进京，直接引导了京剧的诞生。反过来，宫中的节庆活动，也吸收民间的传统习俗，端午有龙舟竞渡，七夕祭牛女星君，中秋节祭月，重阳登高，腊月二十三日祭灶神，等等。又如宫廷音乐与民间音乐也有联系，如宫廷音乐中的《导迎乐》和寺庙中、京剧中的《朝天子》以及宫中曲牌《银钮丝》与民间音乐《探亲家》同出一辙，宫中曲牌《海青》也竟在承德寺庙音乐中出现。

宫廷与地方的技术交流也是一个复杂的问题。近年来，故宫博物院与德国马普科学史研究所合作，完成了《18—19世纪中国宫廷与地方技术交流史》的研究项目，该项目试图从政治、经济、文化甚至审美取向等诸多方面综合考察宫廷与地方对技术的多方面影响，以及这种影响所产生的后果。宫廷文化与民间、地区文化的关系，于此可见一斑。

其四，故宫文化也包括中外文化交流以及国内各民族文化交流融合的成果。

故宫文化虽有以上特点，但同时又应看到，它充分体现了至高无上的帝王威权、封建主义的专制统治，皇室的奢侈、腐朽以及宫闱政治斗争的残酷性等。即如为人所称道的《四库全书》的编纂，就与"寓禁于征"及大兴文字狱结合在一起。这些都是不容讳言的。

随着封建帝制的推翻，故宫博物院的成立，使昔日帝王禁垣与象征君主法统的清宫旧藏为人民所共有并共享，这些凝聚着中华民族智慧和创造力的宫殿建筑与文物藏品被赋予了维系中华民族文化，传承中华文明血脉的新内涵。

故宫博物院成立85年来，围绕着故宫及其藏品发生过多次重要争论，例如有人提出要废除故宫博物院、拍卖故宫藏品，有的说故宫"封建落后，地广物稀"，要对它进行改造，等等。在这些人看来，故宫等同于封建主义，故宫文化是需要彻底打倒的。他们不懂得历史唯物主义，不知道故宫代表着我们民族的历史文化，我们新的政权就是从这里走来的，故宫文化与今天的文化建设也有着深刻的联系。当然，这只是少数人的认识，我们今天对待故宫文化，不是要一味说好，而应科学对待，认真研究，分清其精华与糟粕。随着全社会文化遗产观念的进一步提升，人们更加关注故宫、爱护故宫，从以故宫为代表的文化遗产中吸取创造新生活的智慧，去建设更加美好的未来。

故宫作为一个文化整体和一个完整的建筑群，应由故宫博物院进行管理。从20世纪30年代起，故宫博物院提出了"完整故宫保护"的概念。当时的故宫博物院只有"内廷"部分。以理事蒋中正领衔的"完整故宫保管计划"送到行政院，行政院指令，批准此提案，同意将设在紫禁城外朝的古物陈列所与故宫博物院合并，将中华门（即大清门，在天安门南，今已拆除）以内至保和殿直至景山，以及大高玄殿、太庙、皇史宬、堂子等处一并归入故宫博物院，一同保管。因多种原因，特别是抗战爆发，直到1948年这项议案才得以实施。

在20世纪50年代，由于对文物保护工作认识上的局限，"完整故宫保护"的概念被淡忘。为了安排其他功能，太庙、景山、大高玄殿等陆续进驻别的机构。20世纪80年代，故宫档案馆也划归中央档案局管理。后来甚至在故宫西华门内盖大楼。进入21世纪以来，党和政府对文化建设的重视与扶持空前加强。文化遗产保护作为文化事业的一个重要方面也迎来大发展、大繁荣的新时期。2001年11月，国务院召开会议，决定对故宫进行整体维修保护工程，为提高故宫保护工作的水平提供了新机遇。2010年底，大高玄殿回归故宫博物院进行保护管理，2011年4月20日，端门及其朝房也将正式由故宫博物院收回并进行保护管理。最近，北京市委下发《关于制定北京市国民经济和社会发展第十二个五年规划的建议》，将"推动故宫周边地区、城市中轴线、皇家园林、坛庙进入《世界遗产名录》"纳入工作目标。进一步实现完整故宫保护对于这个工作目标无疑是一个积极措施。

完整保护故宫是非常必要的，它是一个历史文化整体，完整保护才有利于在现代社会中凸显其见证历史和展示历史的无比价值。这也是民主革命时期的那些先行者们的意愿。实施完整保护，有利于将这片珍贵的北京历史文化核心地区按照世界遗产的统一标准进行管理、保护和开放。

二 积极进取和探索中的故宫博物院

故宫博物院有着丰富的内涵，可以将它看成一个博物馆群，它是世界上极少数同时具备艺术博物馆、建筑博物馆、历史博物馆、宫廷文化博物馆等特色，并且符合国际公认的"原址保护""原状陈列"基本原则的博物馆和文化遗产。

（一）不平凡的院史

故宫博物院成立于1925年10月10日。它成立的意义，有三点值得重视：其一，它是体现建立在自由、平等、民主基础上的文化共享与文化参与。西方博物馆的诞生以文艺复兴、启蒙运动提供的精神养料为其思想前提。故宫变为博物院，使皇室珍藏社会化，其深层意义是继辛亥革命从政治体制上打倒皇权，进一步通过改造文化事业，以冲击、打破由"家天下"政治形态所模塑的各种传统观念，反映着新型的"国家"意识，以及与之相伴生的市民意识，也为宫廷藏品赋予了维系中华民族文化、传续中华文明血脉的新内涵。其二，故宫博物院成立于"五四"高潮之后，北京大学积极参与，在建院上起了重要作用，北京大学研究所国学门学术研究的新方法和新风气，对博物院也产生了积极影响。皇宫变为博物院不只是重大历史变革，又具有用新文化的思想审视、研究传统文化的意义。其三，故宫博物院成立是中国博物馆事业发展中划时代的大事。建院时制定的"临时组织大纲""临时董事会章程""临时理事会章程"，直接借鉴西方博物馆管理的经验，运用董事会与理事会的形式，说明中国博物馆自起步就与国际通行做法接轨。南京国民政府颁布《故宫博物院组织法》是中国历史上第一部有关博物馆的法律，接着又颁布《故宫博物院理事条例》，这两个文件的颁布标志博物院由草创趋向成熟。

故宫博物院成立后，1928年为南京国民政府接管，有一段快速发展的辉煌时期，在文物清理、陈列展览、文献整理、宫殿维修、环境治理等方面都有着显著的成就。

故宫博物院前期历史中的一件大事是文物南迁。1933年，13000余箱文物南迁避寇，1937年抗日战争全面爆发后又向西疏散，辗转奔波，备尝艰辛。故宫人为保护民族文化遗产的惊天地、泣鬼神的壮举，创造了第二次世界大战中人类保护历史文化遗产的奇迹。正如一些研究者所讲，南迁强化了故宫文物的国宝地位。故宫文物与中华民族共命运。后来随着时势的变迁，部分南迁文物被运到了台湾，于1965年建立了台北故宫博物院，从此形成了一个故宫两个博物院的格局。

（二）故宫博物院的文物收藏

北京故宫博物院收藏文物共1807558件，85％以上为清宫旧藏和遗存。1949年以来，通过购买珍品、接受捐赠、国家调拨等方式，陆续新增24万余件文物。同时故宫博物院又将大量文物藏品外拨，最重要的是820万件明清档案，另外还有20余万册清宫典籍、8.4万件器物外拨给国内外有关博物馆、学校等单位。

北京故宫博物院的一些文物，仍在原来宫殿的位置。例如养心殿，里面的贴落、书画各种摆设，琳琅满目。其中的三希堂、随安室、东西暖阁及养心殿明间、后殿，共有文物1031件；不足几平方米的三希堂，即有家具、书画、瓷器、玉器、文房四宝、织绣及其他文物多达111件。保留文物最多的是十几座清宫佛堂，原状几乎未动过。例如作为清宫"六品佛楼"的典型和成熟代表的梵华楼，账上文物1058件，重要文物有一层的6座形态各异、高达2.5米左右、"大清乾隆甲午年造"（1774年）的掐丝珐琅塔；二层的54尊大型铜佛、732尊小型铜佛，每尊佛都有佛名，是庞大而直观的藏传佛教神系。最近故宫出了一套四本《梵华楼》，首次向外公布梵华楼的各种设陈、文物。又如雨花阁，是仿西藏阿里托林寺修建，为清宫的皇帝专用佛堂，明三层暗四层，四层分别代表密宗修行的由低及高的4个阶段。账上文物460件，重要文物有一层的三座掐丝珐琅坛城，内分别供奉黄教三大本尊，另有檀香木观音菩萨，为五世达赖喇嘛所进献。

故宫博物院进行了为期7年的文物清理，弄清了家底，标志着我院的文物管理工作进入一个历史性的新阶段。可以说，这次文物藏品清理是在文物认识视野不断开拓并日益取得共识的基础上，是在"故宫学"理念的具体指导下进行的，正是在"故宫学"整体保护、全面保护理念的指导下，这次文物藏品清理不只完成了摸清家底、账物相符的任务，而且与加强文物的科学管理、安全管理等工作结合起来，使文物管理水平得到很大的提高。

故宫博物院的藏品包括了古代艺术品的所有门类，具有品级上、品类上、数量上的优势。其历史文化内涵更涉及建筑、园林、历史、地理、文献、文物、考古、美术、宗教、民族、礼俗等诸多学科，在我国历史文化遗产中具有突出的历史价值、科学价值和艺术价值。

故宫收藏显示了中华民族五千年的文明是一条绵延不断的历史长河。中华民族绵延不断的历史文化在故宫的各类文物藏品里均得到充分的印证。

（三）故宫博物院的陈列展览

故宫博物院的陈列展览有三个系列：第一是宫廷原状或原状式展览，主要在前朝三大殿及西六宫等，基本是宫殿原来的陈设；第二是宫廷文化生活专题展，如宫廷乐器、卤簿仪仗、戏曲文物、武备以及皇帝万寿、大婚的展览，这多在中轴线宫殿两边的庑房中展出；第三是基本陈列，固定展览，武英殿之书画馆，文华殿之陶瓷馆，奉先殿之钟表馆，宁寿宫之珍宝馆和石鼓馆，东六宫还有玉器馆、青铜器馆、捐赠馆等。例如武英殿书画馆，是北京故宫的常设展览，共有9期，分3年展出，每年3期，以美术史的脉络来展示院藏古代书画，分晋唐宋元、明代、清代3个单元，所选作品均为美术史上经典之作，共有600件（套），其中元及元以前作品106件（套）。午门则是重要的临时展览场地。多数人到故宫游览，时间有限，多是顺中轴线匆匆走过。当然，我们在宣传上还有不足之处。建设一个新的有现代化设施的展览馆，也是社会各界的期望。

故宫博物院重视发展与国际博物馆界的交流，与世界上多个重要和著名的博物馆签署了长期的合作协议，不断增强日常的业务往来和人员交流。以展览的交流为例：近年来，故宫博物院对外展览十分活跃，每年赴海外举办10个左右的展览，如2005年赴英国"盛世华章展"，2006年赴丹麦"中国之梦展"，2007年赴澳大利亚"晶莹的世界——故宫藏中国古代玉器展"，今年9月将在卢浮宫举办"重扉轻启——明清宫廷生活文物展"；引进一些国外展览，如2005年来院的"瑞典藏中国陶瓷展"，2006年的"克里姆林宫珍品展"，2007年的"中国比利时绘画500年展""西班牙骑士文化与艺术展"，2008年的"卢浮宫·拿破仑一世展"，2009年的"卡地亚珍宝艺术展"，等等。

（四）对外交流与合作

北京故宫博物院近年来在故宫学理念的指导下，加强了与国外相关博物馆和科研院所的合作，积极吸收世界最新的博物馆学理念，努力学习先进的文物保护科技，对外的交流与合作不仅仅停留在展览方面，而是向着多方面、深层次方向发展，逐渐涵盖了文物修复、学术研究等内容，如：

2007年11月，故宫博物院与德国马普科学史研究所合作开展"中国古代宫廷与地方技术交流史"科研项目。采取跨学科合作形式，从科技史的角度来研究中国文化遗产。2008年4月26日至27日，故宫博物院与马普科学史研究所共同举办了"中国古代宫廷与地方技术交流史"研究工作会议。2009年9月底，项目组完成论文定稿工作。2010年9月，由故宫博物院、柏林马普科学史研究所编，紫禁城出版社出版的《宫廷与地方：十七至十八世纪的技术交流》一书正式出版，标志着我院与马普科学史研究所合作开展"中国古代宫廷与地方技术交流史"科研项目顺利完成。

２００２年８月，故宫博物院与美国世界建筑文物保护基金会（ＷＭＦ）签署协议，合作进行"倦勤斋室内装饰装修保护项目"。2008年11月，该项目顺利竣工。2006年，我院与ＷＭＦ签署了第二期合作协议，共同对宁寿宫花园（即乾隆花园）进行整体修护保护，该项目于2009年启动，预计2019年完工。2010年至2011年分别在美国皮博迪·埃塞克斯博物馆、大都会博物馆、密尔沃基美术馆三地举办"乾隆花园古典家具与内装修设计展"巡展，故宫博物院参展展品共101件（套），这是故宫博物院首次大规模和全面地赴外展出原状文物和内装修，是展览方式上的一次有益尝试，展出的艺术品门类繁多，包括绘画、书法、瓷器、铜器、玉器、家具，还有故宫建筑构件和花园中的山石。该展选题独特、展品新颖，在美国乃至其他国家产生了不小的影响。

（五）故宫学的提出与发展

故宫学是2003年10月我在南京博物院的一个博物馆论坛上提出的学术概念。我认为，故宫学是以故宫及其丰富的历史文化内涵为研究对象的一门学科。故宫学的研究对象包括紫禁城宫殿建筑群、文物典藏、宫廷历史文化遗存、明清档案、清宫典籍及故宫博物院历史6个方面。

提出并确立故宫学，主要有以下4个方面的意义：

第一，故宫学要求把故宫作为一个文化整体对待，作为一个大文物对待，同时要求把故宫作为一个文化整体、作为一个大文物来全面保护。这与文化遗产理念的提升有着重要关系。对非物质文化遗产的重视就是一例。用故宫学来看待故宫价值，既有物质文化遗产，也有非物质文化遗产，非物质文化遗产主要是传统的文物修复技术以及故宫官式建筑修造技艺，这些非物质文化遗产既是保护故宫及其文物藏品的重要手段，也是故宫学的内容。北京故宫现有的各种传统文物修复技术很多都是故宫的"绝活儿"，"故宫官式古建筑营造技艺"与"古书画修裱技艺"已经列为"第二批国家级非物质文化遗产"，青铜器传统修复复制技术、古钟表修复技术、古书画人工临摹复制技术正在申报"第三批国家级非物质文化遗产"。故宫现有的这些传统工艺技术，都有着清晰的传承脉络。故宫珍视这些工艺技术，对其进行着有效保护，并重视传统工艺与现代技术的结合，有些项目正在确定传承人，同时拍摄一套《故宫绝活》的电视纪录片。

第二，故宫学要求把馆藏文物、古建筑和宫廷史迹作为相互联系的整体来研究，有利于打破故宫文物研究的学科界限，深化和拓展对故宫历史文化的研究。一个研究课题，往往要打通好几个文物门类的界限。故宫学的学术功用就是找出各个看似毫无关联的各类文物之间的内在联系，从哲学、宗教、历史、文化的高度深化对文物的认识，扩展到对其他学科的认识。例如清宫戏曲文物很多，故宫现有5座清宫演戏的戏台，还有1万多册清宫唱本、乐谱、1.2万多件戏服、道具和2100多件乐器。它们由不同的部门管理，每个方面都有其不同的价值和丰富的内涵，若把它们联系起来，作为一个整体研究，则更有利于加深我们对历史上清宫演戏制度和情况的全面了解。清代宫廷十分重视演戏，有专门管理演戏的机构——升平署（其档案现存8554件），并成立科班，组织太监学戏，有时多达180余人，民间戏班也常进宫唱戏。清代帝后大都喜欢看戏，光绪皇帝还擅长司鼓。乾隆皇帝亲自过问剧本的编写。将戏剧演出活动纳入朝廷仪典也始于清代。新年、除夕、万寿节及各个节令，每月的初一、十五，都有较为固定的演出活动。清代宫廷，特别是帝王的喜好、倡导对戏曲艺术的推广、流行和发展产生了重大影响。清代戏曲艺术无论是剧本文字、表演、演唱、音乐，还是舞台美术等方面都臻于完善，取得了很高的成就。1790年为庆贺乾隆皇帝八旬万寿，四大徽班进京，促进了作为"国剧"的京剧的形成。因此，只有把故宫所藏各种戏曲文物以及升平署档案、几个戏台等进行整体研究，才能对宫廷演戏有较为全面的认识。

第三，故宫学的提出，将使散存海内外的清宫旧藏有个"学术归宿"。由于历史的原因，从近代以来，清宫中的不少书画、陶瓷、青铜器、典籍、档案等流散到海内外一些机构或个人手中。清宫文物在海内外的大量散佚，客观上也为更多的机构与个人参与故宫学研究提供了条件。从故宫文化是个整体的故宫学出发，这些流散文物就不是一个个孤立的东西，而与故宫及其他文物有着一定的联系，坚持这一思路，这些文物也就有了生命，其内涵也才能更为深刻地发掘出来。

第四，故宫学的提出有利于吸收社会上多种专业的机构与人员加入故宫研究。故宫学是个综合性学科，涉及历史、政治、军事、建筑、古器物、档案、图书、艺术、宗教、民俗、科技、博物馆等诸多学科。学术为天下公器。故宫在中国，故宫学在全世界。故宫学研究不只是两个故宫博物院以及有故宫藏品的机构与个人的事，而是学界的共同事业。事实上，故宫博物院也难以完全承担这一任务，需要社会上多方力量的参与。只有国内外研究力量广泛参与，交流合作，取长补短，才能进一步激发学术研究的活力，取得更大的成果，也才能使故宫学真正发展成一门国际性的显学。

经过近10年的发展，故宫学得到了学界的积极响应和参与，其在理论和实践上都有了显著的进步，取得了一些成果。海内外一些著名的高等院校如中国艺术研究院研究生院、中国社会科学院研究生院、浙江大学纷纷与我院就联合开展故宫学教学与研究工作达成合作意向，中国台湾"清华大学"还开设了"故宫学概论"课程。

2008年，中国艺术研究院研究生院首次招收了故宫学方向的博士研究生，这是故宫学探索在学校培养人才的开始。

2010年12月28日，我院与中国社会科学院研究生院签署了战略合作意向书。双方将发挥各自优势，在故宫学研究领域开展广泛、深入的合作，合作方式包括互邀参与有关故宫学研究领域的教学活动、学科建设、科研项目、人员培训等工作；互相提供包括故宫学研究领域在内的相关学术、技术支撑，为双方相关领域内学术、技术的发展服务等。中国社会科学院研究生院决定自2010年11月在其文物与博物馆专业硕士教学中心下设"故宫学"方向课程，学制2年，授予文物与博物馆专业硕士学位和学历。

浙江大学正在筹建"故宫学研究中心"，将于2011年5月挂牌。中心将作为一个科研教学实体开展工作，每年择优资助故宫学研究领域3至5项前沿课题。中心的教学和科研计划涵盖本科和研究生教育。在研究生教育方面，其授课师资预设为校内、校外两方面构成，其中拟聘请我院10余名专家、学者授课。通过2至3年的初步建设，浙江大学将启动故宫学博士学位课程计划，成立博士导师组，由两岸故宫博物院和浙江大学的专家联合组成。

中国台湾"清华大学"自2009年秋季始，由该校历史研究所谢敏聪先生正式讲授"故宫学概论"课程，并授予修课学生正式学分。据悉，该校每学期约有2000名学生以计算机选课来争取此课程的80位修课名额，而未能以计算机选上课程的同学，又有数百人争取15位的加签名额，这与该校相关类别课程的学习相比可谓盛况空前。

（六）两岸故宫博物院的交流

海峡两岸各有一个故宫博物院，两个故宫博物院同根同源，都珍藏着大量代表了中华古代文化的奇珍异宝，都在弘扬着源远流长的中华文化。两岸故宫博物院的藏品都主要来自清代宫廷。北京故宫博物院现有文物藏品180多万件（套），其中130多万件（套）是清宫藏品和遗存，占藏品总数的85％。台北故宫博物院现有文物藏品65万件（套），清宫旧藏和遗存占到92％。两岸故宫博物院是专门收藏中华历代艺术品且最为丰富的两个博物院，都充分反映了中华文明五千年灿烂辉煌的历史，而且序列完整，在世界上都很有影响力。

两岸故宫博物院文物藏品之间有着天然的、不可分割的联系。这是由文物内涵以及历史原因决定的。两岸故宫博物院在学术交流上有着割不断的联系。

两岸故宫博物院的交流开端于台北故宫博物院举办清雍正时期文物大展向北京故宫博物院借展。2009年2、3月间，两岸故宫博物院的院长实现了互访，打破了两岸故宫博物院60年的隔绝，达成多项合作交流协议。其特点是双方都抱有进行合作的愿望，从彼此可以接受的情况出发，达成共识。并且逐步向制度化方面发展。2009年的雍正展，以两岸故宫博物院合作举办的形式向外宣布，围绕这次展览的学术研讨会，以两岸故宫博物院第一届学术研讨会的名义，由台北故宫博物院主办，都是很切实的行动。去年11月北京故宫博物院举办了明代永乐宣德展览的研讨会，则名为两岸故宫博物院第二届学术研讨会，台北故宫博物院冯明珠副院长率团出席。近两年来，两岸故宫博物院在人员互访、互惠合作等方面形成了制度化的交流机制，合作项目也越来越广泛和深入。去年适值故宫博物院成立85周年，两岸故宫博物院又合作开展了"温故知新：重走故宫文物南迁路"的活动，铭记那段不平凡的历史，追寻先辈足迹，传承典守精神，探索南迁的意义与价值，取得了丰富的成果。

目前，两岸故宫博物院的交流与合作在双方的共同努力下，朝着积极的方向，稳步前进。而两岸故宫博物院交流的最深刻动力和纽带还是故宫学。故宫学提出的重要依据和基础，是重视故宫古建筑、文物藏品以及与之相关的宫廷历史文化之间的联系，即把这诸多方面看成一个不可分割的文化整体。流散在海内外的清宫文物，从故宫学的视野里，就都有了生命，即在学术上有了归宿。台北故宫博物院对故宫学也持以积极的赞同的态度。

（本文为作者2011年4月13日在澳门大学社会科学及人文学院"名人讲坛"上，与郝雨凡院长就"学科的生成与建设——以故宫学和澳门学为例"进行对话的讲稿）

紫禁城与澳门

——明清之际中西文化的最初交会

　　北京故宫与南陲澳门虽远隔数千里，却有着令人几乎难以想象的关系。据史家研究，因明嘉靖皇帝需要龙涎香，但龙涎香的来源又控制在葡萄牙人手中，故不得不开放广东香山一角小小的蚝镜澳为贸易港口以互市，这就有了澳门，澳门的诞生就与皇家有了关系。

　　1601年，经由澳门来传教的意大利传教士利玛窦将世界地图、机械钟表、耶稣圣母像等反映当时西方文化特点的一些器物献给明万历皇帝，敲开了紫禁城的大门，一直到清代康雍乾时期，一场中西方文化的交会使澳门与紫禁城有了更为密切而重要的关系。在明清500余年历史上，17、18世纪是中西文化交流的早期阶段，也是以传教士为媒介的中西文化互动的特殊时期。

　　眼下，故宫学与澳门学都是引起重大反响的新学科。很显然，这一段历史也都是两个学科要研究的重要内容，或者说故宫学中有研究澳门的内容，澳门学中有研究故宫的部分。这里仅就明末至清前期由西方天主教耶稣会传教士在澳门及经澳门到宫廷的活动，来探讨当时中西文化交会的有关状况。

一 一场以传教士为中介的中西文化交流

明末清初西方传教士来华，是自唐代以来基督教第三次传入中国。

西方传教士来中国，其背景与欧洲15世纪至17世纪发生的两件大事有关，一件是宗教改革运动，一件是"新航路"的开辟，它们都直接促进了基督教向海外的传播。创立于1543年的基督教分支天主教耶稣会，其创建初衷是保持宗教传统，反对宗教改革，除了在欧洲与新教对抗外，还积极向其他地区传教。"新航路"的开辟则为天主教提供了向东方传播的可能性。1498年，葡萄牙航海家达·伽马绕过好望角，到达印度西岸的卡里库特。1511年，葡萄牙人占领了马六甲等地。1513年，葡萄牙船只出现于中国海岸。1553年，葡萄牙人船只获准在澳门停泊并与往来商贾进行贸易，1557年筑室久驻。根据1493年罗马教皇亚历山大六世的通谕和1494年西班牙与葡萄牙签订的条约，葡萄牙享有对东方的保教权。在教皇的鼓励和支持下，殖民事业与传教任务结合在一起。从欧洲经海路东来的传教士均需从里斯本出发，乘着贸易船只，经印度果阿再到亚洲各地。

耶稣会注重教育，其教士均受过良好的欧洲人文教育并接受过准军事训练。当时中国的实力决定了传教士必须放弃武力传教的主张。利玛窦、汤若望、南怀仁等充分认识到，中国是一个文明大国，儒家思想始终是占据主导地位的社会思想，并扎根于中国的人心之中，外国思想、文化、习俗，包括宗教是很难轻易地传入中国并站稳脚跟的。因此要把基督教传入中国，就要采取相当明智、灵活的传教策略，即在不影响其教义完整性的前提下，尊重中国文化与习俗，让中国人在潜移默化中接受西方宗教的影响。他们竭力适应中国文化和传统习俗，将基督教思想与汉文化相结合；他们认识到在中国封建专制制度下，要想在中国扩大天主教影响，必须争取得到皇帝恩准，必须结交官府，而要取信皇帝则必须具有特殊才华和本事，表示出服务于朝廷的忠诚。而科学知识及文学、艺术、语言、绘画等都成了传教的手段，或者说，传教与输出科学技术已成为不可分割的两翼，集传教士和科技人员于一身，乃是当时的特点。①

随着天主教在澳门站稳脚跟并将澳门逐渐变为向中国内地传教的基地后，以利玛窦、罗明坚为代表的耶稣会遵循适应中国文化，以科学为指导思想的原则，一步步深入内地，打开传教局面，终于使天主教在中国站住了脚。明崇祯末年，宗室信天主教者114人，内官信教者40人。②

明清鼎革之际，仍有不少传教士继续留驻北京，也有一些新来者。清摄政王多尔衮在顺治元年（1644年）即批准了龙华民、汤若望等为保存天文仪器、保持修历工作不中断的奏请，并敕授汤若望为钦天监监正，顺治三年（1646年）又加太常寺卿衔，表现出对洋人洋技的器重。顺治帝亲政后，与汤若望关系特别亲近。仅1656年至1657年，顺治帝两年内竟24次亲临汤若望的馆舍之中，做长时间的谈话，不仅限于科技，还涉及对天主教教义一定的崇慕。康熙帝继位后，出于学理和实用两方面的考虑，采用了大力延揽和使用西方科技人才的政策。事实证明，不论是顺治朝留下的或康熙朝以后召用的西方科技人员，大都能与清王朝最高统治者相安共处，并能较充分地发挥其专长。其中最为出色的是南怀仁，他不但继汤若望之后长期主持钦天监的修历工作，撰著了具有重大学术价值的《康熙永年历法》32卷，又为清王朝的军需铸炮工作做出了贡献。康熙朝所铸造的905门大炮，其中半数以上是由他设计和监造的。当时，不但钦天监实际上已成为西方来华科技人才集中之所、东西文化沟通的中心，而且康熙帝还把紫

---

① 韦庆远：《澳门史论稿》，广东人民出版社，2005年，第97页。

② 转引自李向玉：《汉学家的摇篮——澳门圣保禄学院研究》，中华书局，2006年，第132页。

禁城中的启祥宫（现名太极殿）拨给那些供奉皇帝的西方画家、机艺师、设计师们，作为制作、集会之用，让他们在如意馆作画、刻板、修理钟表和制作机械器物。康熙帝也认真地向他们学习天文学、地理学、几何学、拉丁文等，经常和他们讨论中西学术、政治源流的异同和演变。①

康熙帝对于天主教在西方传播较广、受到相当部分人民的信仰是了解的，他对天主教的教义也略有所知，只是反对它在中国传播，反对以它的教规教义干扰甚至取代中国的传统信仰和国情民俗。但他也未采取拆毁教堂、驱逐传教士等粗暴办法。康熙二十六年（1687年）四月，南怀仁提请推行天主教，礼部议不准行，康熙帝下谕："天主教应行禁止。但见地方官禁止条例内，将天主教同于白莲教谋叛，此言太过，着删去。"②终康熙之世，清朝官方对于天主教的态度是允许存在，但限于只令西洋人供奉。到康熙四十九年（1710年），全国天主教徒有30万人。

引起这场文化交流中断的直接原因是"礼仪之争"。对于在中国的这种传教方式，西方天主教内部历来就有不同意见。1704年11月20日，教皇克来孟十一世批准"异教裁判所"关于礼仪的档，档中严禁中国教徒使用"天""上帝"称天主，禁止礼堂里悬挂有青天字样的匾额，禁止基督徒祀孔、祭祖，禁止牌位上有灵魂等字样。为此，教皇还派遣使节到中国宣布这个禁令。从此，天主教内部的争论扩大到罗马教皇与中国皇帝的争辩。康熙帝采取了毫不让步的态度，教皇于1715年3月19日再次发表通谕，重申1704年的禁约。康熙六十一年（1722年），康熙帝病故。雍正帝继位后，继续执行禁教政策，不仅禁止宗室信仰天主教，同时也在全国各地禁止传播天主教。雍正二年（1724年）下令封闭教堂，除在北京留下20余名"有技艺之人"外，

---

① 韦庆远：《澳门史论稿》，广东人民出版社，2005年，第100—101页。
② 转引自《清史编年》第2卷，中国人民大学出版社，2000年，第540页。

其余的传教士只能居于广东。乾隆帝继位，虽然继续允许传教士供奉朝廷，但对传教并不宽容。据统计，到乾隆三十年（1765年）时，全国天主教徒锐减到12万人。

与此同时，轰动欧洲的中国"礼仪之争"也导致欧洲各国纷纷驱逐耶稣会的局面。1758年葡萄牙国王若瑟一世被刺伤，有人怀疑是耶稣会所为。历来仇视耶稣会的庞巴尔首相决意铲除该会及其传教士，1759年颁布法律宣布耶稣会及其传教士为非法，并视之为葡国王和国家的敌人与侵略者。1759年葡萄牙国王颁布了取消耶稣会的法令。1760年，葡萄牙国王下令没收耶稣会士在全国各地的财产，包括教堂、学校和其他布道场所。1762年7月5日，澳葡当局查封了圣保禄学院、圣若瑟神学院，同时逮捕了两学院的耶稣会士24名。1773年，教皇克莱门特十四世下令解散耶稣会。澳门耶稣会被解散后，天主教从此衰落，教徒减少。曾在澳门传播天主教，并以澳门为基地而进入中国内地传教达200年之久的耶稣会士，退出了澳门的历史舞台，也宣告明末至清前期这段中西文化交流的终结。[①]

二 澳门在中西文化交流中的地位

明清之际的这场中西文化交流，耶稣会传教士是中介、载体，而澳门作为天主教在华的据点，天主教在远东的传教中心，就发挥了极其重要的作用。

自从1553年葡萄牙人进入和租居澳门之后，耶稣会士纷纷随商船前来澳门传播天主教。1555年耶稣会士公匝勒斯第一个来澳门传教。至1563年，澳门至少有8名耶稣会士进行传教，发展教徒600多人。当

---

① 参阅李向玉：《汉学家的摇篮——澳门圣保禄学院研究》，中华书局，2006年，第一章第三节。

时在澳门入教的中国人有两种，一种是澳门的居民直接入教，另一种是广东各县的人每年一次赴澳门入教。1566年，教宗庇护五世任命卡内罗为澳门主教。1576年1月23日，罗马教皇格留哥利十三世承葡萄牙国王的请求，颁布诏令，正式成立澳门教区，负责管理中国、日本和越南的天主教传教事务。由于澳门教区的建立，耶稣会士东来澳门传教者更多，其他教会的教士如方济各会士（1579年）、奥古斯丁会士（1586年）、多明我会士（1587年）亦相继来澳门传教，并不断兴建教堂作为传教场所，有望德圣母堂（1569年）、圣老楞佐堂（1569年）、圣方济各堂（1579年）、圣保禄堂（1582年）、圣多明我堂（1587年）、圣安东尼堂（1608年）、圣嘉勒修道院教堂（1633年）等。在这些教堂中，以望德圣母堂、圣老楞佐堂和圣安东尼堂最著名，至今称为澳门三大古教堂。随着教堂的兴建和传教活动的开展，澳门居民信仰天主教者日益增多，至明末已有天主教徒4万人。这表明澳门已经成为天主教传教卓有成效的基地和天主教在远东活动的中枢。①

澳门在天主教传播中的重要地位，还在于圣保禄学院的创办。耶稣会非常注重教育，把中世纪的教义神学与文艺复兴的文化巧妙地结合起来，逐步发展为一整套系统的教育体制。耶稣会于1571年在澳门一个小教堂附近开设了圣保禄小学，1594年升格为圣保禄学院。该学院开设了中文、拉丁语、修辞学、哲学、数学、天文历算、物理学、医药学及艺术课程，此外非常重视神学的教育与实践。教学方法上重视"复习"与"辩论"。②圣保禄学院仿照欧洲大学的考试制度，凡入学修满课程经过考试合格者，颁给学位证书。中国官方在任该院颁给学位证书的教士时，亦承认其学历，按学位授以适当的官职。在该学院攻读毕业而入华传教的耶稣会士有200多人，占明清时期入华传教的472名会士中的50%左右，这些人几乎包括了入华传教的主要骨

---

① 参阅黄启臣：《澳门通史》第七章第三节，广东教育出版社，1999年。

② 参阅李向玉：《汉学家的摇篮——澳门圣保禄学院研究》，中华书局，2006年，第二章。

干，其中不少是研究中国文化的学者，出版了不少研究成果，成为中西文化交流的沟通者。在该学院学习的中国天主教教徒有30多人，毕业后派回内地参与传教。[①]"相逢十字街头客，尽是三巴寺里人"。圣保禄学院作为远东传教士的摇篮，曾经是辐射力达到整个东亚地区和东南亚部分国家的宗教重镇，在它存在和活动的168年间，为了宗教目的和其他原因从事东西方文化交流活动的不少西方传教士，都与这个著名的机构有着密切的关系。可以说，它进一步加强与提高了澳门在中西文化交流中的地位。

文化交流是双向的。在这场中西文化交流中，澳门就发挥了互相往来的桥梁作用，西方国家的科学文化经澳门进入中国内地，中国文化也经澳门传到了西方国家。

西方文化进入中国内地，一是传教士本身的传播，二是大量西方国家书籍的带进。西方传教士认识到："到中国来传教……要传扬圣道，总得凭书籍才行。"书籍就是知识，有知识才能使拥有悠久文明的中国人所重视。因此，他们很重视书籍的译传。如1620年金尼阁来澳门时，将有装潢的图书7000余部，经澳门运入中国内地，至今仍有500多部保存在中国国家图书馆。这7000余部书的内容，"有水法之书""有算法之书""有万国图志之书""有医理之书""有乐器之书""有格物穷理之书""有几何原本之书"。而"传教士之得以在中国立足唯一所依恃的是数学"。[②]

数学方面，《几何原本》《测量法义》《同文算指》《测量异同》等书的翻译，为西方数学传入中国之始。后又有一批译著出版。由此中国出现了一批贯通中西的数学家，据统计，清代前期从事研究西方数学的学者112人，写出了一大批数学著作。

天文学方面，据不完全统计，明末至清中叶的200年间，耶稣会

① 参阅黄启臣：《澳门通史》第七章，广东教育出版社，1999年。

② 黄启臣：《澳门通史》，广东教育出版社，1999年，第15页。

教士所著天文著作50多种，制作天文、历法仪器43件。说明西方天文学在中国传播影响之深广。在西方近代天文学和历学的启示下，出现了万历年间修改《大统历》的动议和实践。

地理学和地图学方面，耶稣会教士著、画地理、地图书籍共43种，包括中国地图1册及17个省的分省地图17册。利玛窦1602年在北京应明神宗之请，测量北京、南京、杭州、西安等地的经纬度后特别绘制一幅符合神宗心意的《坤舆万国全图》，把中国画在地图中央，此为中国有世界地图之始。在西方地理、地图等影响下，康熙帝于1708年下谕绘制地图，历时10年，绘制成比例1：1400000的《皇舆全图》，是当时世界上工程最大、最精密的地图。1760年乾隆帝又命绘制《乾隆皇舆全图》，比例为1：1500000，共104幅。

其他如西医学与西药学、物理学与工程物理学、建筑学与建筑术、美术与音乐等也都传入中国内地，有些产生了重大影响。

随商船来到澳门和进入中国内地的耶稣会教士，为了达到在中国广为传教的目的，也十分重视学习中国的语言文字，研究中国的儒家哲理，翻译和诠释中国的古典经籍，并向欧洲国家介绍。1593年，利玛窦率先将《大学》《中庸》《论语》《孟子》翻译成拉丁文，从澳门寄回意大利出版发行。1626年，法国耶稣会士金尼阁将《诗经》《尚书》《易经》《礼记》《春秋》五经译成拉丁文在杭州出版。1752年，法国耶稣会士孙璋翻译《礼记》为法文出版。1770年，雷孝思以法文翻译出版《易经》第1册，1839年出版第2册，供法国学者研究。1772年，法国会士傅圣泽回国时带去的中国古籍共3980种（本），全部捐献给法国皇家图书馆，为法国以至欧洲国家学者阅读和翻译中国古典经籍提供极大方便。1772年，法国会士马若瑟节译的《诗经》《书法》法文版出版。直至今天，在梵蒂冈图书馆还可以看到当时耶稣会士研究《易经》的中文著作稿本14种。①

---

① 黄启臣：《澳门通史》，广东教育出版社，1999年，第136页。

中国文化在欧洲国家引起了很大影响。德国哲学家、数学家莱布尼茨读了孔子、老子的译著，对中国文化有了更多的了解，高度赞扬中国文化的伟大。德国古典哲学的形成也曾受中国儒家哲学的影响。中国工艺美术在欧洲引起轰动，仿制中国的瓷器、漆器、家具、墙纸，学习中国的丝绸、刺绣工艺。中国的庭园艺术也在欧洲广受青睐。现在在德国、法国、瑞士仍能看到当年留下来的中国式的钟楼、假山、石桥和亭榭。这都是当年"中国热""中国风"的见证。这也激起欧洲知识界对中国研究的兴趣，兴起了持续至今的"西方汉学"。

澳门本身就是中西文化交会之地。人口结构的变化、城市的兴起与发展，寓澳中外居民都按其本民族生活方式生活，东西文化交集，欧亚风情交织。宗教上天主教与佛道诸教和平共处。建筑上中西风格并存，大三巴牌坊即为东西文化艺术交融的结晶。

从16世纪中期开始，澳门这个狭小的半岛，在几百年间扮演着深刻影响中国历史乃至世界历史的角色，成为中国与欧洲列强交往、东方文化与西方文化交流碰撞的舞台。它是东方人看西方的窗口，也是西方人了解中国的桥梁。随着时代的变迁，今天人们更加清楚地认识到澳门曾有过的这种地位和作用。

三 紫禁城里中西文化交汇的珍遗与见证

从明末至清中期，西洋传教士得以供职于内廷，明清宫廷遂成为当时中西文化交流的重要舞台。从故宫博物院现存文物藏品看，西方传教士在宫廷文化方面做出了多方面的贡献，产生了重大影响，主要反映在科技、绘画与器物工艺方面。

（一）清宫的科技仪器

清代宫廷作为当时中西方文化的交会之处，科技是其中一个相当重要的部分，因此故宫博物院得以珍藏了一大批反映西学东渐的科技文物。这批文物的收藏有3个特点：

其一，数量巨大且种类齐全。故宫博物院收藏的属中国传统的器物主要有石制日晷、铜壶滴漏、时辰香、升、斗、权等度量衡器及中医器具。与西学相关的科技文物2000多件，品类较为繁杂，大致可分为天文学、数学、物理学、地理学、机械钟表及医学六大类，每一类中又可分为若干小类。如天文学中就有天体仪、浑仪与晷仪的区别；数学类中又有计算工具与度量仪器的区别，甚至在计算工具中又可分为计算尺、算筹、计算器；等等。这样繁多的种类，分散产生于清代各朝，且随时间的推移逐渐增多。如顺治年间，仅有天球仪、浑仪、日晷、地球仪、望远镜几种；到了康熙年间，增加了数学、测绘学、光学等仪器；至乾隆年间，机械钟表的数量和种类激增。乾隆以后，宫廷科技仪器的来源基本枯竭，除光绪末年增添了一些西医药类器具外，再未出现反映西方科技水平的器物。

其二，许多仪器入宫比较早，与欧洲相差时间不长。从这些仪器进入中国的时间差别上，可以想见它们带有很强的时代色彩。比如16、17世纪时，欧洲盛行依几何圆锥截面知识制作的地平式日晷，明末清初时便出现在中国宫廷，其中突出的代表是德国传教士汤若望于顺治元年（1644年）为清廷特制的"新法地平日晷"。又如意大利伽利略将望远镜用于天文活动，观测到月球上的"山脉"和"海洋"，又在1610年发现了木星的4颗卫星。明天启六年（1626年），汤若望著《远镜说》，将望远镜介绍给中国，并于明崇祯年间和清顺治年间数次为宫廷制作望远镜，这些无疑是以双凸透镜为物镜、双凹透镜为目镜的伽利略望远镜的翻版。这些望远镜在清宫出现，距伽利略时代也不过半个世纪。再如，英国数学家纳白尔（Neper Napier）于1617年发明了用于计算的"纳白尔算筹"；1628年，意大利传教士罗雅各（Giacomo Rho）即在《筹算》一书中将它介绍到中国，清宫最晚至康熙朝中期（1680年前后）也出现了这种筹式计算工具。故宫博物院收藏刻有"康熙御制"字样的计算尺，在数学史上称为"甘特式计算尺"，距离英国数学家埃德蒙·甘特（Edmund Gunder）于1630年发明这种尺子最多也不过50年左右。在数学仪器中，多年来一直为外间瞩目的当数康熙年间清宫自制的手摇计算器。世界上第一台可计算加减法手摇计算器，是由法国数学家帕斯卡（Blaise Pascal）于1642年至1644年在巴黎研制成功，仅半个世纪左右，手摇计算器就进入清宫，并被加以改造：在阿拉伯数字旁附加汉文数字，将加减二法增至加减乘除四法，又独创横排筹式计算器，等等。

其三，皇帝的兴趣差异对清宫科技仪器变化的影响。康熙皇帝对西洋科学抱有极大的热忱，当时传教士掌握的天文历算、机械制造、地形测量、绘制地图、研制枪炮火药以及语言翻译等方面的知识，均为中国所不甚了解，他都抱有极大的兴趣，其目的是为了在王朝统治和强国富民的实践中加以应用。当时在宫中为他传授科技知识的传教士，对他执着的追求和在学习中表现的顽强精神有过生动的记录。因此，清宫中遗留下大量康熙时期的科技仪器，如清宫御制数学用桌、清宫制手摇计算器等。到了乾隆时期，宫内天文数学等科技仪器减少，精美绝伦的机械钟表、玩具大量出现。由于乾隆皇帝的权威及个人兴趣，宫廷制钟技术水准较前大为提高。康熙时宫廷仅生产单一实用钟表，而此时生产发展为集走时、报时、音乐、活动景观等多功能于一体的观赏性钟表。甚至外国献的钟表也要迎合乾隆这一口味，如英国为中国特制的、可用毛笔书写"八方向化，九土来王"的写字人钟。[①]

（二）清代宫廷绘画的中西合璧画风

宫廷绘画，亦称"院体画""院画"，是指宋代翰林图画院及其后宫廷画家的绘画。为迎合帝王审美需要，宫廷画家的作品多以花

---

① 参阅刘潞主编：《清宫西洋仪器·导言》，香港商务印书馆，1998 年。

鸟、山水、宫廷生活及宗教内容为题材，作画形神兼备，讲究法度，风格工致细腻，设色富丽堂皇。清代宫廷绘画在继承两宋及明代宫廷绘画"状物精微""写实之极"画风的基础上又有新的发展，最显著的是从康熙晚期至乾隆时期西洋传教士画师带来的中西合璧的画风。这一时期也是清宫绘画的繁盛时期。

这一时期，在宫内供奉的若干名欧洲画家，都是欧洲天主教耶稣会传教士，都曾受过良好的教育，其中最著名的是郎世宁。郎世宁（1688—1766年），意大利人，生于米兰。康熙五十四年（1715年）以传教士身份来华，随即以画家入宫供奉。直至乾隆三十一年（1766年）逝世，在宫内作画长达52年。他努力熟悉中国传统绘画的技巧、工具及物料使用的特性，同时又尽快掌握清室贵族的审美趣味取向，凭着扎实的造型基础，逐渐摸索出一套折中东西方绘画艺术特点的新图式。他擅长画人物、肖像、走兽、花鸟。乾隆年间因负责设计和督造圆明园的西洋楼，被授予正三品的"奉宸苑卿"之职。郎世宁曾参与许多重大题材的创作，如描绘乾隆在避暑山庄接见杜尔伯特和辉特部蒙古贵族的史实画《万树园赐宴图》轴、《马术图》轴（均故宫博物院藏）；起草并绘制《平定西域战图》铜版画、创作《格登鄂拉斫营图》卷（故宫博物院藏）、《玛璜斫阵图》（台北故宫博物院藏）等军事画；记录重要庆典活动的纪实画，如《乾隆大阅图》轴、《弘历哨鹿图》轴（均故宫博物院藏）等。他还画了许多帝后肖像画和行乐图，真实再现了人物的体貌特征和宫廷的生活景况，如《乾隆帝与后妃半身像》卷（美国弗利尔美术馆藏）、《平安春信图》轴、《弘历雪景行乐图》轴、《乾隆抚琴图》轴（均故宫博物院藏）等。另外也创作供观赏的鸟兽图，如《十骏图》轴、《午端图》轴（均故宫博物院藏）等。他还在宫内收了不少学生，传授油画技法，如班达里沙、王幼学、王儒学、丁观鹏、张为邦、戴正、沈源等，堪称第一位将西洋画法传入清廷的外国画家。此外还有法国人王致诚、波希米亚人艾启蒙、法国人贺清泰、意大利人安德义、意大利人潘廷章。他们不但自己在清宫内作画，而且还将欧洲的绘画技法传授给中国的宫廷画家，对于清宫"中西合璧"新颖画风的形成，起了直接的作用。

中西合璧画风，即西洋写实技法为适应皇帝爱好和中国画传统特色而进行改革、结合后的新画风。作品中运用了西洋的明暗法，强调对象形体结构本身的起伏凹凸和造型比例的准确性，舍弃了环境光线影响下所形成的阴影、投影和强烈的明暗对比，并以工整墨线和细致色晕来代替粗放笔触和块面色彩，使物象既富立体感和质感，又具有笔墨韵味，为中国画家和观者所能接受。宫廷内这种中西合璧画风的出现，虽未发展为成熟样式，却也影响一时，它丰富了中国画的造型表现手段，驱动了传统绘画的变革步伐，其积极的历史作用是不容忽视的。①

中西合璧画风的另一表现，即在乾隆时期，在一些画上，郎世宁只画主要部分，即人物肖像，而其他人物的衣纹线条、背景中的树石等，则由中国画家完成。

中西合璧的画风，不只是引进欧洲绘画技巧，而且在一定程度上影响到创作思想。西方传教士画家从绘画艺术角度出发，力求把客观对象描绘得自然、真实，也乐意接受将圣像画得生活化一些的自然主义创作思想。中国历史上宫廷画家在处理画中的君臣关系中，为了突出君主的形象和地位，形成了一整套严格的处理君臣形象的表现手段，在造型上表现为主大从小、主肥从瘦、主遵从让的方式，在构图上将君主置于画幅的中心位置，若是侧像，君前则视野开阔。从郎世宁的画技来看，他是有志于从形式上改变以往中国绘画不正常的君臣比例，他力求把君主之像画得生活化一些，并且加入了一些西洋宗教画的造型特征，如表现手法工细精整，人物的表情和姿态十分安详和娴静，如同文艺复兴时期圣像画中圣母的表情。西洋传教士画家和清宫画家敢于以科学的态度较为客观地描绘清帝的绘画形象，将人世间的生活气息注入表现清帝的生活画卷中，在记述清帝的政治、礼仪等

---

① 单国强主编：《中国美术·明清至近代》，中国人民大学出版社，2004年，第76页。

重大活动时，缩小了与臣、仆的造型比例。限于当时的政治因素和社会条件，他们不可能从平等思想的高度来认识他们的造型之变，但在古代绘画史中，有着引人注目的积极意义，自然科学与绘画艺术联系得更为紧密了。①

铜版画在清宫一度也颇流行。铜版画在欧洲已经有近600年的历史了，经常被用来复制大幅的油画作品，单纯用黑白线条来体现油画原作的层次感、立体感和深远感，表现力十分丰富。大约在康熙时期，由欧洲的传教士将这一艺术品类带到了中国，起初铜版画是用来制作地图的，到了乾隆时开始用铜版画制作了一系列描绘征战场面的组画，以此来表现历史事件，并且相当成功。在这一系列铜版组画当中，最为精致的是乾隆《平定西域战图》（以下简称《战图》）。这套《战图》是据乾隆二十年（1755年）平定厄鲁特蒙古族准噶尔部达瓦齐，以及随后平定天山南路回部波罗泥都、霍集占（又称大小和卓木）叛乱的事件绘制的。组画共有16幅，描绘了战场上的各次战斗。组画的草图是由供奉宫廷的欧洲画家郎世宁、王致诚、艾启蒙和安德义4人分别绘制的，画完后经皇帝过目同意，由郎世宁将制作要求写成拉丁文的信件，交由广东粤海关及广州的“十三行”代为联系，把图稿分批送往欧洲的法兰西刻制成铜版后印刷，每幅画各印了200张，全部印制工作于乾隆三十八年（1773年）完成，共耗白银4800两，并将铜版送回了中国。由于这组《战图》是由欧洲画家绘制图稿并由欧洲刻工刻制铜版，故而西洋风味十分浓厚，精致细腻，明暗立体感相当强烈。这套《战图》制成以后，清朝宫廷内府仿照这一形式，又相继由中国的画家制作了许多描绘乾隆皇帝武功的铜版画，如《平定两金川战图》（16幅）、《平定台湾战图》（12幅）、《平定苗疆战图》（16幅）等，共计有7组82幅之多。

---

① 参阅余辉：《清宫人物画的自然主义倾向》，载民政总署、澳门艺术博物馆制作：《海国波澜》（澳门）2002年。

值得注意的是，在清宫，油画是仅次于中国画的又一大画种。过去有的文章认为，中国的皇帝不喜欢油画，而强令供奉内廷的欧洲画家改以水彩作画，这样的说法似乎并不完全符合实际情况。事实上雍正、乾隆这两位皇帝不但允许欧洲画家以油彩作画，而且还下令中国的宫廷画家向他们学习油画的技艺，档案中的记述说明了这一点。不过要求这些油画作品要符合东方民族的欣赏习惯。十分可惜的是，200年前清宫廷中所画的油画作品，由于当时制作技术较为粗糙，以及后来存放保管条件受到局限，再加所附着的建筑物或拆毁或重新粉饰等等因素，存留至今的已十分罕见。[①]

在绘制这些油画时，供奉内廷的欧洲画家并没有将他们观察事物的方法全盘搬到了中国，而是适当做了变通，这反映在人物肖像画上最为明显。欧洲画家所画的人物肖像，喜欢采侧面的光照，造成人物脸部受光及背光部分的强烈对比。中国传统的人物肖像画则描绘的人物在常态中的容貌，五官清晰，不受光线变化的影响。在宫中的欧洲画家在为皇帝、后妃、大臣等画像时，既保留了欧洲画法造型准确、注重解剖结构的长处，又一律取正面光线，并减弱光照的亮度，使人物面部清晰柔和，更加符合东方民族的欣赏习惯。此特点是一些欧洲画家融合中西画法后的新创造。

（三）工艺

主要是画珐琅、珐琅彩工艺。

金属胎珐琅器是以金属制胎，用石英、长石为主要釉料烧炼成的五彩缤纷的珐琅制品，按制造方法和工艺特点，可分掐丝珐琅和画珐琅两大类。掐丝珐琅，俗称"景泰蓝"，是起线珐琅的主要品种，起线珐琅还包括錾胎起线和稍后出现的锤揲起线两种，掐丝珐琅和錾胎起线珐琅大约在13世纪中叶从阿拉伯地区传入中国。画珐琅，俗称

---

① 参阅聂崇正主编：《清代宫廷绘画·导言》，香港商务印书馆，1996年。

"洋彩"，大约17世纪初由欧洲传入中国。这两种不同特点的珐琅制品传入中国后，其技术也随之为中国工匠所接受，并很快制作出具有中国民族风格的工艺品。由于金属胎珐琅器制造工艺复杂，釉料配制和烧造技术难度大，生产成本高，所以这种珍贵的珐琅制品开始很长时期主要在宫廷中制作，供皇帝及皇室享用。也有少量珐琅器作为贵重礼物由皇帝恩赐给王公大臣，民间则很少流传。金属胎画珐琅器则是17世纪中叶，在西方传教士呈进欧洲画珐琅的影响下，才于康熙年间在宫廷内珐琅处开始烧造，但烧造技术不高，釉料呈色不稳定。康熙五十八年（1719年），聘请法兰西画珐琅艺人陈忠信来京，在内廷珐琅处指导烧造画珐琅器。其样式、图案主要是中国风格，少有西方画珐琅的特点。

康熙后期的画珐琅釉色增多，颜色纯正鲜艳，图案清晰，显示出烧造画珐琅的技术已达到较高水平。许多图纹都出自宫廷中各画家之手笔。新兴的画珐琅色彩鲜艳明快，豪华富丽，深得康熙帝的赏识，凡精美之作，多在器物上署"康熙御制"款。雍正帝对新兴的画珐琅情有独钟，对于烧造水平不高的作品，雍正常常提出批评意见。在同时期的掐丝珐琅制品中，很难看到"雍正年制"款，而在画珐琅中则不仅有署"雍正年制"的，而且还出现了新的釉色。特别是以黑色为地、上压彩色花纹的作品是前所未见的。这种黑釉是雍正时期烧成的，所以分外受到皇帝的青睐，即使烧制其他彩釉作品，在局部也可看到绘制黑釉花纹的现象。这种运用黑釉的手法是其他时期罕见的。乾隆时期的画珐琅工艺，制作工艺突飞猛进。皇帝不仅亲自询问造办处珐琅作的生产情况，还经常对产品的烧造提出意见，对于技艺高超的匠人则给予特殊的奖励。宫廷中的著名画家多次参与画珐琅的生产。这个时期生产的画珐琅器物数量多，质量高，许多前所未见的新作品源源不断地涌现出来。此时，开始烧造大型器物，追求不同的造型式样，纹饰题材也丰富了起来，出现了大量对西洋景物和人物的描绘，颇有几分西方油画的风格。这些作品中，有明显出自宫廷画家和西方传教士之手笔，是画珐琅中极具功力的作品。仿西洋式样制造的画珐琅器别开生面。在此之前，画珐琅制品中很少出现西洋风格的作品，而这个时期刻意仿造西洋式的造型和纹饰的画珐琅制品特点很突出。这类作品多是广州地区制造由粤海关官员进献给皇帝的贡品。①

器物的西洋味道的纹饰，在珐琅彩上也有不少反映。珐琅彩是清宫造办处珐琅作利用珐琅料在皇宫内制成的一种极为名贵的宫廷御用瓷器，制品不多，均秘藏宫苑。每件器体底部均有年代款识。这种用珐琅料二次烧成的釉上彩瓷器初创于康熙晚期，盛烧于雍正、乾隆时期。乾隆时期的珐琅彩纹饰，就有一些带有西洋风格，包括采用西洋绘画技法或仿西洋画珐琅效果等手法。如乾隆珐琅彩西洋人物小葫芦瓶以泰西妇婴为纹饰题材，用西洋绘画技法临摹西方人物和景色，人物面部的色彩层次刻画得细致柔和，背景建筑物的描绘也注意明暗和投影，故具有一定的立体感，整体格调别致，独树一帜。另外是仿西洋画珐琅效果的色地珐琅彩，色地有多种，在色地上运用西洋画法绘画西洋花卉，所画洋花图案是中国工匠仿效西洋画珐琅而来，色彩华丽，风格独特。这种装饰有时用作数个开光瓷画间的间隔，如乾隆珐琅黄地花卉开光婴戏瓶。由于这些西洋花卉图案很常用，可见乾隆皇帝对此种纹饰甚为赏识。②

四　启示与感想

（一）文化交流与国力盛衰

文化交流有主动交流与被动交流之分。明末清前期的这场中西文化交流，对中国来说，是被动的交流。由于16世纪至18世纪中西文化

---

① 参阅李久芳主编：《金属胎珐琅器·导言》，香港商务印书馆，2002年。
② 参阅叶佩兰主编：《珐琅彩·粉彩·导言》，香港商务印书馆，1999年。

交流的背景，是哥伦布发现新大陆后，所开始的"欧洲人挑战世界"的时代。欧洲最早进行殖民扩张的是西班牙和葡萄牙。当西班牙人在北美烧杀抢掠之际，葡萄牙人于明代正德年间（1506—1521年）悍然入寇澳门，并以发展贸易为名驾驶武装船闯入广州，其后又常在粤闽浙三省沿海进行侵扰和走私活动，并以欺骗和行贿手段留居澳门。在清代康雍乾时期，葡澳当局表现出了"忠顺"的态度，对清朝规定诸种规章基本上"凛遵恪守"，其所以如此，正是由于中国实力的强大。葡萄牙人虽占据澳门，但属于租住体制，每年交纳租金，明清政府一直对澳门行使主权。这种情况下的西方传教士，自然不得不改变传教策略，不敢用武力来传教。当中国国力衰弱，特别是鸦片战争战败后，葡萄牙此时也在不断提出扩界和永居的要求，胁迫清朝签订不平等条约。西方的传教士就凭着列强的大炮来到了中国。这是历史的教训。

（二）文化冲突与文化理解、文化对话

这场中西文化交流的中断有其必然性。耶稣会传教士把科学知识当作传教的手段与工具，追求的是传教布道，他们虽然在皇帝身边服务，但皇帝采取的则是"节取其技能，禁传其学术"的态度，把政务与教务严格区分，对传教事业加以限制。这就无可避免地潜藏着矛盾和冲突的因素。在"礼仪之争"爆发之前，康熙帝与在华传教士仍能长期相处融洽，乃是由于双方都能采取比较客观审慎的态度，都在一定限度内作了妥协。[1]"礼仪之争"实际上反映了东西方文化哲学伦理思想的差距和碰撞，反映着外来宗教权威与中国专制皇权的冲突和不可调和。今天来看，这是文化冲突。文化的冲突要靠文化的理解与文化的对话来解决。其实当时已有一些做法是值得我们重视的，例如罗明坚、利玛窦等在中国所秉持的"寻找文化契合点"的观点、采取的

---

[1] 韦庆远：《澳门史论稿》，广东人民出版社，2005年，第107页。

"文化适应"策略，当时已收到明显效果。徐光启与耶稣会士合作译书，也曾借用陆九渊的"东海西海，心同理同"来破除自古以来的华夷界限，率先揭开了中国摄取西方文化的序幕。诚然，利、徐双方的彼此接纳、吸收，在很大程度上是建立在误读、妥协和让步的基础上的，但不可否认，他们彼此是在一种宽容、开放的心态下进行跨文化对话的。在面对彼此截然不同的文化形态时，他们采取的不是拒斥、非此即彼或取代对方的方式，而是力图在根本相异的文化之间寻求尽可能的相似之处，进行一种综合、融汇。在"儒学"面前，利玛窦的方略是"附儒、补儒、超儒"；在"天学"面前，东方护教柱石的徐光启等人的对策是"翻译、会通、超胜"。于是，他们怀着各自的文化自信，试图对异质文化进行"重整"或"糅合"。在各自"整合"过程中，他们都赢得了对方的尊重和敬仰，并以坦诚、开放的态度在不同侧面、不同程度上迎纳对方的思维，从而造成了一种互补平等的对话局面。令人遗憾的是，历史毕竟没有给予他们更多的机缘，使得这种平等对话的局面得以延续，他们的文化整合过程最终随着中国的朝代更迭而中断。虽然他们的做法未能形成更大的影响，但今天来探讨仍觉得很有意义。[①]

（三）一段值得认真深入研究的历史

随着改革开放以来中国的迅速发展，对中国前近代史的研究，对明清时期中西文化交流史的研究，日益成为中外学者关注的一个热点。明末至清前期的中西文化交流史，既是中国史和世界史研究的重要课题，又涉及宗教、民族、交通、文化、艺术、科技、经济、贸易等多个方面，有着深厚的内涵。在对这段非同寻常的历史进行探究时，我们感到文献数据的重要，大量明清时期天主教史汉文文献仍需

---

① 参阅刘然玲：《文明的博弈——16至19世纪澳门文化长波段的历史考察》，广东人民出版社，2008年，第103—104页。

要整理，明清时期天主教史的许多西文文献尚待翻译。这些也是澳门学、故宫学继续深入的基础工作，也预示着这一研究天地的广阔。

（四）紫禁城与澳门的再次结缘

这场中西文化交流早已成为历史，但澳门作为中西文化交会之地，仍然继续得到发展。澳门今天在保持中华文明主体地位的同时，以其丰富多元的文化遗存闻名于世。澳门包容、宽厚的文化性格备受瞩目与尊重。200多年后的今天，故宫与澳门历史城区又都列为世界文化遗产，成为博物院的故宫与澳门又一次结缘。这就是澳门艺术博物馆从澳门回归10多年来接连举办的15个故宫珍品文物展览，引起海内外高度关注，也成为今天澳门的一个文化品牌（"盛世风华"，1999年；"金相玉质"，2000年；"海国波澜"，2001年；"怀抱古今"，2002年；"妙谛心传"，2003年；"日升月恒"，2004年；"邃古来今""南宗北斗"，2005年；"永乐文渊""乾坤清气"，2006年；"天下家国"，2007年；"钧乐天听"，2008年；"九九归一"，2009年；"争色斗妍"，2010年）。特别是2001年底展出的"海国波澜——清代宫廷西洋传教士画师绘画流派精品展"与2004年的"日升月恒——故宫珍藏钟表文物展"，对于澳门，对于紫禁城，对于中西文化艺术交流史的回顾，都有着特殊的意义。

（本文为作者2011年4月14日在澳门大学社会科学及人文学院"名人讲坛"上的讲演。原题为《从澳门走出而走进皇宫的西方传教士》，刊载于《明清论丛》第十七辑，故宫出版社，2017年）

故宫博物院与辛亥革命

今年是辛亥革命100周年。1911年的辛亥革命是中国近代完全意义上的民族民主革命运动。1925年成立的以明清皇宫紫禁城及其皇家收藏为基础的故宫博物院，就与这场伟大的革命运动有着直接关系。但是，从辛亥革命发生到故宫博物院成立，其间相隔14年。这14年中，末代皇帝仍"暂居宫禁"13年，丰富的文物珍宝仍为皇帝的私人财产。这是辛亥革命不彻底性的一个表现。这14年也是风云激荡的历史时期。时代的潮流，社会的进步，由修改优待清室条件，到驱逐溥仪出宫，把皇家收藏变成全民族的文化财产并赋予其新的意义，终于建成一个有着崭新形态的公共文化机构，其间充满惊心动魄的斗争。

参与故宫博物院肇建的吴瀛先生就曾感慨：

> 夫由一故宫蜕化而为博物院，此为国体变更应有之结果，若法、若俄、若德，何莫不然，则故宫之为博物院，一刹那顷之事耳，何有于若干年之经过？[1]

可以说，辛亥革命的成果和影响仍然为博物院的产生创造了条件，故宫博物院的问世则完成了辛亥革命的未竟之业。

---

[1] 吴瀛：《故宫博物院前后五年经过记》卷一，故宫博物院编，1932年，第1页。

一

民主共和政体是辛亥革命的最重要成果，驱逐溥仪出宫并成立故宫博物院，使皇权最重要象征的紫禁城内廷向普通民众开放，对于强化民主共和观念、彻底粉碎国内复辟帝制思潮有着标志性意义。

1911年的辛亥革命，不仅推翻了统治中国260多年的清王朝，而且结束了延续2000多年的君主专制政体。这场资产阶级革命的最大成果就是国体变更，即政治体制的根本改变。这是一次历史巨变，开启了中国历史的共和时代。"百代都行秦政法"，自秦始皇以来所形成的以大一统、极度中央集权和绝对专制主义皇权为特征的中国式的历史道路，曾经在中国历史上是一个巨大的进步，中华民族在这条道路上创造了光辉灿烂的东方文明。但是专制统治的长期延续和极端化发展，严重阻滞了中华民族前进的步伐，使中国社会陷入落后的深渊。1911年12月南北和谈中讨论国体问题，即在中国实行君主立宪还是民主共和，南方代表伍廷芳阐述了南方坚持在中国实行民主共和的理由："为今之计，中国必须民主，由百姓公选大总统，重新缔造，我意以此说为确不可易。"北方代表表示并"无反对之意向"[①]。辛亥革命打倒了专制皇权，废除君主制，建立民主政体，实现五族共和。民主与共和是相联系的，中华民国的主权属于国民全体，国家权力机构和国家元首均由选举产生，这种政体形式即共和制。是否赞成共和，成为是否拥护中华民国的最重要条件。1912年2月12日，在紫禁城养心殿东暖阁，隆裕皇太后代行颁布退位诏书，其中说道：

---

① 转引自中国社会科学院近现代史研究所主编：《中国近代史》第五卷第七章，江苏人民出版社，2009年，第451页。

是用外观大势，内审舆情，特率皇帝将统治权公诸全国，定为立宪共和国体，近慰海内厌乱望治之心，远协古圣天下为公之义。[1]

清帝退位后，袁世凯立即致电南京临时政府和临时参议院，表示绝对赞同共和制度，"永不使君主政体再行于中国"，宣称"共和为最良国体，世界之公认……从此努力进行，务令达到圆满地位"[2]。

皇宫是皇帝生活居住、处理政务的场所，亦即"朝廷"所在地，是封建王朝权力的中枢。雄伟壮丽的皇宫建筑充分体现了皇权的至高无上，宫廷生活的奢华、收藏的丰富以及它的神秘性，使其成为封建统治的重要象征。由此，辛亥革命的对象首先在紫禁城，无论如何，应该把专制君主从这一具有象征意义的皇宫驱逐出去。但是，清朝覆灭了，最后一个皇帝却仍住在宫里，且一住就是13年。溥仪能居住下来，是根据清室退位优待条件。1912年南北双方在和谈中涉及清朝皇帝、皇族的待遇问题。处置清室的基本办法是：清帝退位，给予优待。有关清帝退位的"优待条件"是经过南北双方反复商讨后确定的，也在一定程度上考虑了清室的意见。当时提出的待遇条件有"以待外国君主之礼待之""退居颐和园"等，后清室提出要保存大清皇帝名号，并要"世世相承""仍居宫禁"等条，孙中山、黄兴等坚决反对。1912年1月18日，孙中山致电伍廷芳，提出修改意见：

一、名号定为宣统皇帝，删去"世世相承"四字。二、退居颐和园。

---

① 转引自中国社会科学院近现代史研究所主编：《中国近代史》第五卷第七章，江苏人民出版社，2009年，第489页。

② 《袁世凯致南京孙大总统、参议院、各部总长、武昌黎副总统电》，载《南京临时政府公报》第15号，见《辛亥革命资料》（《近代史资料》总第25号），中华书局，1961年，第117页。

同一天，黄兴也致电伍廷芳，痛斥：

> 议和愈出愈奇，殊为可笑！第一条仍保存大清皇帝之名称及"世世相承"字样，可谓无耻之极。第二条"仍居宫禁"，是与未退位无异。第一、第二，为我军人之绝对的反对！

后在"若清帝退位，则共和目的已达，其他枝节，似可从宽"的思想指导下，做了让步，稍加修改。正式公布的清帝退位优待条件共8款，最主要的是两款："第一款，大清皇帝辞位之后，尊号仍存不废，中华民国以待外国君王之礼相待。""第三款，大清皇帝辞位之后，暂居宫禁，日后移居颐和园。"①"暂居宫禁"，没有规定具体期限，只划定了宫禁范围，在乾清门以北到神武门为止这个区域，即"内廷"。作为明清皇宫的紫禁城，分外朝、内廷两大部分，外朝是朝廷举行盛大典礼及部分办事机构的活动场所，内廷是皇帝处理政务及帝后皇室人员生活起居之处。相比之下，内廷更为重要，且皇室珍藏等都主要集中在这里。中华民国成立后，外朝部分即太和、中和、保和三大殿及文华殿、武英殿等交给民国政府，而溥仪仍居住在内廷。

对于辛亥革命推翻封建帝制的这一历史功绩与重大意义，我们应当给予充分的认识。有学者指出，过去我们往往对辛亥革命的历史意义认识不足，甚至更多地讲其失败和消极面，是不全面的，这既有认识原因，也有时代原因。②从认识上讲，后来的评价者对辛亥革命缺乏亲身体会，因此导致认识上的低估。亲身经历这场革命的林伯渠同志（他是1905年8月第一批加入同盟会的会员）在1941年辛亥革命30周

---

① 转引自中国社会科学院近现代史研究所主编：《中国近代史》第五卷第七章，江苏人民出版社，2009年，第487—488页。

② 《张岂之、金冲及对话辛亥革命》，《中华读书报》2011年4月13日。

年时撰文指出：

> 对于许多未经过帝王之治的青年，辛亥革命的政治意义是常被过低估计的，这并不足怪，因为他们没有看到推翻几千年因袭下来的专制政体是多么不易的一件事。[1]

从时代上来看，辛亥革命发生了，取得了伟大胜利，但社会性质还未完全改变，还有许多革命工作要做。例如，打击和粉碎民国初期的复辟逆流，巩固民主共和体制，就是一项重要的革命工作。

民国成立后，存在一股企图使逊清废帝溥仪复位的逆流，溥仪仍居住在紫禁城，便成为形形色色复辟派的一个希望。致力于匡复清朝的，既有逊清遗老，也有以满籍王公宗室为中心的宗社党，还有以康有为为首的保皇会分子，也有一批任职于民国政府的前清旧官僚。溥仪回忆说：

> 复辟——用紫禁城里的话说，这是"光复故物""还政于清"——这种活动并不始于尽人皆知的"丁巳事件"，也并不终于民国十三年被揭发过的"甲子阴谋"。可以说从颁布退位诏起到"满洲帝国"成立止，没有一天停顿过。[2]

当"满洲帝国"的皇帝，是日本人的阴谋，也使溥仪走上了卖国的路。在紫禁城里发生的是"丁巳事件"与"甲子阴谋"。"丁巳事件"即丁巳年（1917年）的张勋复辟。安徽督军张勋以"调停"黎元洪总统府与段祺瑞国务院的"府院之争"的名义，以十三省军事同盟"盟主"身份，从徐州率兵进京，逼黎元洪解散国会并驱走黎，7月

---

① 林伯渠：《荏苒三十年》，《解放日报》1941年10月10日。

② 溥仪：《我的前半生》，群众出版社，2007年，第59页。

1日伙同康有为等拥溥仪复辟，改民国六年为宣统九年，恢复前清官制。溥仪在乾清宫坐上皇帝宝座，北京城里到处挂起了龙旗，满街都是穿着清朝袍褂的人。但是这一闹剧只持续了12天。"甲子阴谋"是清室善后委员会1925年7月在点查清宫养心殿时，发现有1924年（甲子年）春夏间康有为、金梁等奏陈图谋复辟的多种密件。说明他们的复辟活动一直没有停止。今天来看，这种逆社会潮流的图谋十分愚顽可笑，但由于2000多年的封建专制统治，当时皇帝制度赖以存在的经济基础及思想体系仍然存在，或未受到很好批判，因此被赶下台的溥仪不仅要复辟，而且作为中华民国第一任大总统的袁世凯也要过过皇帝瘾，在太和殿里接受朝臣的祝贺，当起了短命的洪宪皇帝。

对于优待清室条件，溥仪小朝廷一直十分重视，一方面担心民国取消优待条件，一方面又深惧民国彻底执行优待条件第三款的规定事项，心情是相当矛盾的，因此他们坚持把优待条件列入宪法。袁世凯曾在优待条件上有一段跋语：

> 先朝政权，未能保全，仅留尊号，至今耿耿。所有优待条件各节，无论何时断乎不许变更，容当列入宪法。[1]

民国三年（1914年）5月1日，袁世凯欲为其帝制铺路而公布《中华民国约法》，其中第六十五条云：

> 中华民国元年二月十二日所宣布之大清皇帝辞位后，优待条件、清皇族待遇条件、满蒙回藏各族待遇条件永不变更其效力。

自是优待清室条件载于《中华民国约法》，其效力愈为稳固。民国五年（1916年）8月1日，民国国会重新在北京召集，宪法会议亦于9月

---

[1] 转引自溥仪：《我的前半生》，群众出版社，2007年，第66页。

5日继续开会，清皇室即请北京政府咨文国会，将优待条件列入宪法，旋有梁鼎芬、达寿、世续、陈宝琛等请愿于国会，国会议员中亦有王谢家、魏肇文、李振钧分别提案，以为有加入之理由。民国六年（1917年）2月，民国副总统冯国璋自南京行抵北京，致函众议院，请将优待清室条件加入宪法，以杜倡言复辟者之反侧，然未为国会所接受。同年7月张勋复辟失败前后，有人主张严惩清室，取消优待条件；有人则为清室开脱，多方回护，结果北京政府决定优待条件继续维持，永资遵守。民国七年（1918年）10月到民国十一年（1922年）6月，著名的复辟派分子徐世昌任民国总统，在其任内，清室优待条件自然得保无虞。

对于优待清室条件，反对者以及主张取消者亦不少。民国十一年6月，徐世昌下台，8月1日旧国会恢复，即有少数态度激烈的国会议员主张取消优待清室条件，如议员邓元彭等提出："我中华民国既定为共和政体，一切人权平等，无特殊阶级，昭垂中外，十有一年于兹矣。何物溥仪，不知自爱，生存于五色国旗之下，胆敢藉结婚之仪仗，特标榜其黄龙旗大皇帝之徽号，形似滑稽，事同背叛"，认为"不合潮流，不适国体"，建议"将优待条件取消"。[①]1924年春夏间，议员李燮阳在国会中又提出类似议案。同年4月20日，溥仪召集近支王公、内务府各大臣会议，谋应付民国国会提案取消清帝尊号及优待条件办法。不久北京政变发生，优待条件虽未取消，却有重大修改。[②]

历史的潮流毕竟阻挡不住，民主共和的观念也在逐步深入人心。1924年第二次直奉战争中，冯玉祥倒戈，发动了北京政变，直系以失败而告终。黄郛内阁摄政时间从11月5日起至11月24日"临时执政政府"成立结束。在此期间，冯玉祥做了一件大事，即驱逐清废帝溥仪出宫，由摄政内阁通过《修正清室优待条件》，最重要的有两条，第一条："大清宣统帝从即日起永远废除皇帝尊号，与中华民国国民在

---

① 转引自胡平生：《民国初期的复辟派》，台湾学生书局，1985年，第388页。

② 参阅胡平生：《民国初期的复辟派》，台湾学生书局，1985年，第388页。

法律上享有同等一切权利。"第三条："清室应按照原优待条件第三条，即日移出宫禁。"黄郛摄政内阁在公布修改优待清室条件时，特别昭告全国，说明修改的原因：

> 民国建国，十有三年，清室仍居故宫，于原订优待条件第三条，迄未履行，致民国首都之中，尚存有皇帝之遗制，实于国体民情，多所抵牾。爰于十一月五日，与清室溥仪商订修正优待条件。①

清室王公大臣、著名遗老等闻溥仪出宫，均大为惊骇悲愤，奔走呼吁，希图有所挽救。时在天津的段祺瑞，以清室逊政非征服可比，迫令移宫有背优待条件，应从长计议，俾免民国受背约之嫌。冯玉祥等旋复一电云：

> 清室为帝制余孽，复辟之祸，贻羞中外，张勋未伏国法，废帝仍存私号，均为民国之耻。留此孽根，于清室为无益，于民国为不祥。此次移入私邸，废去无用之帝号，除却共和之障碍，人人视为当然。②

1924年除夕，孙中山到京，卧病北京饭店，清室遗老旧臣宝熙、绍英等人又致书孙中山，称"优待条件，为民国产生之源本，自宜双方遵守，垂诸无穷"，而今溥仪"乘舆仓卒出宫"，已违"最初之信条"，故而请求"主持公道，力践前言"。中山先生即命秘书处复函，严词驳斥，指出首先是清室违反优待条件，终未践移宫之约，又于文书契卷仍沿用宣统年号，民国六年（1917年）复辟之举，乃实犯破

---

① 吴瀛：《故宫博物院前后五年经过记》卷一，故宫博物院编，1932年，第10页。
② 转引自胡平生：《民国初期的复辟派》，台湾学生书局，1985年，第414页。

坏国体之大眚。并指出"吾所以认十一月间摄政内阁之修改优待条件及促清室移宫之举，按之情理法律，皆无可议"①。所有支持驱逐溥仪出宫者，都把这件事与推行民主共和政体、杜绝复辟祸根联系在了一起。

在查点清宫物品的过程中，善后委员会与清室及段祺瑞临时执政府的反对、抵制、阻挠等活动进行了坚决的斗争，坚持开展工作并为成立博物院做了充分准备。特别是1925年7月在养心殿发现清室密谋复辟的罪证，认为事关国家共和政体的安危，当即抄录致函京师地方检察厅（后转向京师高等检察厅），请其对有关人员分别提出公诉，但在段祺瑞执政府包庇下，最后却不了了之。清室善后委员会鉴于情势之孤危，非急急成立博物院，使速成公开之局，无以杜觊觎之心，遂于1925年10月10日，即中华民国的国庆双十节，正式宣告了故宫博物院的成立。开幕典礼的讲话，充分揭示了故宫博物院的成立意义。前摄政内阁总理、理事黄郛在发言中说："今日开院为'双十节'，此后是日为国庆与博物院之两层纪念，如有破坏博物院者，即为破坏民国之佳节，吾人宜共保卫之。"执政府外交总长、董事王正廷在发言中说了自己的两点感想：一是真正收回民权，二是"双十节"的特殊纪念。京畿警备司令、董事鹿钟麟说，过去有"逼宫"的戏，他的"逼宫"，则是为民国、为公而"逼宫"。他们的讲话，都受到与会者的欢迎。②应该看到，民国初年，西方民主思潮与实践颇为盛行，后来袁世凯和北洋军阀独掌北京政府，逐步废弃了辛亥革命后建立的各项民主制度。但是，经过辛亥革命的洗礼，共和民主制优于君主专制，已成为国人思想理念中最重要的变化之一。尽管民国年间的共和民主制暴露出种种不足之处，名不副实处甚多，但其在形式上的至高无上仍为多数国人所公认。民国实行民主共和的体制，把破坏博物院视为"破坏民国之佳节"，说明故宫博物院对于坚持民主共和体制所

---

① 吴瀛：《故宫博物院前后五年经过记》卷一，故宫博物院编，1932年，第27页。

② 吴瀛：《故宫博物院前后五年经过记》卷一，故宫博物院编，1932年，第54页。

具有的重大意义，因此是需要保卫的。

关于第二次直奉战争的后果和影响，美国学者林蔚对此做了新的诠释。他认为，第二次直奉战争的最后结果是直系的崩溃最终引发整个北洋体系的崩溃，造成某种权力真空，从而为新的观念、新的社会群体以及新的政治权威提供了演出舞台。他说，1925年发生的"五卅运动"在中国现代史上是一个分水岭，是一个界标性的大事件，它宣告了新型民族主义运动和新兴政治力量的崛起。"五卅运动"在许多方面都不同于以往的单纯抗议型民族主义运动。此一时期的民族主义不仅以压倒优势获得各阶层广泛而深刻的同情与支持，而且，它比以往任何时候都具有更为清楚的政治目的与政治眼光，军阀和帝国主义一道被视作中国的敌人，从而使南方国民党和共产党所主张的国民革命有了明确的内涵和目标，这就是以"打倒列强除军阀"为口号的统一中国，构建现代民族国家的运动。他认为，"五卅"的意义远不只是一个来自下层的爱国主义运动，而首先是既存权力结构分崩离析的象征。蒋介石所操纵的国民党正是利用北洋体系因内斗而崩裂的机会，对民族主义加以政治性运用，迅速崛起填补起权力真空，成为当时全国统一诉求的代言人和执行者。[①]

冯玉祥在第二次直奉战争中倒戈，不是临时的仓促决定。战前孙中山等国民党人已与冯玉祥、胡景翼、孙岳等人密切联络，以冀实行推倒曹吴的"中央革命"计划。李煜瀛回忆说：

> 辛亥革命虽小告段落，实则革命实力迄未达于北方。然革命同志无不欲作北方革命首都革命以期普遍。抱此志愿者为数甚多，就我个人所知武装同志中如冯焕章（冯玉祥）、胡立生（胡景翼）、孙禹行（孙岳），非武装同志中如黄膺白（黄郛）、段子均（段宗林）及吾个人皆从事此。膺白多致力于焕章方面，

---

① 转引自马敏：《第二次直奉战争的新诠释——林蔚著〈从战争到民族主义：中国的转折点1924—1925〉》，载《拓宽历史的视野：诠释与思考》，华中师范大学出版社，2006年，第356—357页。

子均与吾个人致力于立生、禹行方面，为秘密工作之进行，此国民一二三军未张其帜以前一段之经过，亦即使溥仪出宫间接之工作。①

从多种文献可以看到，正在壮大的国民党积极参与并指导了驱逐溥仪出宫，以及筹建博物院的工作。1924年1月，国民党在广州召开第一次全国代表大会，大会通过宣言，重新解释了三民主义，把旧三民主义发展为新三民主义，确立了联俄、联共、扶助农工的三大政策，标志着以国共合作为基础的革命统一战线正式建立，为国民革命高潮的到来奠定了基础。李煜瀛当选为中央监察员，并被推选为"北京监察委员"。清室善后委员会成立，"以李石曾先生为委员长，委员如黄膺白、蔡子民、吴稚晖、汪精卫、易寅村、张溥泉诸先生，均国民党之彦，而鹿瑞伯为驱逐溥仪出宫之执行者，同时为京畿警卫总司令兼为委员，故当时参加同人，多数为国民党或接近国民党者"②。北京政府初虽称与国民党合作，而实则不然，清室则乘机阻挠点查工作，其后北京政府与清室善后委员会及其嬗递之故宫博物院，遂时时处于相对地位。但是，清室善后委员会能够不屈服于各种压力，坚持斗争，北京政府虽眷顾了清室，为点查工作设置了种种障碍，终于未能阻挡住故宫博物院成立的趋势，当与第二次直奉战争后这种新的形势有关。③

---

① 李煜瀛：《故宫博物院纪略》，《故宫周刊》1929年总第2期。

② 吴瀛：《故宫博物院前后五年经过记》卷一，故宫博物院编，1932年，第1页。

③ 1924年11月24日，段祺瑞宣布就任中华民国"临时执政"。清室方面遂暗中与段临时政府沟通，攻击清室善后委员会，力图实现溥仪复宫。政府方面与清室善后委员会的纠纷开始。12月21日，段临时政府秘书厅致函内务部及警卫司令，着停止清室善后委员会点查清宫物品。22日，清室善后委员会召开点查预备会议，会议一致通过断然拒绝接受段政府停止点查的命令的决议，并函复内务部难以中止点查，后在有关方面斡旋下，临时政府又同意进行点查（参阅《故宫博物院八十年》，第24页，紫禁城出版社，2005年）。李煜瀛说："段之时期，国民军仍握北京兵力。关于此事（按：指干涉清室善后委员会点查工作），奉方亦不助段，故无能如何于故宫事也。"（见李煜瀛《故宫博物院纪略》，《故宫周刊》1929年总第2期）

　　根据修改的优待清室条件，溥仪已永远废除了皇帝尊号，为中华民国国民的一分子，并理所当然地被驱逐出了内廷，使这个作为封建皇权最重要象征的宫苑禁区，变为平民百姓可以自由参观的场所，将作为君主法统象征和仅供皇帝观赏享用的珍宝文物，变为全民族的共有财富。这就明确地昭告世人，封建君主制度在中国大地上已真正地被推翻了、结束了，任何企图恢复帝制的行为都是倒行逆施，都是不能得逞的。故宫博物院的成立，在这方面具有标志性的意义。

二

　　皇家收藏有其特殊内涵，故宫博物院的成立，使象征皇权统治继承性、合法性的清宫旧藏成为人民共有共享的文化财产，并赋予而且不断强化着其民族文化血脉的新意义，对于促进中华民族的文化认同具有重要作用。

　　中国历代王朝都重视文物珍宝的收藏，这些收藏不只因其珍稀宝贵，而且与政权继承及其合法性有关。周代即收藏象征王位的祭器，被称为"宝器"，为传国之重器。文物珍藏的聚集可被视为天命所归的象征。因此，新的王朝接受前朝的旧藏，表示着它继承前朝的天命，是确定其统治权合法性的一个重要来源。清宫收藏在乾隆年间达到鼎盛，清末国力衰微，外患频仍，这些文物又多次遭到劫掠或毁损，但仍然极为宏富。辛亥革命爆发，清帝逊位，"暂居"紫禁城宫殿，围绕这些清宫旧藏的所有权问题展开了一场旷日持久的争论和斗争，争论和斗争的过程，也是对这些藏品的性质的认识以及赋予新意义的过程，其所有权的最终解决，也就促成了故宫博物院的诞生。

　　在封建时代，所谓普天之下莫非王土，整个天下都是帝王的，皇宫里的所有物品，包括文物珍藏，自然都是帝王的财产，谁也动不得。康熙皇帝曾规定，宫中的一切物件，哪怕是一寸草都不准丢失。

养心殿的一个景泰蓝小罐里盛着36个一寸长的干草棍，他拿了几根放在案几上，叫人每天检查一次，少了一根都不行。这叫"寸草为标"。溥仪曾回忆："这堆小干草棍儿曾引起我对那位祖先的无限崇敬，也曾引起我对辛亥革命无限的愤慨。"①不仅溥仪认为清宫旧藏是他的私人财产，当时的中华民国政府也理所当然地认为这些文物产权属于皇室。皇室的财产不只在紫禁城，还包括沈阳奉天行宫和热河避暑山庄的珍藏。1914年，民国政府在紫禁城外朝即三大殿一带成立古物陈列所，陈列从今沈阳和承德皇宫运回的珍宝，共约70万件之多。民国政府认为这些宝藏是皇室私有财产的一部分，又由清室派员约同古玩商家逐件审定估价，有些物品由于是无价之宝和稀世珍品而无法估计。根据皇室与民国的双边协议，所有物品中，除了皇室收回的以外，均由民国政府按估定的价格收购；由于财力紧缺，民国政府不能当即支付购买款项，这些宝藏暂被当作民国借自皇室的债款（总计3511476元），直到民国财力允许彻底支付时为止。②

对于清宫旧藏是否为皇室财产的争论，开始于20世纪20年代初，这与当时清宫所藏的文物珍宝的厄运有关。当时引起社会关注的，是逊清皇室对宫中文物珍宝的大量抵押、拍卖活动。

辛亥革命后，根据国民政府所议定的《清室优待条件》第二款规定："大清皇帝辞位之后，岁用四百万两。俟改铸新币后，改为四百万元，此款由中华民国拨用。"但由于逊清皇室任意挥霍及其内务府人员的中饱和舞弊，往往入不敷出。而民国政府所负担的经费，也往往因为财政困难而不能如期按数拨给，清室只好靠借债抵押维持。溥仪全宗档案的一份材料，记载了溥仪小朝廷在多个年份欠债的记录，例如：

---

① 溥仪：《我的前半生》，群众出版社，2007年，第37页。
② 庄士敦：《紫禁城的黄昏》，山东画报出版社，2007年，第230页。

宣统元年（1909年）十二月份（按：根据《清室优待条件》规定，宣统退位后，可保留其"尊号"，所以溥仪小朝廷一直沿用其"宣统"年号）：欠恒利号商借垫银二十八万五千零五十五两九钱一分六厘八毫四丝；欠亨记号商借垫银六千八百五十二两六钱四分；欠大清银行借垫银十四万两，除欠内帑银七万五千六百两；除欠泰元号商借垫银九万六千零五十两二钱二分；尚欠交通银行借垫银三万九千六百两；除还尚欠中国银行浮借银三万六千两；新欠中国银行息借五十万元，计折合银三十六万两。①

为了还债，筹款的办法之一就是大量拍卖宫中的金银、珍宝、古玩等。民国十一年（1922年）1月，内务府在一份公开出售珍宝古物的招商广告上写道：

兹因经费拮据异常，现将库存古瓷、玉器、古铜约五百余件，招商出售，藉资补助。凡属殷实商号，有愿承购此项物件者，由一月七日起至十一日止，赴景山西门内务府筹备处检阅详章，交纳保证金一万元，应以本京殷实银行现银元存单为适用，发给估价物类单一份，听候定期看物估价。②

拍卖珍宝仍满足不了所需，还经常拿出一些金银珍宝抵押和变价，每年都有好几宗。1924年5月31日，经溥仪岳父荣源之手，向北京盐业银行抵押金钟、金册、金宝和其他金器，抵押款数80万元，期限1年，月息1分：

---

① 见中国第一历史档案馆藏溥仪全宗档案一二一六号，转引自叶秀云：《逊清皇室抵押、拍卖宫中财宝述略》，《故宫博物院院刊》1983年第1期。

② 见中国第一历史档案馆藏溥仪全宗档案一二一六号，转引自叶秀云：《逊清皇室抵押、拍卖宫中财宝述略》，《故宫博物院院刊》1983年第1期。

合同内规定，四十万元由十六个金钟（共重十一万一千四百三十九两）作押品，另四十万元的押品则是：包括八个皇太后在内的金宝十个，金册十三个，以及金宝箱、金印池、金宝塔、金盘、金壶等，计重一万零九百六十九两七钱九分六厘；不足十成的金器三十六件，计重八百八十三两八钱，嵌镶珍珠一千九百五十二颗，宝石一百八十四块。另外还有玛瑙碗等珍品四十五件。只这后一笔的四十万元抵押来说，就等于是把金宝金册等十成金的物件当作荒金折卖，其余的则完全白送。①

对于清室拍卖珍宝一事，北京大学研究所国学门委员会1923年9月26日发布公函，表示坚决反对，并认为这些珍宝应由民国收回并保管：

据理而言，故宫所有之古物，多系历代相传之宝器，国体变更以来，早应由民国收回，公开陈列，决非私家什物得以任意售卖者可比。且世界先进各国，对于本国古代之遗迹古物，莫不由国家定有保护之法律，由学者加以系统的研究，其成绩斐然，有裨于世界文化者甚大。而我国于此，尚不能脱离古董家玩好之习，私相授受，视为固然，其可耻孰甚。况日本经此次之大地震，遗迹古物之损失极多，我国于此担负保存，及整理关于东方考古学的材料之责任，亦因之愈加重大。北京大学对于此事，似不能坐视不问，为此函请将此事递交国务会议，派员彻底清查，务须将盗卖主名者，向法厅提起诉讼，科以应得之罪。②

湖北省教育会1923年11月12日致电内务部，要求制止清室出售古

---

① 溥仪：《我的前半生》，群众出版社，2007年，第111页。
② 北京大学研究所国学门委员会：《北大请禁清室盗卖古物》，《申报》1923年9月26日。

物，认为这些古物寄托着立国精神，不能散失：

> 顷阅各报载有清室售卖古物一则，不胜骇异。窃我国与埃及、希腊、印度同为数千年前古国，其文明久为中西所称美。清室之古物，尤为历代帝室递嬗相传之珍秘，并非一代一人所得私有。合全国五千年之文物，集于首都之清室，一涉疏忽，不徒散佚堪虞，即立国精神且将无从取征。清室以经费短绌，转售东邻，不啻将五千年立国精神捐弃一朝，言念及此，能勿痛心。……方今欧美各邦对于古物之保存，法有专条，诚知立国精神，舍此无所寄托。……敝会悯文献之失征，痛国粹之沦胥，不揣冒昧，吁恳大部设法妥为保存。并乞提交阁议，作为专案，妥筹善后办法，勿使数千年之文物失于一朝。国家幸甚！教育幸甚！[①]

1923年6月27日故宫建福宫花园大火，敬胜斋、静怡轩、延春阁一带焚烧殆尽。此处许多殿堂库房都装满珍宝玩物，多是当年乾隆皇帝的珍玩，乾隆皇帝去世后，嘉庆皇帝把所有宝物封存起来。有的库房至少100年未打开过。这里还有溥仪结婚时的礼品等。火灾的损失是巨大的。已有舆论指出，所烧毁的是国家的财产，与民族历史有关：

> 自清帝退位之日起，一切主权，已移于民国，则今番千万以上之损失，实民国国家所有之财产也。非但物质上横遭暴殄，而与历史有关之古物尽付一炬，则尤为堪痛也。因清室不肯遽行迁让之故，使民国所应保存者皆葬送于咸阳焦土之中，其责任应谁负之？此岂可以勿问哉？宜速将溥仪及其家族为适当之处置，以

---

① 转引自中国第二历史档案馆编：《中华民国史档案资料汇编（第三辑）·文化》，江苏古籍出版社，1991年，第222—223页，。

杜将来祸源，而正中外观听。①

对于清室珍藏的所有权争论，是与其所具有的特殊价值的认识联系在一起的。教育界、知识界有关机构呼吁这些清宫珍藏关乎中国历史文化，是历代相传之物，应属国有。一批国会议员又根据中华民国宪法②，要求具体立法并执行：

> 查宪法第五章第二十四条第十三项，有关文化之古籍、古物及古迹之保存，则政府即应根据宪法，向清室将所有悉数提出，交内务部派专员妥慎保存，或发交古物陈列所，以供人民观览，而免消灭。此事关系国家文化甚巨，政府究以何法制止清室变卖，及如何饬地方官厅侦查陈宝琛、郑孝胥等盗卖之处，谨依宪法第六十七条提出质问，请于三日内明白答复，提出者李燮阳、王乃昌、牟琳等六十六人。③

对于哪些属于清室私产，哪些应属于国有，也提到了议事日程。1924年5月3日，总统曹锟派冯玉祥、颜惠庆、程克等10人为保存国有古物委员，会同清室所派会员10人，共筹保管办法。5日在时任内务部总长程克的宅中召开保存国有古物讨论会，讨论保管办法：

> 其所决定者，为凡系我国历代相传之物，皆应属于国有，其无历史可言者之金银宝石等物件，则可作为私有。属国有者，即由保管人员议定保管条例，呈由政府批准颁布，即日实行。其属于私有者，则准其自由变卖，此项保管条例已在起草中，大约明

---

① 《亡清故宫失火之责任问题》，《京报》1923 年 6 月 28 日。

② 1923 年制《中华民国宪法》（即"曹锟宪法"）第二十四条第十三项规定："关于文化之古籍、古物，及古迹之保存由国家立法并执行，或令地方执行之。"

③ 《李燮阳质问清室盗卖古物》，《申报》1924 年 3 月 15 日。

后日即可提出讨论，俟通过后，即呈由政府颁布。①

清室重视这些宝物，主要还是它的经济价值，既用它维持庞大的日常开支，又要满足复辟活动的经费。保护这些珍宝文物又与坚持居住在紫禁城内廷联系在一起。因为这些珍宝文物数量巨大，如果迁居颐和园，就难以完全带出。1924年春，金梁在当内务府大臣前两个月给溥仪上条陈：

> 臣意今日要事，以密图恢复为第一。恢复大计，旋转乾坤，经纬万端，当先保护朝廷，以固根本；其次清理财产，以维财政。盖必有以自养，然后有以自保，能自养自保，然后可密图恢复，三者相连，本为一事，不能分也。

他提出应进行财产清理，其中的宝物：

> 各殿所藏，分别清检，佳者永保，次者变价，既免零星典售之损，亦杜盗窃散失之虞。②

1924年5月，溥仪曾去颐和园一游，这不仅使紫禁城大为震惊，甚至京津一带的遗老也忧心如焚。5月26日，升允、袁大化、张人骏、陈毅、万绳栻、罗振玉等联名奏云：

> 窃臣等闻前日圣驾巡幸颐和园，即日回跸，寻常游豫，本是细故，然臣等有不胜忧虑者……盖民国虽觊觎皇室宝物，尚未侵入禁御也，若圣驾遽行移驻，则民国求之十余年不可得，虽以袁

---

① 《清室古物仍难自由拍卖》，《申报》1924年5月8日。
② 溥仪：《我的前半生》，群众出版社，2007年，第113页。

世凯之穷凶极恶，尚未敢公然启请者，今乃于中无意得之。翠华一发，彼必据约为辞，禁中不可复回，宝物自归彼有。①

《修正清室优待条件》第五款规定：

> 清室私产归清室完全享有，民国政府当为特别保护，其一切公产应归民国政府所有。

应区分公产、私产，但怎么划分，以什么做标准是人们关注的。1924年11月5日溥仪出宫，《晨报》指出：

> 溥仪之废帝迁出皇宫，此本不成问题，所足注意者，存在清室之一切物品，多为数千年历史之所遗留，而与文化有密切关系，溥仪既已离宫，则此不可以价值估计之宝物，当然应由接受保管者负其全责。……故此公产私产如何划分，划分之后，应由何人点收，何人保存，其标准方法皆不可不从速规定。②

《社会日报》则明确提出以"有无历史的价值及与文化有无关系为标准"③。对清室古物的处理意见，也有不同的声音。胡适赞同对清室古物永久保存，收归国有。但他认为，此项古物属于清室私产，"民国对于此项宝物及其他清室财产，应公平估价，给与代价，指定的款，分年付与，以为清室养赡之资"④。胡适的观点受到了知识界的猛烈抨击。人们普遍认为，政治变革早已使帝制成为历史，因帝制而

---

① 《升允等谏阻移驻颐和园折》，《时报》1924 年 8 月 10 日。

② 《溥仪昨日迁出皇宫 可注意清室古物之保存》，《晨报》1924 年 11 月 6 日。

③ 《对废帝之善后》，《社会日报》1924 年 11 月 7 日。

④ 中国社会科学院近代史研究所中华民国史组编：《胡适来往书信选》，中华书局，1979 年，第 271 页。

存在的皇室古物自然应归国有。对于清宫公私产的具体划分，在实际中并没那么复杂，例如，藏于库内的元宝银，共6333斤，合101328两，因该元宝均镌有福禄寿喜字样，每颗均重达10余斤，确系当时清帝用以为犒赏之用者，遂留数颗以为将来陈列展览所用，其余则悉数发还。① 溥仪两次派人到养心殿取东西，曾要求带走乾隆瓷器及仇十洲《汉宫春晓图》，委员会未允许，唯取走不少衣物首饰，所带走的物品详账，已附记在《清宫物品点查报告》第三编第四册《养心殿报告》后。驱逐溥仪出宫时，即点收印玺，搜查他的行李，发现了藏在其中的《快雪时晴帖》，便扣留了下来，因为这是祖先遗留下来的珍贵艺术品，不能视为他的私人财产。

这一争论的过程，使社会在清宫珍藏上有了共识：其一，在价值上，这些珍藏反映着中华数千年文明，关乎中国历史文化，为立国精神的寄托，绝不是一般的古董珍玩；其二，在所有权上，这些珍藏为历代帝室递嬗相传，并非一代一人所得私有，因此是国家的财产；其三，在保护方式上，应该设图书馆与博物馆，集中保护。

故宫博物院的成立，使清宫旧藏的身份、性质发生了根本的变化，它们已不再是封建帝王权威和财富的象征，也不再是皇帝个人摩挲欣赏的珍玩，它们与中华民族的历史文化联系了起来，成为人民共享的文化财产，且被赋予中华文明血脉的意义。但是，这个认识的提高不是直线的、一帆风顺的，往往和重大的历史事件或激烈的争辩相伴随。换言之，并不是所有人对清宫旧藏以及紫禁城古建筑的价值都有客观的、正确的认识。

1928年，南京国民政府委员经亨颐关于"废除故宫博物院，分别拍卖或移置故宫一切物品"的提案很有代表性，这里略做介绍。是项提案，经亨颐提出了5项理由，其中之一：设故宫博物院，就要"研究宫内应如何设备皇帝所用的物事应当如何办的，岂不是预备将来哪

---

① 吴瀛：《故宫博物院前后五年经过记》卷一，故宫博物院编，1932年，第15页。

个要做皇帝，预先设立大典等处吗？"之二："皇宫物品为什么要重视？据我的理想，皇宫不过是天字第一号逆产就是了。逆产应当拍卖，将拍卖大宗款项，可以在首都造一所中央博物馆。"①故宫博物院同人向社会各界大力宣传："无论故宫文物为我国数千年历史所遗，万不能与逆产等量齐观。"②驳斥经亨颐提案之不当，请各界主持保全故宫博物院。而对经氏提案进行全面深入批驳者，当为张继以"大学院古物保存委员会主席"名义向中央政治会议的呈文。

对于经氏的第一项理由，张继驳斥："是说诚荒唐之尤者。研究以前的历史，是完全学术之供应，而非为实行彼时之现象。如医生研究病状，是为得治病之方法，而绝不是预备患此病也。""故宫博物院亦何不可作此观察？参观者见宫墙高且多，无异图圄，见宫中生活之黑暗，一无乐趣，或可兴起其薄视天子重视平民之念乎？"对于"逆产应当拍卖"之说，张继反驳："逆产应否全数拍卖，已成问题。法国大革命，其雄伟之风，激昂之气，迈越往古，为后来各国革命者之先导。然方其拍卖法王室之产业也，亦有'与历史有关之建筑物物品等除外'之令。且故宫已收归国有，已成国产，更何逆产之足言？故宫建筑之宏大，藏品之雄富，世界有数之博物院也，保护故宫，系为世界文化史上尽力。"③

尤为重要的，张继文末以世界文化古迹及世界博物馆的宏大视野，指出故宫、故宫文物及故宫博物院的价值与意义：

> 现欧洲各国，为供历史之参考，对于以前皇政王政时代物品，莫不收罗保存，唯恐落后。即苏俄在共产主义之下，亦知保护旧物，供学者之研究。……一代文化，每有一代之背景，背景

① 吴瀛：《故宫博物院前后五年经过记》卷二，故宫博物院编，1932年，第31页。

② 《故宫博物院开放三天 接收委员函请维持该院原案》，《申报》1924年7月14日。

③ 吴瀛：《故宫博物院前后五年经过记》卷二，故宫博物院编，1932年，第35—36页。

之遗留，除文字以外，皆寄于残余文物之中，大者至于建筑，小者至于陈设，虽一物之微，莫不足供后人研究之价值。明清两代，海航初兴，西化传来，东风不变，结五千年之旧史，开未来之新局，故其文化，实有世界价值，而其所寄托者，除文字外，实结晶于故宫，及其所藏品。近来欧美人士，来游北平，莫不叹为大可列入世界博物院之数。即使我人不自惜文物，亦应为世界惜之。①

经亨颐是个民主革命者、著名的教育家。他对故宫博物院及清宫旧藏的认识是片面的，这既有以推翻帝制为职志的一些革命者的感情因素，同时也由于对故宫及故宫文物所承载的多重政治文化内涵解读的差异所致。应该看到，拥护故宫博物院、认识故宫文物价值的是多数，但持有经亨颐态度的人相信也不是个别的，这里试举蒋介石对故宫的印象。1928年、1929年，蒋介石曾两次到故宫，日记中载有其观后之感受。1928年7月22日：

> 上午记事：到太和殿对北平警察训话毕，游览太和、中和、保和三殿。殿宇之宏大不如门楼，保和殿（按：原文如此）则更大矣。游保和殿（按：似乎应为武英殿），古董甚多，玩具亦精，国家元首而以此为宝，则焉得而不亡也。

1929年6月27日：

> 下午，到清宫参观几遍，只感宫殿生活为一变相之牢狱，其腐败、污秽、杂乱，不堪名状。观其历代帝王之像，以顺治为首，次则乾隆，其余无足观者也，只可作为遗迹而已。

---

① 吴瀛：《故宫博物院前后五年经过记》卷二，故宫博物院编，1932年，第35—36页。

6月28日:

> 下午……游观雍和宫,污秽之处也,其拉马堪布之污浊,亦令人欲呕。①

对于封建帝制的残余物(紫禁城及其他皇家建筑和古物),时人的心理是十分复杂的。即是在当下,对故宫与故宫文物价值的认识,仍在不断地深入。

三

故宫及其藏品的特殊价值,决定了故宫博物院的使命与地位,也使故宫博物院的成立在中国博物馆事业上具有里程碑意义;而贯穿其中的"公"字精神,则是故宫博物院保持其生机与活力,亦即成为一个活故宫的保证。

如何管理故宫及清宫珍藏,在溥仪出宫的第三天即1924年11月7日,即发布了将清室宫禁充作博物馆的大总统令:

> 修正清室优待条件业经公布施行,著国务院组织善后委员会会同清室近支人员协同清理公产私产,昭示大众。所有接收各公产,暂责成该委员会妥善保管。俟全部结束,即将宫禁一律开放,备充国立图书馆、博物馆等项之用,藉彰文化,而垂永远。②

---

① 以上抄自《蒋介石日记》,原件藏美国斯坦福大学胡佛研究所。

② 转引自中国第二历史档案馆编:《中华民国史档案资料汇编(第三辑)·文化》,江苏古籍出版社,1991年,第292—293页。

社会上这一呼声也很高。国立八校联席会议曾专门召开会议，集中讨论清室古物保管问题，并形成决议：

> 清室古物，于文化上有极大关系……希望其成立一完全美满之图书馆与博物馆，由国家直接管理，并邀请各机关参加监视，期在公开保存，俾垂久远。[①]

1848年，西方的博物馆作为一种新事物被介绍到中国。1898年维新运动期间，中国建立博物馆的条件已经基本成熟。1905年，在江苏南通建立了第一个公共博物馆。中华民国建立，社会文化教育活动陆续有所兴办。1912年在北京筹建国立历史博物馆。1914年建立古物陈列所。1915年在南京明故宫旧址建立南京古物保存所，陈列明故宫遗物。1921年全国已有13所博物馆。[②]在这样的背景下看故宫博物院的应运而生，是很自然的一件事。但故宫及其藏品，毕竟不同于一般的建筑物与一般的文物珍品，它的成立自有其特殊的意义。

这里需要谈谈古物陈列所与故宫博物院的关系。古物陈列所为民国政府内务部所设，其设立宗旨是：

> 默察国民崇古之心理，搜集累世尊秘之宝藏，于都市之中辟古物陈列所一区，以为博物院之先导。[③]

古物陈列所设在紫禁城前朝的武英、文华二殿，展品来自奉天（今沈阳）故宫及热河（今承德）行宫，也都是宫廷文物。此为中国

---

① 《教育界与清室古物 无非希望公开保管 尚未达到具体办法之机会》，《顺天时报》1924年11月23日。

② 王宏钧主编：《中国博物馆学基础》，上海古籍出版社，2001年，第82页。

③ 《内政部设立古物陈列所有关文件》，转引自中国第二历史档案馆编：《中华民国史档案资料汇编（第三辑）·文化》，江苏古籍出版社，1991年，第268—269页。

第一个以帝王宫苑和皇室珍藏辟设的博物馆，也是近代民主革命的重要成果。尤其是在1914年至1924年的10年间，在逊帝溥仪仍居后宫，封建复辟阴影的笼罩下，有论者认为，古物陈列所犹如一面共和大旗，在封建堡垒的中心猎猎飘扬。①也有人认为，古物陈列所代表了我国20世纪20年代博物馆的水平，也受到观众欢迎。②但是，古物陈列所的不足是明显的，"陈列所"的定位使它在发挥博物馆功能上存在欠缺，展品陈列"殆如骨董店耳"③"纷若列市，器少说明，不适学术之研究"④的批评不少。特别是北洋政府以各种名义提取古物陈列所文物，例如国务院秘书厅为"惠赠"友人，1918年9月11日与11月15日提取文物64件，1919年6月18日与8月16日两次又提走21件，主要是各种精美瓷器，还有珐琅器、古铜器等，乾隆款冬青釉中碗一件，估价仅1角钱⑤。当然这种状况后来得到纠正。1926年又设立鉴定委员会，分书画、金石、陶瓷、杂品4组，从社会上聘请了一批专家分任鉴定。业务建设也得到了发展。应该说，古物陈列所对于故宫博物院也起了一定的借鉴作用。1948年，古物陈列所正式合并到故宫博物院。

故宫博物院的成立，是中国博物馆发展中的一个里程碑。神秘的紫禁城内廷，无与伦比的文物瑰宝，曲折的成立经过，新型的管理体制，法律文件的保障，奋发向上的气象与卓著的工作成就，特别是与近现代中国社会、政治、文化的密切关系，都使故宫博物院具有了特殊的意义。正如马衡所说：

---

① 段勇：《古物陈列所的兴衰及其历史地位述评》，《故宫博物院院刊》2004年第5期。

② 王宏钧主编：《中国博物馆学基础》，上海古籍出版社，2001年，第81页。

③ 《鲁迅日记》1914年10月24日，《鲁迅全集》第15卷，人民文学出版社，2005年，第137页。

④ 《顾维钧等筹设中华博物院的有关文件》，中国第二历史档案馆编：《中华民国史档案资料汇编（第三辑）·文化》，江苏古籍出版社，1991年，第286页。

⑤ 《国务院秘书厅为"惠赠"友人提取古物陈列所古物清单》，中国第二历史档案馆编：《中华民国史档案资料汇编（第三辑）·文化》，江苏古籍出版社，1991年，第220—222页。

　　吾国文化上之建设，图书馆方面规模粗有可观；而博物馆之设施，尚在萌芽。民国以前，无所谓博物馆，自民国二年政府将奉天、热河两行宫古物移运至北京，陈列于武英、文华二殿，设古物陈列所，始具博物馆之雏形，此外大规模之博物馆，尚无闻焉。有之，自故宫博物院始。[①]

故宫博物院的成立，标志着中国博物馆事业进入一个新阶段，同时促进了中国博物馆学科的形成。

故宫博物院的意义至今仍是学人研究、阐发的重要课题。有人认为：

　　它标志着博物馆在中国的社会化，也标志着博物馆的国家体制化。博物馆的社会化表现为博物馆塑造民族国家群体身份，吸引广大民众的参与。博物馆知识从少数精英扩大到更大的社会民众层面，使得原来局限于知识分子的文化民族主义大众化了。[②]

有人注意到了故宫博物院、故宫文物所具有的象征意义，以文物南迁为例：

　　在某种程度上，它所带有的象征意义尤为重大，在战时保存国家文化命脉，是免于民族沦亡的重要手段，也体现了民族文化生存的决心。在这个语境中，文化遗产所传达的意蕴，又一次超乎了遗产价值本身。[③]

还有人注意到故宫博物院的政治性：

---

① 马衡：《组织中国博物馆学会缘起》，《中国博物馆协会会报》1935 年第 1 卷第 1 期。
② 徐贲：《全球化、博物馆和民族国家》，《文艺研究》2005 年第 5 期。
③ 郭长虹：《故宫图像：从紫禁城到公共遗产》，《国际博物馆》2008 年第 1—2 期。

极有意味的是，经由学术、知识和文化的包装，故宫及其文物由帝王私有财产转化为博物馆的公共空间和公有藏品，故宫博物院政治性并未因此削弱。相反的，故宫博物院与辛亥革命的联系，皇室文物公开与民主共和的想象，得到公开而深刻的阐述。自此之后，社会对故宫、故宫文物及故宫博物院的记录开始呈现出一种新的书写。[①]

社会期望故宫博物院成为一个"完全美满"的文化机构，那么，故宫博物院应该具备一种什么精神，才能使它不负众望，永葆其生机与活力？1929年10月10日，是故宫博物院成立4周年，此时故宫博物院经过建院初期的曲折纷乱，已进入快速发展的好时期，作为故宫博物院的创始人与理事长，李煜瀛先生有个演讲，对此做了回答。他指出"清故宫须成为活故宫"，活故宫的精神在于坚持一个"公"字：

希望故宫将不仅为中国历史上所遗留下的一个死的故宫，必为世界上几千万年一个活的故宫。以前之故宫，系为皇室私有，现已变为全国公物，或亦为世界公物，其精神全在一"公"字。余素主张，使故宫博物院不为官吏化，而必使为社会化，不使为少数官吏的机关，必为社会民众的机关，前在清室善后委员会时代，曾请助理员顾问数在百计，帮同点查，以示公开，即现在此工作人员，薪水微薄，因彼等目的，非为权利，实在牺牲，共谋发展。总之，故宫同人，在此四年中，对于一"公"字，已经做到具体化。[②]

[①] 徐婉玲：《记忆与认同：故宫博物院 1925—1949》，中国艺术研究院博士学位论文，2011 年，第 53 页，未刊稿。

[②]《清故宫须为活故宫》，载《李石曾先生文集》下册，中国国民党中央委员会编辑出版，1980 年，第 241—242 页。

这种"公",即公开、公共,面向公众,社会参与。故宫博物院从点查清宫物品、具体筹建以及成立后的业务工作多个方面,都充分体现了这种"公"的精神。

1924年11月5日把溥仪赶出故宫,李煜瀛等人即与冯玉祥、黄郛商组"办理清室善后委员会"事:

> 二君欲由我委员长,由政府明令发表。吾允担任,但须多容纳几分社会乃公开性质,不作为官办。遂决定委员长与委员不用任命而用聘请,并多延揽学者专家,为学术公开张本,同时并言及博物院事。①

为了顺利进行清宫物品点查工作,清室善后委员会特制定了18条《点查清宫物件规则》,对于人员组成、点查程序、应注意事项等做了详细规定。溥仪出宫后,社会上出现了冯玉祥、鹿钟麟、张璧等人盗窃宫中珍宝的谣言,而且愈传愈广。制定如此严密的规定,就是为了有利监督,公开透明,取信于社会,也为了妥善地保护好这些文物珍品。从1924年12月24日开始点查,至1930年3月基本上结束,为了让社会及时了解点查情况,清室善后委员会先后公开刊行《故宫物品点查报告》6编28册。

管理体制上采用了董事会、理事会形式。与当时国内所有博物馆的管理体制不一样,新生的故宫博物院采用了欧美博物馆普遍的管理方式,即董事会、理事会的形式。美国的博物馆,无论是公立还是私立,都有董事会或性质相同的委员会。对公立博物馆来说,董事会是体现博物馆属于"公共财产"的具体象征;对私立博物馆来说,董事会制度是"化私为公"的手段。董事会为博物馆的最高权力机构,博

---

① 李煜瀛:《故宫博物院记略》,《故宫周刊》1929年总第2期。

物馆的日常事务是由董事会挑选、任命的馆长全权负责。①故宫博物院成立，制定了《故宫博物院临时组织大纲》，决定故宫博物院的组织为"临时董事会""临时理事会"（包括古物馆、图书馆，"遇必要时，得设专门委员会"）。根据《故宫博物院临时组织大纲》，分别制定了临时董事会及临时理事会章程。《临时董事会章程》中，规定"本董事会协议全院重要事务，以董事二十一人组织之"，《临时理事会章程》规定"本理事会执行全院事务，以理事九人组织之"。②理事会实施具体管理，即通过理事所担任的具体行政职务来实现的。从21名董事看，包括了当时政界、军界、教育界、知识界等一批名流，具有代表性。李煜瀛为临时理事长。1928年南京国民政府接管故宫博物院后，公布了《故宫博物院组织法》与《故宫博物院理事会条例》，理事会相当于以前的董事会，以前的理事会承担的管理工作则改由院长负责。"本理事会为故宫博物院议事监督机关，决议及监督一切重要进行事项"，包括组织法的修改、院长和副院长人选、预算决算、物品保管的监督等。此时故宫博物院"直隶于国民政府"，由国民政府任命的27名理事，包括了国家首脑及政、军、财、宗教、知识、教育等各方面的最有影响力的一批人物，理事们都很看重这一身份，蒋介石就曾以理事名义领衔向国民政府行政院提出完整故宫保护的计划。当然，这是特殊历史条件下的产物，因此它在中国博物馆史上是绝无仅有的。理事长先后由李煜瀛、张静江、蔡元培担任，1936年至1949年不设理事长。选择这种领导体制，体现了对故宫这样一个重要的民族文化财产的慎重态度，反映了社会各界共同参与管理"公共财产"的理念，也是一个大胆的探索，它会聚了多方面人才，有利于做出更好的决策，后来也保证了故宫博物院文物南迁任务的完成。

重视整理出版，让社会更多地了解故宫及其珍藏。故宫珍宝向为

① 段勇：《当代美国博物馆》第二章，科学出版社，2003年，第30—34页。

② 吴瀛：《故宫博物院前后五年经过记》卷一，故宫博物院编，1932年，第54—56页。

皇室私藏，外人难得一窥。故宫博物院通过陈列展览，特别是公开出版，让这些珍宝与公众见面，实现了共有共享的目的。故宫博物院成立后，特别是从1929年到1933年这一段比较稳定的时期，古物、图书和文献三馆分别对古物、典籍和档案进行清点整理，同时注重向社会公布，供学术界研究。这一系列成果，集中刊载在一批资料性刊物上，并整理出版了一些档案专辑，在当时产生了广泛的社会影响，有些至今仍然具有重要的价值。

坚持社会性、开放性，故宫学研究有了良好的开端。故宫及其珍藏是一个巨大的文化宝库，也是一门待开发研究的学术沃土。故宫博物院的创始者敏锐地认识到了这一点。李煜瀛在商组"办理清室善后委员会"时，就明确提出要"多延揽学者专家，为学术公开张本"，后又提出，故宫"学术之发展，当与北平各文化机关协力进行"①。故宫博物院的学术研究，与20世纪20年代的国学热，具体说与北京大学国学门有很大关系。当时"整理国故"运动很有影响，1922年北京大学设立国学门，以新的原则和方法研究国学，而且国学研究范围扩大，在研究中也吸取了西方的理念和方法等。北大国学门的一批学人不仅参与了故宫博物院的创建工作，而且把北大的学术风气、研究经验带到了故宫。尤为难得的是，故宫博物院为他们提供了更为广阔的发挥学术研究能力的舞台。故宫博物院坚持学术为公器的理念，非常重视社会力量的参与，先后成立了书画、陶瓷、铜器、美术品、图书、史料、戏曲乐器、宗教经像法器、建筑物保存设计等10个专门委员会，专门委员分特约及通信两种。除本院人员，还聘请社会上颇有名望的专家学者。众多专家学者的参加，有力地指导了业务工作，也产生了不少有分量的研究成果。可见故宫博物院的学术研究一开始起点就较高，并且具有开放性、社会性的特点。建院初期故宫学术研究的这些原则、方法以及成果，其实是故宫学的滥觞。

---

① 李煜瀛：《故宫博物院记略》，《故宫周刊》1929年总第2期。

故宫博物院的成立，是中国现代社会革命、政治斗争、文化演变的深刻的反映，因而也具有多方面的标志性意义。走过86年历史风雨的故宫博物院，承袭了辛亥革命的宝贵遗产，又肩负着时代赋予的任务，在为传承、弘扬中华文化方面做出新的贡献的同时，也努力通过坚守"公"字精神使故宫永远成为一个充满生机的活故宫。

（本文刊载于《故宫博物院院刊》2011年第5期）

故宫博物院的特点与发展

　　大家晚上好。很荣幸在上海博物馆举办的"九州文华"系列讲座现场给大家介绍故宫博物院。

　　我对上海博物馆有一种特殊的感情，1999年，我在国家文物局工作的时候就来过上海博物馆，应该说上海博物馆的各方面发展都体现了当时中国博物馆发展的水平，在国际上也很有影响。我在这里学习、考察了近一个星期，这是我和上博结缘的最具体、最直接，也是面对面的接触，我对博物馆的最具体认识也是从上海博物馆开始的。4年后，2003年，上海博物馆的国宝展轰动一时。当时办了一个论坛，我在论坛上发表了对故宫博物院的认识，题为《故宫的价值与故宫博物院的内涵》的演讲，这篇演讲是我对故宫博物院认识的表述。现在，时隔8年，上海博物馆邀请我来讲故宫博物院，我很高兴，我从上海博物馆学到很多东西。包括这几年，《解放日报》组织了两次博物馆的论坛，一次是我们国内的，一次是国际性大博物馆的馆长论坛，我也有幸被邀请参加。我谈博物馆这个问题这么多年，特别是在博物馆的交流学习方面获益不少。上海的公众对博物馆事业的热爱，大家对文化遗产的学习热情，都给我留下了很深刻的印象。

　　我今天讲的题目是《故宫博物院的特点与发展》。因为各个博物馆都有它的特点，只有知道自己的特点才能更好地发展。所以今天我就给大家介绍故宫博物院。我从故宫博物院与其他博物馆不同的特点出发，给大家做一些介绍。

我讲5个问题，第一个是"由皇宫变成的博物院"；第二个是"作为世界文化遗产的故宫及其保护"；第三个是"清宫文物遗藏与两个故宫博物院"；第四个是"故宫的陈列展览与中华文化的弘扬"；第五个是"故宫学视野下的故宫发展"。

一 由皇宫变成的博物院

要知道故宫博物院的特点，首先要知道它是由皇宫变成博物馆的。从1420年到1911年，在491年的时间里，明清两代有24个皇帝在这里生活、执政，是当时的宫廷。宫廷机构在封建时代的政治架构里属于最高层，是最核心的部门。我们可以从不同的角度去认识宫廷。我想从宫廷文化的视野来看待紫禁城，分析它作为皇宫的一些特点。

故宫的建筑是很有特点的。除故宫外，中国历史上所有的宫殿，到今天没有留下完整的建筑。故宫是明清两代的皇宫，是两朝文化的一个结晶。它是明代建的，清朝沿用了，但乾隆年间对它进行了较大的改造与重修，不过初建时的格局没有变。这体现了满汉文化、南北文化的交融。中国的建筑在国际上最有影响的就是宫殿建筑。我国的宗教建筑，包括民间建筑，其实都受到宫殿建筑的影响。宫殿不仅是帝王居住、执政的地方，同时也象征皇帝的权力和威严，这些都体现在建筑语言里。刘邦夺取政权后，天下还没有完全平定，他在外领兵继续打仗，等他回到长安，萧何给他修了一个未央宫，壮丽辉煌。他就很不高兴，他说天下未定，不应劳民伤财。萧何就给他讲了一番道理，说大丈夫四海为家，"非壮丽无以重威"。没有壮丽的建筑，皇帝的权势、权威就体现不出来。这说明宫殿建筑和封建统治的等级制度是联系在一起的。现在的故宫是我国历代宫殿建筑的集大成者，是我国古代宫城发展史上现存的唯一实例和最高典范，在建筑技术和建筑艺术上代表了中国古代官式建筑的最高水平。

紫禁城占地72万平方米，现在保留下来的建筑面积约15万平方米。这15万平方米建筑群是目前世界上所有的皇宫建筑中规模最大、保留最完整的。

故宫分为两部分，前朝与后寝，或叫外朝与内廷。前朝三大殿中太和殿是举行重大政治活动的场所，皇帝真正的办公、居住场所是在后寝的乾清宫，雍正皇帝以后就改到乾清宫西侧养心殿了。故宫的规划有很深的政治和文化意义，体现了皇权至上的伦理思想："前朝后寝""左祖右社""五门三朝"，是附会封建礼制的，继承了传统的宫城、外城、内城的三重城制度。故宫周围的建筑，包括天安门、太庙、社稷坛、天坛等，都是故宫不可分割的有机的组成部分。北京市现在要把北京中轴线申报世界文化遗产，中轴线有8公里长，从永定门一直到北边的钟楼，最核心的这一段就在故宫。

故宫古建筑也有深刻的传统文化内涵，像阴阳五行风水观念，在故宫建筑里有很充分的体现。故宫的建筑艺术，也体现了中国古代建筑的特点和中国传统的审美观念。例如重视对称，我们看到中轴线两边的建筑物一般是对称的，有文华殿，也有武英殿，有日精门，也有月华门，从宫殿名称就能看到这种对称性；又如强调群体的气势，欧洲的宫殿，比如凡尔赛宫是单体建筑，故宫则是建筑群，是以群体的扩展来显示它的气势。故宫建筑群是由大小不同的四合院组成，但却给人感觉不凌乱，不散乱，就是因为它有中轴线贯穿，中外建筑学家对北京中轴线评价都很高。

宫殿的匾额都有深刻的政治文化意义。我们现在看到的三大殿，从午门进来过太和门就是太和殿、中和殿、保和殿。明代修成后，三大殿当时叫奉天殿、华盖殿、谨身殿。到嘉靖皇帝时，他把名字给改了，改成皇极殿、中极殿、建极殿。清人入关，第一位是顺治皇帝，他在位时改成现在的太和殿、中和殿、保和殿。也有人研究，说顺治的年号应与此有关，认为满人从东北一隅进入北京，要统治这么一个辽阔的汉族地区，在治国理念和策略上也是想平和的，"和"应该与他们的指导思想有关，起码是他们的一个期望。袁世凯要当皇帝，把三大殿的名字又改了，改成承运殿、体元殿和建极殿。三次殿名的改变，都有其特定的政治意义，这也反映了故宫所蕴含的丰富的政治内容。

宫廷的文化是很复杂的。我们知道清朝统治者对藏传佛教是很认同的，清宫的佛堂很多，从乾隆皇帝以来到现在摆设基本没有动过的佛堂有二十来座，佛像、法器、壁画、陈设都没有动过。另外，满族的萨满教信仰也有体现。坤宁宫以前是皇后居住的地方，但清朝统治者把它弄成一个萨满祭祀的场所。故宫里还有道教的宫殿，钦安殿和故宫博物院最近收回来的大高玄殿都是道教场所。故宫里还有城隍庙，在西北角楼下面，是雍正时候修建的。挨着城隍庙的是马神庙。清宫里还保留有很多民族、民间的习俗。如坤宁宫，窗户的纸过去是糊在外面，我们知道"东北三大怪，窗户纸糊在外"，在清宫里也有反映的。

从文化的视角来看宫廷文化，我把它归纳为这么几点。首先，文化人类学有一个大传统与小传统的概念，主要研究文化中的上层文化和民间文化关系。以此来看，宫廷文化属于大传统文化，是上层的、主流的文化。中国历来讲究器以载道，故宫及其皇家收藏凝固了传统的特别是辉煌时期的中国文化，是几千年来中国的器用典章、国家制度、意识形态、科学技术等积累的结晶。其次，宫廷文化的整体性。宫廷文化虽然相当丰富，涉及许多方面，但这些方面之间不是杂乱的、毫无关联的，而是有着紧密的内在联系，是一个文化整体。这种文化整体性是故宫学得以提出的重要依据。再次，宫廷文化虽属上层文化，但又与民间文化、地区文化相互影响。皇帝的爱好，宫中的习尚，往往对整个社会产生极大的影响。最后，宫廷文化也包括中外文化交流以及国内各民族文化交流融合的成果。

故宫文化虽有以上特点，但同时又应看到它充分体现了至高无上的帝王威权、封建主义的专制统治，皇室的奢侈腐朽以及宫闱政治斗争的残酷性等。即如为人所称道的《四库全书》的编纂，就与"寓禁于征"及大兴文字狱结合在一起。这些都是无须讳言的。

我们今天对待故宫文化，不是要一味说好，而应科学对待，认真研究，分清其精华与糟粕。随着全社会文化遗产观念的进一步提升，人们更加关注故宫、爱护故宫，从以故宫为代表的文化遗产中吸取创造新生活的智慧，去建设更加美好的未来。

下面讲讲故宫博物院成立的意义。故宫博物院是1925年10月10日成立的。1911年辛亥革命爆发，中华民国成立，但清朝最后一个皇帝溥仪仍然居住在后宫里。大家可能注意到，按中国传统，故宫博物院的牌匾应该挂在南门即午门，为什么最初却挂在北门即神武门？故宫前朝包括三大殿在1914年之后就已经开放了，成立了古物陈列所。故宫博物院成立时仅包括"后寝"即后三宫，溥仪此前就住在里面，故宫的收藏也主要在后三宫。等把溥仪赶出去之后，才对后宫的物品开始点查，成立故宫博物院。前朝即三大殿当时并不属于故宫博物院，因此博物院的匾就只能挂在北门。故宫博物院的成立也是经过斗争的。冯玉祥把曹锟赶下台，建立临时政府，修改优待清室的条例，清点清宫的物品，条件成熟后成立故宫博物院。"北京事变"不久，由于多方面的原因，冯玉祥只好请段祺瑞来主持大局，做临时执政，但是段祺瑞不同意冯玉祥对清室的做法，所以故宫博物院筹备成立的时候，受到段祺瑞政府的多方阻挠。但多亏一批进步人士，包括李煜瀛、易培基等坚持了下来。当然这里面也有很复杂的原因，冯玉祥把曹锟赶下台以后，邀请孙中山北上，孙中山最后在北京去世，所以南方的革命力量对北方还是很有震慑作用的。

故宫博物院是在当时的执政府并不支持的情况下成立的，所以故宫博物院成立选在10月10日也是有用意的："双十节"是民国的国庆，他们说谁要反对成立故宫博物院，就是反对中华民国的佳节。

故宫博物院成立起码有两方面的意义：一个是民主革命的又一胜利，当时最后一个皇帝还在皇宫里，张勋复辟，袁世凯还要自己做皇帝，把作为封建象征的溥仪赶出去，完成了辛亥革命的未竟之业，是民主革命的又一胜利。另一个，它是文化建设上的一件大事，是中国博物馆发展的一个里程碑。

1928年，南京国民政府二次北伐以后，接管了故宫博物院，故宫博物院改称国立北平故宫博物院。这时故宫博物院地位很高，由国民政府直辖，和行政院等五院是一个级别。到1934年以后，由行政院管理，成为部会一级的机构，现在中国台湾的台北故宫博物院在台湾地区仍然保持了这么一个待遇。

当时故宫博物院理事长是李煜瀛，理事有：李煜瀛、易培基、黄郛、鹿钟麟、于右任、蔡元培、汪精卫、江瀚、薛笃弼、庄蕴宽、吴敬恒、谭延闿、李烈钧、张静江、蒋介石、宋子文、冯玉祥、阎锡山、柯劭忞、何应钦、戴传贤、张继、马福祥、胡汉民、九世班禅、恩克巴图、赵戴文、马衡、沈兼士、俞同奎、陈垣、李宗侗、张学良、胡若愚、熊希龄、张璧、王宠惠。可见理事包括了当时的政府、军界、财界、宗教界、文化界、教育界、知识界各方面的知名人士，都聚集在这里。当然这是一个特例，在中国博物馆史上是绝无仅有的。

下面我给大家介绍一下文物南迁。故宫博物院从1933年就开始文物南迁，一直到抗战胜利，1948年底和1949年初一些文物运台，而绝大部分文物又陆续运回北京，也因此出现两个故宫博物院。

"九一八事变"之后，故宫理事会报请国民政府批准，决定部分文物南迁，反对的人也多，一种意见是认为政府光重视古物，不重视土地，另一种意见认为敌人还没有到，你就把文物南迁，说明政府根本没有抵抗敌人的决心，而政府没有决心，全国人民对政府就不会有信心。这个争论是比较激烈的，包括鲁迅、胡适，都反对文物南迁。我们现在反过来看，不是说反对文物南迁的人没有道理，只是每个人的着眼点不一样。还有一种意见是北京的市民和自治组织，他们认为北京作为文化古城，故宫文物是与北京的文化历史结合在一起的，文物如果迁走了，北京作为文化古城就名存实亡了。今天看来，文物南迁这个决定是对的，发生战争或受到战争威胁时，不仅中国的文物南迁，希特勒在欧洲扩张的时候，其他国家为了防止文物藏品落入希特勒手中，也采取了各种办法保护文物。像法国的卢浮宫、英国的大英博物馆、俄罗斯的艾尔米塔什博物馆等，都把文物藏品运到认为比较安全的偏僻地方。日本人袭击珍珠港，美国人大吃一惊，美国虽只有100多年的历史，但也有很多值得保护的文物，像《独立宣言》原稿、第一面国旗，大量的档案都是很重要的，美国人怕战火波及本土，也选择安全的地方来保管。历史证明，中国人当时采取这样的方式保护珍贵的文化遗产，是最妥当的办法，文物南迁是必要的。

当时故宫南迁的文物是13000多箱，同时还代为管理古物陈列所、颐和园、国子监的南迁文物。这个艰难的任务，加上时间之长，不能说文物完全没有损伤，但总体来说保存比较完好，不能不说是一个奇迹。故宫的这些文物都是中华五千年历史文化的见证。西方的大博物馆包括大都会博物馆、大英博物馆、卢浮宫等，基本都是殖民者在18、19世纪的特殊历史时期，在世界各地的文明古国搜罗，以各种方式据为己有的，所以这些文物藏品与他们的民族、国家的历史文化可能没有直接的关系。而故宫的文物是不间断的中华文明的载体和见证，凝聚着中华民族的智慧和情感，所以保护这批文物反映了中华民族毫不屈服的决心和意志。

这里，我想讲一下故宫博物院的特点。故宫博物院成立于1925年，是建立在明清两代皇宫（紫禁城）的基础上，兼容建筑、藏品与蕴含其中的丰富的宫廷历史文化为一体的中国最大的博物馆，也是世界上极少数同时具备艺术博物馆、建筑博物馆、历史博物馆、宫廷文化博物馆等特色，并且符合国际公认的"原址保护""原状陈列"基本原则的著名博物馆。

故宫曾是皇宫，又是世界文化遗产地，所以在这个基础上成立的博物馆，它有个象征性。它曾经是政权的象征。国外以及中国台湾的一些学者的观点是，蒋介石当初把文物运到台湾，不仅是因为珍贵，这些文物还和政权联系在一起，和统治的正统性、延续性联系在一起。所以蒋介石带走这批文物其中原因之一表示他虽到了台湾，但其政权仍是合法的。今天的故宫在人们心中的地位也是不断地在发展，大家给它赋予了很多新的东西。

另外一个是丰富性，藏品的丰富性决定了故宫博物院的丰富内涵，这是郑振铎先生所主张的。

第三个是"宫"与"院"的统一与矛盾。有了皇宫才有了这个博物院，但是皇宫不是为了作为博物馆而建的，所以用宫殿搞陈列展览，即有得天独厚的一面，也有先天不足的一面。正确认识"宫"与"院"的关系，努力解决存在的矛盾，使作为世界文化遗产的故宫与中国收藏最为丰富的博物馆更好地协调发展，是故宫博物院所要着力解决的重要问题。

二 作为世界文化遗产的故宫及其保护

1972年，联合国教科文组织在法国巴黎通过了《保护世界文化和自然遗产公约》，确定为了人类的今天和未来，将世界范围内被认为具有突出和普遍价值的文物古迹和自然景观列入《世界遗产名录》，以确保遗产的价值能永续保存下去。公约规定，对于世界遗产，整个国际社会都有责任予以保护。1987年，故宫被列入《世界遗产名录》。世界遗产组织对故宫的评价是："紫禁城是中国5个多世纪以来的最高权力中心，它以园林景观和容纳了家具及工艺品的9000个房间的庞大建筑群，成为明清时代中国文明无价的历史见证。"

从世界遗产的角度来看，我们中国人不只感觉故宫的伟大，放在众多的世界文化遗产中来看，我们既可以看到中国文明的了不起，也会看到世界文明的多样性、丰富性。世界文化遗产保护的理论，对故宫的保护也起到了很重要的指导作用。

2001年11月，国务院副总理李岚清来故宫视察，就故宫古建筑维修等方面做出了重要指示。国务院提出整体维修故宫的历史任务，按照每年大约1亿元的资金规模，分阶段进行。按照《故宫保护总体规划大纲》的规划分期，故宫保护工程2003年至2008年为近期，2009年至2014年为中期，2015年至2020年为远期。到2020年紫禁城建成600周年的时候，全面完成故宫维修任务。

2003年以来，故宫开始了大规模的修缮工程，已进行了中轴线及其周边部分重要建筑的维修，截至2010年，已修缮竣工127座单体建筑，48090平方米，维修费用6.5亿元。正在施工的29座单体建筑，4895平方米。2012年至2015年计划修缮单体建筑121座，18410平方米。

原来我们计划修缮20年，我看照这个进度是修不完的。其实修不完是正常的。修不完再继续修，需要多长时间就花多长时间，不赶进度，完全从实际出发。

这次维修，不仅使故宫恢复了庄严、肃穆、辉煌的历史面貌，而且是中国古代建筑营造技艺的一次大力传承，维修的实践与探索也丰富了国际文化遗产保护的理论。

故宫维修引起海内外关注。开始后也存在一些争议。2007年5月，故宫博物院承办了由国家文物局、联合国教科文组织世界遗产理事会等联合主办的"东亚地区文物建筑保护理念与实践国际研讨会"。会议形成并原则通过了《北京文件》及其附件，即《关于北京世界遗产地保护与修复的评价与建议》。该文件认为，故宫、天坛、颐和园三个位于北京的世界文化遗产地所贯彻执行的保护原则和具体执行的工程做法，反映了文化遗产的持续性和文化多样性。

文物保护有个《威尼斯宪章》，主要依据意大利的文物保护经验。西方多是石质建筑，像罗马斗兽场，几千年来不损坏就不动。我们的木结构建筑则不可能不动，不动的话，可能过若干年就毁掉了。故宫建成距今590多年，能存在到今天，主要靠日常的保养和维修。故宫博物院成立以来的80多年，其中只有两三年没有维修工程，即使在日本人占领北平期间，故宫每年都有维修项目。但是国外就不理解，说你能不能不修它，比如彩画没有了，你能不能不再补画。我们都知道，彩画不仅是为了美观，它也对建筑起着保护作用。包括琉璃瓦，脱釉后，不仅不好看，还漏雨，不修水就渗漏到宫殿了。当时与会的外国专家到故宫太和殿维修现场看了以后，给予了充分的肯定，这也表明他们对文化多元化、多样性的尊重。不同的文化背景、不同的建筑材料、不同的建造工艺，肯定就有不同的保护方法。中国的文化遗产修复，丰富了世界文化遗产保护的理论。

故宫作为一个完整的文化遗产，不仅指红墙以内72万平方米的范围，也包括太庙、社稷坛、天坛等同故宫古建筑不在一起的坛庙。对皇宫而言，它们是有机联系不可分割的。2010年底，大高玄殿回归故宫博物院进行保护管理，2011年端门及其朝房也正式由故宫博物院收回并进行保护管理。收回这些古建筑，不是为故宫争地盘，而是由于故宫作为一个文化整体，这些古建筑和故宫联系起来，才能体现文化遗产的价值，也才有利于用世界文化遗产的管理标准进行管理，这样也才有利于遗产的保护。

最近，北京市委下发了《关于制定北京市国民经济和社会发展第十二个五年规划的建议》，将"推动故宫周边地区、城市中轴线、皇家园林、坛庙进入《世界遗产名录》"纳入工作目标。进一步实现故宫完整保护对于这个工作目标无疑是一个积极措施。

三 清宫文物遗藏与两个故宫博物院

故宫的藏品有两类：一类是传统的文物，如铜瓷、书画、文玩、工艺品等流传有绪的艺术品；一类是反映宫廷典章制度以及日常文化生活、衣食住行的物品。如八旗的盔甲，八旗盔甲故宫里有很多，它绝对是实用物，马鞍子也保存了一大批，还有许多科学仪器和大量的织绣品等，在当时肯定不是文物，是皇帝用的，但这些东西在今天都是重要的文物。

清宫藏品和宫殿往往联系在一起。故宫有一些文物仍在原来的位置上，例如"三希堂"不足几平方米，即有文物111件。

故宫藏品还有一个特点就是与我们民族的特殊关系。特别是在抗战时期，在民族危亡的关头，故宫文物的南迁，和我们民族共患难，故宫文物寄托了我们民族的感情，所以这点是其他博物馆的文物所没有的。

截至去年底，故宫的藏品是1807558件（套）。故宫的藏品包括了古代艺术品的所有门类，具有品级上、品类上、数量上的优势。其历史文化内涵更涉及建筑、园林、历史、地理、文献、文物、考古、美术、宗教、民族、礼俗等诸多学科，在我国历史文化遗产中具有突出的历史价值、科学价值和艺术价值。

故宫藏品显示了中华民族五千年的文明是一条绵延不断的历史长河。中华民族绵延不断的历史文化在故宫的各类文物藏品里均得到充分的印证。

简单介绍北京故宫博物院的一些文物精品。

2009年我去中国台湾政治大学演讲，介绍过北京故宫博物院一些有代表性的藏品，在书画方面，有《游春图》《步辇图》《五牛图》《韩熙载夜宴图》《清明上河图》，以及《平复帖》《伯远帖》等，都是了不起的名迹巨品。

《大禹治水》大玉山，重1万多斤，从新疆运到北京，运了3年，用特制的车运输，运到北京设计画样，再由水路送到扬州加工，加工好了再送回北京，安放在宁寿宫区的乐寿堂。这应该是世界上最大的一件玉雕，根据宋人《大禹治水图》这幅画雕刻的，前后用了十几年，这确实是个奇迹。我们还有几个数千斤重的玉山，2005年把1吨重的《会昌九老图》玉山拿到英国去展，英国女王看后赞叹不已，印象很深。

乾隆时期的釉彩大瓶，是用不同的温度，不同的釉彩烧成的，这需要很高超的烧造技术。

战国时代的秦石鼓，共10面，每个大概1吨重，唐代在陕西凤翔发现，开始并没有引起重视。唐代韩愈等人写了《石鼓歌》，以后就引起重视。到宋代就把它们放在京城汴京，后金人把它们强掠到今天的北京。到元代以至明清，一直放在国子监、孔庙，文物南迁这10面鼓也跟着故宫的人跋山涉水，辗转上万公里。

太和殿皇帝的宝座，据朱家溍先生考证，这个宝座应该是明代嘉靖年间的。袁世凯要当皇帝，就把这个宝座搬走了，换成一个高背的沙发椅，1959年找到原来的这个宝座，1964年修复后重新放在这里。

二十五宝玺为清代乾隆时期确定的宝玺，是历代王朝唯一传下来的宝玺。

1948年9月中旬，中国人民解放军发动辽沈战役，将解放东北全境，全国战局发生根本变化，南京国民政府准备撤往台湾。故宫南迁文物也决定运台。1948年12月21日、1949年1月6日与29日，南迁部分文物分三批运台：第一批文物由海军部"中鼎"轮载运，共计320箱（原定200箱，因舱位有余裕，临时增加）；第二批为招商局的"海沪轮"载运，共计1680箱；第三批由海军部"昆仑号"运输舰载运，由于舱位有限及军舰停留时间短等原因，已装箱的1700箱文物，仅运走972箱。迁台文物占南迁文物的1/4，曾在台中雾峰乡北沟村存放过

10多年。1965年，在台北外双溪成立台北故宫博物院。

台北故宫博物院的文物精品也很多，书画有王羲之《快雪时晴帖》、唐代怀素《自叙帖》、五代赵幹《江行初雪图》、宋代黄居寀《山鹧棘雀图》等作品；铜器有宗周钟、毛公鼎、散氏盘等重器；陶瓷有宋代名窑及明清官窑的瓷器；图书有《四库全书》《四库全书荟要》以及宋元珍版等，还有大量清宫档案。

两个故宫博物院有着割不断的联系。首先，两个故宫博物院的藏品都主要来自清宫旧藏，收藏的都是中华民族的文化遗产且都具有世界影响，又都在弘扬着中华文化。台北故宫博物院的清宫文物占92%，北京故宫博物院的180万件（套）文物，来自清宫的达到85%。两岸故宫博物院藏品有着很强的互补性，既各有千秋，又不可能孤立存在。例如，许多互有关联的书画、器物分藏两岸故宫博物院，如郎世宁《十骏图》，两个故宫博物院各藏5轴；仅存的一对西周早期有铭文的青铜乐器，一件阳文的在北京故宫博物院，另一件阴文的在台北故宫博物院；宋徽宗制作的大晟编钟，北京故宫博物院藏6枚，台北故宫博物院藏2枚；等。甚至台北故宫博物院有些文物如唐代怀素的《自叙帖》等精美的原包装盒则留在北京故宫博物院，珠椟相分，令人感慨。其次，两个博物院共同拥有从1925年至1948年长达24年的共同院史，而这24年中，又有16年是文物南迁时期。最后，两个博物院的一批元老级人物，都曾是国宝播迁中相濡以沫的同事和战友，曾有过深厚的情谊。在地覆天翻的历史转折关头，个人的作用总是微弱的，故宫同人在去与留的抉择中，道路不同，信念却依然相同，那就是"和文物在一起"。

两岸故宫博物院的交流大家知道始于2009年。台北故宫博物院清代的东西很多，但却没有一幅清代帝王的画像。他们要办雍正皇帝的展览，想向北京故宫博物院借雍正的画像，开始想把这个展览叫作"为君难"，"为君难"是雍正皇帝让人刻的一方印章，印章也在北京故宫博物院。当时台北故宫博物院冯明珠副院长在北京参加一个会，托人带话，说想借文物，我说可以，他们很高兴。周功鑫院长当年2月到北京来访问，也是以借文物的名义，但其实是商定合作协议。我也去回访。雍正展的开幕式我又去了。周功鑫院长提议把台北故宫博物院办的"雍正展"研讨会叫作"两岸故宫第一届学术研讨会"，我说这个好，因为有第一届就会有第二届。去年北京故宫博物院举办的明代永乐宣德展览的研讨会就叫"两岸故宫第二届学术研讨会"，今年在台北故宫博物院举办了第三届，我去出席了。

两岸故宫博物院的交流进展比较好，但也有阻碍，其中一个是名称问题，一个叫"国立故宫博物院"，一个叫故宫博物院。当时我们采取了一个务实的态度，大家一起研究，一起讨论，达成合作交流的共识，然后各自对外宣布，又能认真落实，因此获得了双赢的成效。

去年我们搞了一个活动叫"温故知新：重走故宫文物南迁路"。这个活动是我提出的，北京故宫博物院倡议的，得到台北故宫博物院的响应，而且"温故知新"四个字是台北故宫博物院让加上的。他们派了10个人，其中有庄灵先生，他不是故宫人，但其父庄尚严是故宫博物院的前辈，曾任台北故宫博物院副院长。庄灵1938年出生在第一批西迁文物的存放地——贵州的贵阳，又在安顺随父母住了五六年，因此对南迁有一种特殊的感情。我们这次活动从北京到南京，从南京到贵阳，从贵阳到陕西，从陕西到重庆，走了一大圈。当年故宫南迁文物运台先到基隆港，后又长期存放在台中雾峰乡的北沟。我上个月去台湾，就专门去了基隆港，又去了北沟，庄灵先生陪同，他又把台中市的"文化局"负责人叫来，说郑院长要来了，对这个遗址我们要重视，要保护，我想这是国宝曾经待过10多年的地方，肯定有很多值得纪念的，需要保护。我与台北故宫博物院的周院长、冯副院长讲了，他们也感到应引起重视。

四　故宫的陈列展览与中华文化的弘扬

我们现在的展览有三个部分，一个是宫廷原状陈列，一个是常设专题展馆，再一个是临时专题展览。我们现在的展览面积约25000平方米，原状陈列展览的文物约8000余件。

现在我们展览的理念也在不断进步，改变以往过分追求展品等级，即文物的精品展，而在主题的确定、展品内涵的发掘上下功夫。去年以来，我们在美国纽约大都会等3座博物馆巡展的"乾隆花园古典家具与内装修设计展"，共吸引了近30万人次参观，获得了极大的成功。其实展出的没有什么高等级的文物，但是因为这些展品体现了当时乾隆花园的历史风貌与乾隆皇帝的生活情趣，就很吸引人。这对我们很有启发：要挖掘文物的文化内涵，不能简单强调精品，关键是展览的主题是什么以及所选文物与主题的关系，文物之间的关系，文物背后的故事，等等。下功夫策划，可能所选的具体文物等级不算太高，不属于所谓的精品，但这个展览却可能成为名副其实的"精品展"。

故宫博物院的对外展览最早是1935年到英国，之后是1940年到苏联展览。在英国的展览引起轰动。1950年到苏联及东欧6个国家举办展览。从1974年至今已在日本办了40个展览。1981年到香港、澳大利亚举办展览。从1984年至今在美国办了24个展览。1996年到中国台湾展览齐白石作品，1999年到台湾历史博物馆举办明清家具展等。从1981至2002年，故宫博物院赴外展览共82个。这些年来又有大的进展，从2003年至2011年已经办了75个，涉及24个国家和地区。

1935年故宫文物赴英国伦敦中国艺术国际展览会参展，是在伦敦皇家艺术学院办的。到2005年，过了整整70年。在同一个展场，我们办了一个"盛世华章"展，胡锦涛主席和英国女王都出席，而且他们把整个展场都看完，胡主席还给女王介绍了这些展品。今年9月底我们在法国卢浮宫办了"重扉轻启"的展览。

故宫接待的游客不断增多。从1949年到2010年的62年中，接待观众3.12亿人次。去年的游客是1283万人次。今年从1月到11月底，已达1354925人次，全年肯定会超过1400万人次。这都是根据票据的统计，不包括免费接待的人数。我们现在有40多种语言的讲解，包括许多小语种，还有少数民族语言等。

五　故宫学视野下的故宫发展

故宫学是以故宫及其丰富的历史文化内涵为研究对象的一门学科。

故宫学的研究对象包括紫禁城宫殿建筑群、文物典藏、宫廷历史、文化遗存、明清档案、清宫典籍及故宫博物院历史6个方面。

故宫是一个文化整体，需要作为一个大文物来对待。不光是故宫本身，还有与故宫有密切联系的明清皇家建筑。

故宫学涉及多种学科，其研究需要多学科协作，也需要海内外的广泛参与。流散在海内外的清宫旧藏物品很多。这些东西不是你都能要回来的，最重要的是把它们放在故宫学的视野里，看到其中的相互联系，发掘它的文化内涵，让这些文物在精神上、灵魂上有个归属。这样的文物才会有灵气。比如乾隆时候的一个瓷瓶子拍卖了很高价钱，它为什么值这么多钱？有什么文化内涵？与皇帝个人有什么关系？与时代有什么关系？这就需要从故宫学的视角来研究。

故宫博物院成立了5个研究中心，也成立了故宫学研究所。我们的藏品分18个系列，我们要出500卷的"故宫博物院藏品大系"丛书，现在已经出了30卷。另外还要出一本《故宫博物院藏品总目》。

昨天上午我们就开了一个论证会，请了谢辰生、傅熹年、张忠培等文博界名家，这一出版计划得到他们的大力支持。故宫宣布有180多万件（套）文物，但都是什么东西，我们要把目录印出来。也有人提出疑问，为什么要印目录？有三个原因：第一个，这是故宫的传统，20世纪二三十年代故宫博物院在点查清宫物品的时候就公开出版点查报告，共6编28册，我们要继承这个优良的传统。第二个，这是国家的资产，我们要给社会一个交代，社会要知道故宫博物院收藏了什么东西，这些东西还在不在，保管得怎么样，有利于大家监督，这是我们对国家财产的态度问题，担当问题。第三个，也是更好地为公众服务。有一些文物永远也不可能展出，但你看了目录，需要研究的，你通过目录可以找到它们。此外，我们和国外的许多大学、博物馆、研究机构都进行交流合作，包括在文物保护领域与意大利政府的合作，与日本、荷兰有关方面的合作，以及和兄弟单位在考古发掘方面的合作。我们和德国的马普科学史研究所合作开展"中国古代宫廷与地方技术交流史"科研项目，采取跨学科合作的形式，从科技史的角度来研究中国文化遗产，取得了很好的效果。

高等院校的加盟，对故宫学建设起了积极的促进作用。从2009年开始，中国台湾清华大学就开设了"故宫学概论"的课程，计入学分，每年有2000余位学生通过电脑选课的方式来争取80个修课名额。从明年开始，浙江大学、中国社科院研究生院、东北师范大学已经开始招收故宫学的研究生。另外，浙江大学今年5月成立了"故宫学研究中心"，南开大学也在筹设"故宫学与明清宫廷研究中心"，我们和中国艺术研究院研究生院合作培养硕士生、博士生已进行了好多年。我们最近还举办了"故宫学的范畴体系与方法"的学术会议，国内外40余家文博机构和高校的学者专家共同出席。

故宫学同时也成为指导我们工作的理念。例如文物清理，正是在故宫学的指导下，许多过去未引起重视的清宫遗物列入了文物。故宫学所倡导的故宫是个大文物的观念，启发我们对故宫进行全面保护，既重视有形的，也重视无形的非物质文化遗产。

因为时间关系，后面讲得比较简单，请大家谅解，也谢谢大家！

（本文载上海博物馆、中国博物馆协会博物馆管理专业委员会编《博物馆长讲博物馆：石窟、丹青、吉金，文化传承与国家命运》，北京大学出版社，2013年）

第一编

　　故宫学研究包括研究对象和范围，提出的基础、机遇及其学术发展的目的和意义，研究特点与研究史上的方法论，以及故宫博物院的使命等。随着研究的不断深入，就展示着其学科建设和学术发展的前景。两岸故宫博物院的交流合作对于故宫学建设具有积极意义。

　　国学是不断演进的，自有其适应时代需要的形态、使命和价值。故宫学是国学的一个部分。国学的学术使命与故宫学学术价值的一致性，也彰显着故宫学的文化意义。

故宫学：故宫价值发掘与民族遗产保护

今天给大家讲讲故宫与故宫学，主题是"故宫价值发掘与民族遗产保护"，这既是故宫学的目的，也是故宫学的任务。

故宫，这个词的原意是指历史上后一朝代对前一朝代皇宫的称谓。元朝灭亡，明代就把元大都皇宫称为故宫；清朝灭亡，紫禁城的前朝收归民国政府，虽然逊帝溥仪还暂居内廷，但紫禁城已改称故宫。故宫在明、清两代是皇帝居住的宫城，名曰紫禁城。关于紫禁城的说法，源自中国古代星相学说：紫微垣，即北极星位于中天，为天帝所居，皇帝是天子，是天帝之子，天人对应，皇帝在地上的宫殿也称为紫宫。皇宫由于戒备森严，属皇家禁地，一般人不能进出，故称之为禁宫。因此，集"紫"与"禁"两字，皇帝居住的宫城则谓之紫禁城。

位于北京古城中心的故宫博物院成立于1925年10月10日。"双十节"是辛亥革命武昌起义纪念日，也是中华民国的国庆日。故宫博物院在这一天成立，具有很强的政治意义。辛亥革命之后13年，末代皇帝溥仪才被赶出皇宫。昔日戒备森严的皇宫成了人民可自由进出的博物院，皇帝一人的珍藏为公众所共赏。故宫博物院的成立，是民主革命的又一胜利。选择10月10日，有着谁反对故宫博物院，谁就是反对共和政体的意味。法国卢浮宫、俄罗斯艾尔米塔什博物馆等著名博物馆，也是通过革命手段将皇宫变成博物馆的。故宫博物院是在明、清皇宫和清宫旧藏文物的基础上建立起来的,是以宫殿建筑群、古代艺术品及宫廷文化史迹为主要展示内容的大型综合性国家级博物馆。

2003年10月,南京博物院成立70周年之际,举办了"博物馆馆长论坛",我在演讲中正式提出"故宫学"的概念。我认为,这是以故宫及其收藏为研究对象的一门科学,也是一门新兴而年轻的学科。所以,有人说故宫是古老的,而故宫学却是全新的。今天,我主要从三方面阐述故宫与故宫学:第一,故宫的蕴含与文化价值;第二,故宫学的研究对象与目的;第三,故宫博物院围绕故宫学研究的重点工作。

一 故宫的蕴含与文化价值

认识故宫的蕴含,就需要了解故宫古建筑和故宫藏品。

提起故宫,人们首先想到它是全国重点文物保护单位。其实,这是从故宫的建筑与其建筑艺术角度来确定的,这就决定了故宫古建筑和故宫藏品的不可分割性。我将故宫的蕴含概括为四句话:故宫是世界上最丰富、最重要的中国古代艺术品宝库,这里所指的故宫也包括中国台北故宫博物院的文物藏品;故宫是中华五千年文明史的浓缩,尽管故宫建筑只有五百多年历史,但故宫藏品所反映的却是中华五千年文明史;故宫是中华文化的重要象征,西方人也将故宫视为中华文化的代表;故宫是最为优质、价值巨大的国有资产,它不仅有古建筑物和藏品等文物,还具有丰富而源远流长的文化内涵,是国家、民族的宝贵资产。

(一)故宫的古建筑及其文化价值

故宫从明朝永乐四年(1406年)开始修建,历经14年基本建成,其中10年用于材料筹备。修建故宫的木材主要来自四川、湖广、江西、浙江等南方地区，最后通过运河运到北京。砖是另一主要建材，其中三大殿用的是苏州的"金砖"，价值昂贵。前几年我们收购了一些散落民间带有铭文的金砖，每块花了8000多元。有种说法是原叫"京砖"，因是送往京城之砖，后由于"京"与"金"发声相近，"京砖"就叫成了"金砖"。故宫城墙砖，产自山东临清。故宫的大量石材，其中汉白玉产自北京房山县，花岗岩产自河北曲阳县，花斑石产于江苏徐州，而使用的石灰则来自山西。真正建筑故宫的全部时间不足4年，共征集全国多地各种技术工匠23万人。据档案记载，前后大约有100多万人参与故宫建造。故宫占地面积72万平方米，现保留的建筑面积约15万平方米，8700多间房屋。故宫是第一批全国重点文物保护单位，也是我国首批被联合国教科文组织列入《世界遗产名录》的胜地。

关于故宫古建筑的文化价值，我想谈以下三点：

第一，故宫是中国古代宫城建筑史上现存的唯一实例和最高典范。战国时代《考工记》中，有诸如"左祖右社""前朝后市""五门三朝"的记述，但直到现在的考古发掘，也未能找到完全如书中描述的宫廷建筑格局。故宫是按照《考工记》来规划建设的，一般来说，中国历史上后一朝代取代前一朝代，都会烧毁原先的宫殿，如秦代的阿房宫、唐代的大明宫等，但清统治者并未毁灭明朝皇宫，不仅完整保留，而且全部承袭加以利用。

无可置疑，故宫的古建筑在建筑技术和建筑艺术上，代表了中国古代官式建筑的最高水平。我国是多民族国家，民间建筑丰富多彩，也有其很高的价值，但故宫是官式建筑的代表，标志着中国古代官式建筑的最高水平。它也是目前世界上规模最大、保存最为完整的皇家宫殿建筑群。单士元老先生，在故宫工作73年之久，他曾把中国的故宫与法国卢浮宫、俄国克里姆林宫和日本东京皇宫等许多皇宫相比，发现中国故宫的建筑面积最大。法国的凡尔赛宫相当于中国皇家的夏宫，即颐和园，但它的建筑面积只有颐和园的1/10。

在认识故宫古建筑的文化价值上，我们是有深刻教训的。以往较多注重故宫传统收藏和藏品的价值，对故宫古建筑的文化价值则缺乏足够的认识。20世纪70年代搞泥塑"收租院"展览，将奉先殿的格局破坏。为了扩大故宫绘画馆的面积，移动了廊墙，破坏了建筑美感。在欧洲，宗教曾长期占统治地位，其教堂体现了政教合一的建筑理念，壁画及各种艺术品珍宝等都汇聚在教堂里。在中国，皇权一直占据统治地位，皇宫成了皇帝的权势、财富、体面的象征，不仅建筑物美轮美奂，而且成了艺术品收藏的中心。所以，故宫无论在建筑艺术上，还是在所收藏的文物上，都体现出整体文化价值的最高水平。随着对故宫古建筑的深入研究，古建筑的文化价值也越来越被重视。有人问我，台北故宫博物院有翡翠白菜、毛公鼎等稀世文物并以之为镇馆之宝，北京故宫博物院的镇院之宝是什么？我说北京故宫博物院仅文物收藏就有25个大类，69个小类，每类都有国宝，但最有代表性的还是故宫古建筑。

故宫建筑基本上保持了明代初建时的格局，清朝只是对其进行局部的改建与重建。乾隆皇帝在位60年，国力强盛，又有着自己的审美观，改建的部分较多。故宫还有反映满族生活习俗的建筑，例如，坤宁宫里的长炕就是仿东北满族的生活习惯修建的，里面还有萨满教祭祀所用的两口大锅。1924年底，庄尚严先生参加清室善后委员会组织的清宫物品点查时，不理解坤宁宫的窗户纸为何糊在外面，后来了解到这是东北的风俗，才恍然大悟。现存的故宫建筑融合了东北满族的建筑风格，还体现着南方园林建筑的风格特征。故宫现在珍宝馆的乾隆花园，规模不大，但十分精致，园中有依据王羲之《兰亭序》中的"曲水流觞"意境建造的流杯亭，整个建筑景观精心设计，融合了中国古代南北建筑风格的特征。

第二，故宫是民族文化的重要载体，蕴含着深刻的文化意义。故宫作为皇帝日常生活、办公的场所，建筑物与日用品都体现出皇权至高无上的气势，中国传统文化中最重要的封建礼教和等级观念在故宫建筑中随处可见。俯瞰，故宫有明显的中轴线，两边对称，整个建筑群体依势显示不同的层次与级别，与西方崇尚的单体建筑比起来，更为复杂、威严。如三大殿（太和、中和、保和）因为使用等级不同，规模也有区别，在建筑形式、油饰彩画以及其他方面都有不同体现。传统的阴阳五行学说在建筑中也得到充分运用，主要表现在方位的选定、环境的处理以及建筑的装饰上，其手法较为含蓄与隐蔽，但寓意深刻，内涵丰富。像五行的金木水火土，土居中央，而故宫最重要的三大殿就建筑在布局成"土"字形的8米高的台阶上。木在五行学说中属生，意为发展，位在东方，所以皇子生活起居的场所曾安排在东边的宫殿里，琉璃瓦也选用意寓长寿的绿色。五行中西方属金，寓意秋天，皇帝去世后的遗孀，也都安顿在此。还有些特殊的建筑，如文渊阁存放图书，还有佛教、道教的殿堂以及戏台等，不同的建筑都有其不同的用途、规格和等级。

故宫宫殿的不同名称，也有其政治、文化寓意。明朝永乐年间三大殿建成后，袭用南京宫殿名称，分别叫奉天殿、华盖殿、谨身殿；明朝嘉靖年间失火重建后，改称皇极殿、中极殿、建极殿；而到清朝顺治年间，又改称太和殿、中和殿、保和殿。宫殿的名称是与封建皇帝的治国理念紧密联系的。崛起于东北一隅的满族要占领与控制广大汉族地区，求得稳定与太平，就特别推崇和宣传"和"的观念，这是统治的需要，也是中国传统文化的重要内容。辛亥革命推翻了清政府，三大殿收归民国政府，将三大殿牌匾上的满文去掉了，溥仪当时还居住在内廷，内廷宫殿牌匾上的满文则保留了下来。因为满族统治者和蒙古族建立同盟，满蒙联姻较多，后妃大多是蒙古族人，所以我们在慈宁门、慈宁宫可以看到满文、蒙古文、汉文三种文字。故宫宫殿名称的变化也有着深刻的历史背景。

第三，故宫是中国封建国家的政治中心和权力中枢，是封建历史的缩影。太和殿每年只用几次，比如皇帝的生日、冬至及元旦等。故宫现有许多反映清代典章制度的文物。例如遇到皇帝结婚等重大喜庆活动，文武百官分别按各自品级站于太和殿广场，现在保留着一套完整的"品级山"。乾清宫是明朝14个皇帝和清朝顺治、康熙两皇帝居住并处理日常政务之地，宫内有块"正大光明"匾，它的背后是清朝藏放秘密立储匣的地方。康熙皇帝是位英明的君主，在位长达61年，曾两度立、废太子。雍正皇帝吸取教训，将立储诏书提前写好，装在一个匣子里，放在"正大光明"匾后，等他去世之时，诏书才被王公大臣们取下当众开启，当场宣布"诏书"所指定的皇位继承人。历史上乾隆、嘉庆、道光、咸丰四位皇帝，都是被秘密立储而承袭帝位的，这成了清代很重要的政治制度。军机处为雍正时期设立，位于养心殿南边，乾清宫的西边，建筑物虽不起眼，但它是王公、重臣处理国家军政大事的重要场所。养心殿东暖阁还是慈禧、慈安两位皇太后"垂帘听政"的地方。"垂帘听政"听起来神秘，其实只是用一层薄纱帘垂放在慈禧、慈安与未亲政的小皇帝之间，带有象征意义，并不是真的将厚帘子垂放至很低。

故宫是北京城历史文明的见证，也是北京城的核心所在。北京的城市是以故宫、皇城为中心发展起来的，分外城、内城、皇城、宫城（紫禁城）四重格局。皇城里除了紫禁城还有西苑三海等。内城则有许多王府、寺庙、道观、衙署围绕着皇城。故宫是北京城的文化内涵之本。据统计，北京现有全国重点文物保护单位60处，其中皇家宫殿、园林、陵墓、寺庙、道观等有关建筑物29处，约占1/2。就是说，北京的全国重点文物保护单位，有50％与明清建筑有关。中国有世界文化遗产、世界文化和自然双遗产共29处，其中故宫、颐和园、天坛、避暑山庄、明清皇家陵寝等皇家建筑就占1/5。反过来说，没有故宫周边的古建筑，没有北京皇城内的四合院与胡同，就很难保存故宫古建筑群的真实性与完整性，任何故宫周边环境的改变或破坏都会对故宫的原状氛围产生不利影响。

（二）故宫的藏品及其文化价值

故宫博物院藏有各类文物约180万件（套），占全国文博系统博物馆藏品总数的1/10，其中一级文物8272件，占全国文博系统馆藏的

1/6。但目前全国文物定级标准并不统一，故宫博物院有自己的标准。比如完全相同的一件织绣品，某地方博物馆定为一级文物，而故宫则定为资料。

关于故宫藏品的文化价值，主要谈三点。

第一，故宫藏品是中国皇家收藏传统的延续。中国历代王朝都有收藏文物的传统。故宫现有藏品中的80％以上是清宫旧藏。虽然故宫建成不到600年，但故宫的藏品反映的却是中华民族5000年的文化，藏品从宋代开始，尤其是一些书画作品，宋、元、明三个朝代都在皇宫收藏过。例如宋赵昌画的《写生蛱蝶图》，"写生"就是对着实物绘画，"蛱蝶"指蝴蝶，这就说明他的画技水平很高。他的许多作品被《宣和画谱》著录过。从《写生蛱蝶图》上的印章看，第一个收藏者是南宋的贾似道（其藏书印叫"秋壑"）。元、明、清三代，这幅作品从宫廷到民间，又从民间到宫廷，经历曲折。溥仪出宫前，将这幅作品及1000多幅其他书画，以赏赐其弟为名带出故宫，先存放在天津，后随他到长春。日本投降后，这幅画被伪满洲国的一位军人收藏，此人1949年后把画交给政府，后故宫博物院从东北博物馆收回，再次成为故宫藏品。这幅绘画作品历经千年辗转流传得以保存下来，实属不易。皇家收藏有其重要的政治意义。中国台北故宫博物院原院长石守谦先生，专门写文章论述皇家收藏，他认为中国历史上改朝换代，后一王朝一定要接收前一王朝的收藏品。新皇帝认为接收前一个朝代的藏品理所当然，是天命所归，表明了新政权的合法性。抗战时期，国民政府为保护故宫弥足珍贵的文物瑰宝，不惜花费大量人力、物力、财力，将故宫藏品辗转四川、贵州等地保存，就是认为这些藏品是民族的重要文化遗产。因为土地失去犹可恢复，但故宫文物一旦毁坏则万劫不复，势必对民族文化造成巨大损失。国民党政权溃退台湾时，带走了一批故宫文物，为这批文物赋予了强烈的政治意义。1965年成立了台北故宫博物院，以表明国民党政权是合法的，为其反攻大陆寻找依据。

美国华盛顿大学教授、汉学家沈大卫，受中国社科院邀请在大陆的一次研讨会上，宣读了一篇题为《1949年以来的故宫博物院：国宝与政治对象》的论文，谈故宫文物的收藏。文中写道：中国新领导人在上台几个月之后，就着手"拯救和赎买故宫的文物"，毛泽东、周恩来对故宫博物院及其文物的回收给予高度重视。他说："这样看来，即使在共产党的政权下，中国历史悠久的皇家宫殿和文化瑰宝依然被当作政治合法性的重要象征。"我们当然不能认同他的这个观点，因为新中国政权的合法性不是以拥有故宫及其藏品所证明的。但它同时也给我们以启发：这就是故宫收藏的重要性，故宫收藏体现的不仅是单一的文物价值，而是对中华5000年文明的继承，对一个代表中华民族利益的人民政权，自然有义务和责任来保护它、继承它。

第二，故宫的藏品包括了中国古代艺术品的所有门类。故宫的藏品不仅内涵丰富，而且每一类都自成体系，显示了中华民族5000年文明的源远流长。故宫的藏品与古建筑有着密切关联，故宫的三希堂，是乾隆皇帝在养心殿西暖阁的一个书房，虽不到6平方米，但书香味浓烈。所谓"三希"是三件书法珍宝：王羲之的《快雪时晴帖》、王献之的《中秋帖》和王珣的《伯远帖》。经专家研究鉴定，王羲之的《快雪时晴帖》是唐代人的摹本，王献之的《中秋帖》是宋代人的摹本，而王珣的《伯远帖》是真迹。王氏一门书法家甚多，写了无数书法作品，但目前能看到的真迹只有这一件王珣的《伯远帖》。《伯远帖》和《中秋帖》在故宫博物院成立之前，已流失到社会上，后归郭葆昌先生所有。郭是故宫博物院专门委员会委员，著名的瓷器收藏家。郭去世后，其子把这两幅法帖带到中国台湾，台北故宫博物院没有买，后辗转抵押给香港一家银行。20世纪50年代初，中央人民政府得此消息，花了48万港币从香港买了回来，当时国家财政收入才100多个亿，而且正值抗美援朝期间，国家建设百废待兴，花这么多的钱回购流失的故宫文物，可见中央人民政府对保护珍贵文物的高度重视。

第三，故宫藏品与帝后生活有着直接的密切关系。例如，故宫现存大量帝后的书法与绘画，有乾隆皇帝的字画、道光皇帝的字、慈禧太后的字，故宫文物藏品设有专门的类别叫"帝后书画"，共有20000件之多。过去帝后书画大都未被作为文物藏品，认为帝后书画缺乏艺术性，且数量多、年代晚等。其实，帝后书画也是文化遗产，有些作品艺术水平还是很高的。特别是其中蕴含着丰富的历史文化信息，因此应充分认识其价值，目前正加紧清理。故宫还有许多皇帝画像，如康熙的读书像、乾隆的古装像、雍正的洋装像等，这些画多数由西方传教士所画。耐人寻味的是雍正皇帝的画像，他的性格孤僻，但他却热衷、偏爱西洋的眼镜。雍正帝是近视眼，许多眼镜都由宫廷为他专门制作，目前大约保存35副眼镜。雍正作为皇帝也有其丰富感情，从他的画像里可窥见他的内心。故宫藏品的来源，既有皇宫的收藏，又有宫廷的制作，过去清宫设有专门为皇帝后妃等制作日常用品的造办处，当然还有国内进献、藩国的贡品、外国礼品、宫廷采购等来源。故宫保存的藏传佛教藏品，是除西藏以外国内最为丰富与重要的。藏传佛教藏品中最重要的一项，就是公元7、8世纪印度、尼泊尔的铜佛像，是西藏的喇嘛献给皇帝的。乾隆皇帝曾命令国师三世章嘉活佛等人对佛教造像、唐卡的名称、材质、产地等进行鉴定，并贴有鉴定说明的黄签。

故宫中的大量日常生活用品，在当时并不是文物，但它们却反映了帝后的日常文化生活，保存至今则成了文物。如清宫的戏装就是如此。众所周知，京剧的兴起与宫廷关系极大，宫廷设有升平署，专门管理为帝后们唱戏的事务，挑选一批太监学习唱戏，有时也请宫外戏班来演戏。目前故宫保存的戏服道具共4000多件，剧本10000多册，极具价值。

新中国成立以来，故宫还受赠及购买了许多文物，如《五牛图》《平复帖》等，2006年故宫接受的第一件赠品是李敖先生捐赠的乾隆帝写的诗。从20世纪30年代至今，有600多人次给故宫捐献文物。故宫将每一位捐献文物的人名都按年代刻在了功德碑（即景仁榜）上。故宫也是我国重要的爱国主义教育基地，故宫博物院每年接待700万至800万来自国内外的游客，这在世界博物馆中名列前茅。

二 故宫学的研究对象与目的

先谈一下故宫学的研究对象。故宫价值发掘与民族遗产保护而孕育产生了故宫学。故宫学为什么能够存在？主要因为故宫是一个文化的整体，故宫的建筑物、藏品都是有机联系的，有其整体性，所以故宫学的研究对象就是故宫文化的整体。

故宫学的研究对象，一是古建筑，二是故宫收藏的180万件（套）文物，三是宫廷历史文化遗存，四是明清档案，五是清宫的典籍，六是故宫博物院。故宫的遗存既有看得见的物质的东西，还有大量隐藏在文物背后的故事，即宫廷里的人与事。故宫里的故事说不完道不尽。故宫学所涉及的明清档案，其中大部分记载宫廷发生的事，所以明清档案是故宫学研究的重要组成部分。还有清宫典籍，有20多万件，收藏价值极高。另外，故宫博物院的建院历程，以及产生的特殊背景，尤其是北京和台北两个故宫博物院并存的状况，都值得深入研究。

综上所述，故宫学是综合性的学科，它涉及众多领域，在研究中需要运用历史学、考古学、文献学、建筑学、文艺学、美学等相关科学以及理论与方法，全方位展开。

下面再谈故宫学研究的目的。故宫学博大精深，而故宫文化在中国文化史上的特殊地位又决定了故宫学研究的目的。故宫文物的多样性以及具体性，决定了对其研究的丰富性与广泛性，故宫学研究不是写一两篇文章、出几本书就能包容得了的。提出并确立故宫学的研究目的，旨在推进对故宫的综合研究，努力挖掘故宫深邃的文化内涵。

具体来说有四个方面：

第一，故宫学要求在故宫文物保护上，把故宫作为大文物来看待。对故宫历史文化的全面保护，涉及物质文化遗产与非物质文化遗产两大方面。建立故宫学的基础是对故宫文物的全面保护，以深化、细化对文物的理解与认识。新中国成立之初，故宫博物院处理了一批皮货、皮件等各种皮毛制品，共计10万件，其中貂皮就有1万件。这种处理有其理由。故宫曾把大量的甲胄兵器给了北京电影制片厂、中国人民解放军八一电影制片厂做道具；"文革"时期，故宫又把存藏的近万件八旗甲胄发给职工，职工交回其上的铜纽扣，东西就归个人了。今天以大文物的认识看待故宫的一草一木，它们都记载着清宫的历史，具有一定的价值，是其他物品所不能替代的。

第二，故宫学要求把馆藏文物、古建筑和宫廷史迹作为互相联系的整体来研究。这有利于打破故宫文物研究的学科界限，深化并拓展对馆藏文物、古建筑和宫廷史迹文化的研究。比如说研究宗教及故宫的藏传佛教，但若对故宫建筑不了解，对当时整体的宗教状况不了解，也难以深入。从故宫文化的相互联系的整体来研究故宫的历史文化，有利于完善故宫学的学科建设。

第三，故宫学要求为散落在国内外的故宫文物，建立学术上的归宿。有人问：是中国台北故宫博物院的文物多还是北京故宫博物院的文物多？答案是北京故宫博物院的文物不仅数量上远远超过台北故宫博物院，而且总体上看，精品也多于台北故宫博物院。2004年，我在《光明日报》发表了《两岸故宫文物藏品的比较》一文，对此做了简要介绍。当然，文物有其自身的价值，有其不可替代性，难以进行简单的对比。我在很多场合讲过，海峡两岸故宫文物的同源性、互补性，使两岸故宫有一种天然的联系，人为的阻隔只能是暂时的。目前我们的研究成果可以发表在台北故宫博物院的学术刊物上，台北故宫博物院的成果也可以发表在我们的刊物上。北京故宫博物院在成立古书画研究中心、古陶瓷研究中心时，就与台北故宫博物院石守谦院长交流研究课题，并聘请他们的研究人员共同参加。因此，两岸故宫博物院在学术研究的交流互补是割不断的。

第四，故宫学要求全社会加强对故宫文物的关注，提高全民族对历史文化遗产保护的意识。但目前，向社会公众普及对故宫的整体认知和价值认知的工作有待提高。

三　故宫博物院围绕故宫学研究的重点工作

故宫学的建立与发展得到了社会的响应，但这门新兴学科的建设是长期而艰巨的，同时故宫学的研究也需要社会各方的积极参与和共同努力。故宫博物院现有职工约1400人，其中专业人员近500人，涌现了一批国内外著名的专家学者。故宫在全国的文博系统的整体研究水平尚处于领先地位，全国文物鉴定委员会1/5的委员是故宫博物院的专家学者。

围绕故宫学研究，故宫博物院目前重点做的工作有四项：

第一，加快进行文物清查并出版总目录。对于为数众多的宫廷遗物，如近年整理完的20000余幅帝后书画，4000余件戏衣、盔头，大量的武英殿殿本书版，10多箱清代未曾流通的货币等，已作为文物载入目录，过去这些仅仅列为资料而现在已作为故宫文物来管理。20世纪80年代后期开始，我们对所留存的"非文物"和资料开始进行清理，我们将在文物清理基础上出版总目录及精品图册。一方面为社会服务，尽管有些文物难以展出，但研究者可以通过总目录查阅，从而得到故宫的帮助；另一方面，这也是我们替国家保管的一笔国有资产，出版总目录表明我们接受社会的监督。

第二，密切科研与业务工作的相互联系。故宫学不是纯文献研究，它的研究与文物管理的业务工作紧密相连，比如说搞文物展览，选定主题，挖掘相关文物价值内涵也是文物科研。只有重视科研才能办好展览。在增强文物保护意识的同时，提高对文物爱好者的服务水平，以此更好地为公众提供精神食粮。故宫博物院每年都要举办二三十个专题展览，赴海外举办约10个展览。2004年1月中法建交40周年之际，"中国康熙时期艺术展"在巴黎凡尔赛宫博物馆举办；2005年11月在英国举办"盛世华章展"，胡锦涛主席和英国女王不仅出席了开幕仪式，而且参观了整个展览，胡主席还给女王做了介绍，在英国引起强烈反响。

第三，吸引更多的机构与个人参与故宫保护与故宫学研究。故宫有大量地毯等文物，2000年以前只是保存，并未开展过保护研究。2000年英国地毯专家麦克尔来故宫看地毯，他全副武装，还戴着防毒面具，此时的我们并不知道问题的严重性，后来才知道，有一种虫子，遇到毛料织物最容易钻进去。当时麦克尔看到明代的地毯激动不已，跪在那儿，他从未见过这么精美的中国地毯。在他的带动影响下，我们对这些地毯进行蒸熏，并珍藏起来。目前，故宫库房登记在账的地毯有800多块，我们正加强对它们的修复与研究。故宫博物院文物门类多，文物保护的任务相当繁重，许多门类缺乏专业人才，急需全社会的积极参与。

第四，重视发挥学术团体的作用。目前，故宫博物院成立了书画、陶瓷两个研究中心，聘请的都是该领域国内外顶尖的专家学者。同时，正在筹建藏传佛教研究中心。我们非常重视发挥中国博物馆学会、中国紫禁城学会、清宫史学会、文物科技保护协会等学术团体的作用，这些学会的成员都是专业人才，他们对故宫学的研究将起到重要的作用。

主持人：感谢郑欣淼先生的精彩演讲！下面请《中华遗产》杂志总编辑夏骏先生点评，大家欢迎！

夏骏（《中华遗产》杂志总编辑）：各位听众好，非常荣幸就郑院长的精彩演讲谈一点体会。有几个关键词值得我们重视。

第一个关键词：藏品。过去人们对故宫的关注都集中于故宫古建筑和皇家生活空间上，而藏品的凸现标志着故宫内涵由空间向历史的发展，这也是中国人民历经100多年内忧外患后开始了解中国的历史内涵，中华民族的文明史也是中国走向世界的重要见证，而全面清理故宫文物是中国国力的综合标志。

第二个关键词：故宫学。在学术门类上，这是个新综合学科的创立，但在内涵上，它却有一般学科无法比拟的特殊意义。因为故宫在百年动乱历史中，相当一部分珍品已被肢解、被掠夺，流失在世界各地。故宫学的创立，可以让天下的故宫研究者有一个学术的会聚中心，可以通过对散落全世界各地故宫文物的研究，形成完整系统的故宫研究成果集成。可以期待，随着故宫学的深入研究，还会不断发现新的文物，探寻找回国宝的路径。

第三个关键词：国有资产。故宫是规模巨大的国有资产，人们丝毫不怀疑这点。但国有资产流失的情况同样也警示于故宫，提醒人们重视中华民族文化遗产领域的保护工作，因为在这个领域流失的国有资产也是触目惊心的。过去100多年里，中华文化遗产的流失出现过几次大的高峰期，最直接的是战争的破坏和"文化大革命"时期对民族文化遗产的破坏。而近十几年北京房地产的过量开发对故宫及古都风貌的破坏同样值得反省。破坏来自人祸，尤其是各级领导中的一部分人，对民族文化遗产价值认识的浅薄与无知，导致中国各地民族文化遗产的破坏与消失。历史的教训值得深深汲取。

我想与大家分享两个对中国文化遗产价值的认知：

第一是对北京城市布局文化价值的认知，这个认知与故宫有关。如果说北京的古城是一本书，那么故宫就是它的封面。北京在城市布局上最突出的是南北中轴线，由南至北长达7公里有余，中轴线上的建筑物，依次为永定门、正阳门、前门、紫禁城的三大殿，到达北边的景山、钟楼、鼓楼，世界上还没有第二个城市有如此古老的恢宏气魄，没有第二个城市能够如此从容地把握空间的概念。北京的城市布局不仅全世界其他中古时代国家所不具备，就是以最现代的城市规划理论来规划处理城市空间布局，世界也仅此一例。

第二是对北京古城文化价值的认知。贝聿铭先生曾说："北京古城是世界历史最长，规模最大的杰作，是中国历代都城建设的结晶。"北京古城举世闻名，但现在已看不到如此美丽的景观，它被大量新建的超高建筑遮盖或破坏了。新中国成立初期，梁思成先生在日记中记载："为什么这么大的一个中国，偏偏要在北京城的框框里搞工业呢？"梁思成先生与彭真市长还进行了很有意味的对话。梁先生50年前还提出京津冀经济发展共同体、环渤海经济发展共同体的建议，他在1949年《人民日报》上发表的《北京——都市计划的无比杰作》一文中指出现代交通已将世界缩小，没有一个城市能够独善其身，每一个城市与监控的城市甚至更远的城市都是息息相关的……如天津、唐山、张家口、石家庄都与北京有关，唐山的煤炭、天津的进出口贸易都可影响到北京的规划，北京为什么不能在京津唐的战略规划中完成自己的可持续发展的定位系统呢？如果当时按照梁先生的想法，以北京作为政治文化中心、以天津作为经济贸易中心、以唐山作为工业中心，我们还会走那么多的弯路吗？

所以，我点评的最后一句话是：中国需要系统全面的民族文化遗产保护法。

主持人：感谢夏先生的精彩点评！夏先生的点评让我们对故宫的价值以及文化遗产的保护有了更为深刻的体会。下面是互动时间，欢迎各位向郑先生提问。

北京联东伟业科技有限公司产品总监车志刚：我提两个问题：第一，国内现在对中国台北故宫博物院的态度如何？第二，现在的故宫是否已被全部开发和开放，是否还有未开发或未开放的地方？

郑欣淼答：第一，我们对台北故宫博物院的态度。由于台湾地方当局人为阻碍的因素，使台北故宫博物院和北京故宫博物院至今还未建立起全面、正常的关系，但北京故宫博物院的许多研究人员也都到过台北，应该说台北故宫博物院有许多特色鲜明的方面，如对文物的保管、展示、国际交流、文化产品的开发等。尽管没有建立正式的正常关系，但在学术研究的交流过程中，双方都能够互相尊重。年初北京故宫博物院派了副院长领队的代表团去台北，了解台北故宫博物院对北京故宫博物院的出版物、杂志的建议，同时学习他们在文化产品产业化的经验与做法。台北故宫博物院也派人考察我们的信息化建设等。这几年台北故宫博物院对北京故宫博物院的变化有了进一步了解，他们认为我们的故宫学刊物办刊质量较高。而我则感到，虽然台北故宫博物院的文物数量较少，但保护的环境与条件比我们好。第二，谈到故宫有没有还未开发和开放的地方。宫殿确实还有未开放的地方，客观地说，现在开放的面积已达到一半以上，有些地方属于非开放区，开放的意义不大。这次故宫的维修和以往不同，过去都是小修小补，而这次维修却是总体规划的。像武英殿在民国时期开放过，1949年以后就再没开放，这次维修后，从去年10月正式对观众开放，影响巨大，也欢迎大家去看看。随着故宫维修工程的加快，开放部分也会相应增加，但不可能同时全部开放。1925年故宫博物院成立之初，故宫也分区域，如西边和中间是主要的开放区，每天都开放。但东边是有选择性地开放，采取隔时互相交替开放。我们认为故宫有观赏价值的，一定要尽量开放。

古玉鉴藏家侯彦成：我是全国工商联中国古玉器研究会的侯彦成，故宫博物院馆藏古玉器有几万件，其中大约70%是明清的，30%是高古的玉器。20多年来我走了17个省，在民间就看见十几万件古玉器。您如何看待馆藏古玉器和民间收藏玉器的文物价值与经济价值？

郑欣淼答：这是专业性很强的问题，我对市场了解不够，故宫收藏的玉器，明清时期较多，乾隆时期更是中国玉器收藏的高峰，其中有许多重要玉器，如《大禹治水》等作品。乾隆时期平定回部叛乱之后，玉料作为贡品从新疆比较容易运过来。《大禹治水》玉雕重达1万多斤，当年玉料从新疆运到北京，北京画成样子，运到江苏扬州进行加工，加工后再送回北京，前后近10年。去年我们在英国展出一个1吨重的玉器，英国女王很感兴趣，她不清楚这么大的玉器是如何雕琢的，后来女王会见了我驻英使馆大使与文化参赞，她再次提到这个问题。故宫珍藏的一些重要玉器，与当时发生过的历史事件是紧密联系的，含有重要的历史文化价值。这也是文物的特殊性。我认为，无论官方收藏或民间收藏，都有其自身的文化价值。比如文物的艺术性，皇家珍藏的可能较为呆板，因为皇家有许多限制，而民间的则相对生动活泼，多样性、创新性方面也较为突出。文物的价值各不相同，我国地域广袤，文物的特色也十分迥异。皇宫有其至高无上的皇权与高度的中央集权，就一个时代而言，宫廷皇家的工艺品能代表当时工艺最高水平，但这绝不意味着皇家艺术品就一定比民间艺术品好。我认为民间玉器也有不同类型，不见得皇家玉器就一定比民间玉器艺术水平高。另外，不同地方的民间玉器也具有不同特点。你在民间看到了许多玉器藏品，这也提示我们不能仅仅知道皇家的玉器。以藏传佛教为例，不仅要了解黄教，还要了解白教、红教等其他教派，这才能真正了解藏传佛教。同样，若能懂得民间玉器的发展成就，也就能看到宫廷玉器的不足，只有将两者全面比较才能看到各自的特点。

（本文为作者2006年11月14日在国有资产监督管理委员会"中外名家系列讲座"的演讲）

故宫与中国传统文化

首先，我要解释的是大家常听到的"故宫""紫禁城"这样几个概念。故宫这个词是历史上后一个朝代对前一个王朝皇宫的称谓。北京故宫和沈阳故宫是我们中国仅存的两座皇宫，今天讲的是北京故宫，它在明清时代叫紫禁城，清朝统治结束后改称故宫。

中国传统文化即民族文化，传统文化一方面通过文献典籍流传下来，一方面通过文化遗产（可移动与不可移动文物）体现出来。故宫是中国传统文化的结晶，是源远流长的中华文明的见证与载体。故宫与中国传统文化的关系，主要反映在三个方面：一是故宫的古建筑，二是文物藏品，三是与故宫建筑及藏品有关的人和事。

一　关于故宫的古建筑

建筑可以称为人类文明的标志。每个民族都有自己的文化，同时产生出反映这种文化的建筑艺术。建筑既是一种物质生产，又是一种艺术创作，它通过所用的材料及造型风格等，不仅直接体现着一个社会时代的物质技术水平和政治、经济状况，而且也凝聚着一定的阶级、民族、时代的心理情绪、精神风貌和审美理想，积淀着社会历史文化的记忆，成为人类历史文化的纪念碑。

中国建筑与其文明一样悠久而辉煌。人们普遍认为，最能代表中国传统建筑风格和成就的，还是宫殿和园林这两大类型，它们集中了中华民族的智慧和想象力，表达了只有中国人才有的生活观念和审美态度，并且二者都在明清时代达到历史的高峰。

"非壮丽无以重威"，中国历史上的宫殿都曾代表过中国建筑的最高水平，但绝大多数已湮没不见。故宫是至今仍保存完好的中国古代宫殿，就传统的延续性而言，是历代宫殿的集大成者。它建于明代永乐年间，清代虽大部分进行过重修和改建，但仍保留了明代的基本格局，作为明、清两代的皇宫，它实际上是两朝文化的结晶。

故宫的建造始于明永乐四年，也就是1406年（今年恰好是永乐皇帝下令肇建故宫的600周年），14年以后的1420年建成。它的营造举全国之财力、物力，会聚了天下的能工巧匠。

故宫建造是当时的一项全国性的艰巨任务，它用了10年时间准备材料。由于紫禁城建筑多属中国传统的木结构建筑，因此木材的需求量巨大，特别是楠木，主要采自四川、湖广、江西、浙江等地。木材都在山里，砍伐之后把木材扎成木筏子，有洪水的时候推入江河，沿长江而下，通过南北大运河运到北京，往往需要三四年，所以备料就用了那么长的时间，真正修建则不到4年。

还有一个重要的建筑材料是砖瓦。有人算了一下，故宫一共用了8000多万块砖，重约193万吨。其中两种砖特别重要。一个是城墙外表用的山东临清烧制的澄浆砖，砖长有48厘米，宽24厘米，高12厘米，重24多公斤，光这个就用了1200多万块。再就是金砖，故宫三大殿铺的都是金砖。金砖是苏州产的，它既非金，也非玉，据记载是用太湖澄泥经过复杂的工艺加工而成。据记载，入窑以后先用糠草熏一个月，再用片柴烧一个月，之后还要用棵柴烧一个月，最后用松枝柴烧40天，灌水出窑。前后烧制要130天。包括火候等各个环节要求都相当苛刻，程序烦琐。故宫博物院前几年收购了700多块个人收藏的带有铭文的金砖，平均每块砖就花了8000多元。

据估算，当时参与修建故宫的技工大概有10万多人，民工前后算下来约有100多万，记载还有越南的匠人参加。

故宫现在占地是72万平方米，保留下来的建筑面积约15万平方米，是世界上现存建筑面积最大、保存最完整的古代宫殿建筑群，它是全国重点文物保护单位，也是中国首批列入世界文化遗产的单位。故宫的建筑群集合了中国传统的建筑理念和哲学思想，以其规划严谨的布局，主次分明的宫殿群，灵活多变的建筑组合，完整地体现了东方文明的精髓和成就。

体现礼制。故宫在规划上有一个很重要的指导思想，就是充分体现规范等级制度的"礼"。因为它是宫殿，不是普通人用的。不仅要办公、居住，而且更重要的它是对封建礼制的反映，是对天子权威的反映，所以在设计上反映了"皇权至上""天子至尊"的思想，是皇权建筑语言最集中的体现。它继承了传统的宫城、内城、外城的三重城制度，居都城中央，附会了"左祖右社""前朝后寝""五门三朝"的古制布局，体现了儒家的理想和封建礼制，也是我国古代宫城发展史上现存的唯一实例和最高典范。反映秩序和等级的"礼"不只体现在总体布局上，也制约和影响着单体建筑，通过体量、规模、形式，甚至色彩和装饰等的差别而表现出来。太和殿是整个宫殿区乃至整个北京的构图核心，它的巨大的体量，它和层台形成的金字塔式的立体构图，使它显得非常凝重稳定，象征着皇权的稳固。3万平方米的太和殿广场，它的精神基调是在庄重威严之中蕴含着壮阔与平和，也显现着被皇帝所统治的这个泱泱大国的气概。

反映阴阳五行。阴阳五行是中国古人的一种世界观和宇宙观，深刻地影响了中国人的思维方式，是源远流长的中华文明的一个重要思想内涵。这一传统文化在故宫建筑中也得到运用，主要体现在方位的选定、环境的处理以及建筑的装饰上。如故宫的外朝在前，为阳，其数为奇，纵向的太和殿、中和殿、保和殿为三，大殿的台基上下三重，俗称三台。最为高贵的太和殿，间数与进深分别为九与五，九五是帝王的一种象征。内廷在后，为阴，其数为偶，中轴线上分列乾清、坤宁二宫（交泰殿为后建），东西各有六宫相配，其台基等也为偶数。如此布局，说明阴阳调和乃是对宇宙秩序的认识和追求。五行的金木水火土与阴阳是相辅相成的。如土的方位为中，三大殿的台基即为土字形，喻王者居中统摄天下；东方属木，属春，主生，因此凡属文化、文治方面的宫殿及设施，多列于东侧，历代太子的宫殿也都建于东方，称为东宫或青宫；西方属金，属秋，主杀，凡属兵刑、武备方面的宫殿设施，多列于西侧，已故皇帝的遗孀因已到人生的秋季，也居住在西面。阴阳五行运用的手法多含蓄、隐秘，然而寓意深刻。

故宫的建筑艺术也体现了中国建筑的特点以及中国的审美观念。例如中国建筑有群体性或者是集群性的特点，往往是群体的组合，这在故宫反映尤为突出。大家看故宫那么复杂的千门万户，其实都是一个个四合院组成的。故宫实际上是一个庞大的建筑群，它强调和追求的不是向空中的发展，而是在地面上的延伸，辽阔才是伟大，这种以平面延伸为壮美的观念体现了中国人的空间意识，同时群体的序列有助于渲染统治王朝的威严。

大家看到故宫虽然是一个群体的组合，但它庞大的群体给人的印象却不是散乱的。这是为什么？关键是老北京有一条南北贯穿的中轴线，从永定门一直延伸到钟楼北侧的城墙，大概有7.6公里长。故宫的中轴线，也是北京的中轴线，北京城是以故宫为基础发展起来的。对于故宫中轴线，我国很多著名的古建专家包括国外的专家，都给予相当高的评价。正因为有了这个中轴线，我们看到它两面是极为规则的分布，所有重要的建筑物都在中轴线上。像前面所说的三大殿，后三宫，其他的建筑都按照对称的原则分布在它的两边，这种分列也是从尊卑、亲疏的区别出发，由近而远相对排开，形成一种中高边低、群星拱月的格局。从伦理层面上说，这种格局体现了儒家的等级观念，是封建社会体制在建筑领域的典型体现。从审美的层次上看，强调群体组合，强调有序化和对称性，追求平面伸展、主次对称，又是中华民族普遍的审美观的体现。

故宫的建筑装饰华丽无比，它的工艺水平巧夺天工，它不仅用的材料是相当好的，而且在建筑上还大量使用了砖雕、木雕、石雕、贴金、鎏金、油漆、彩画、景泰蓝、玉石及螺钿镶嵌、绸缎装裱、硬木贴嵌等封建社会所能达到的一切工艺美术手段，将高超的建筑工程技术和艺术和谐地融为一体，甚至使用了乾隆年间刚刚兴起的双面绣。

故宫所蕴含的传统文化，这在它的命名及宫殿的匾额楹联上也可看出。明清皇宫为什么叫紫禁城？我国古代天文学家，根据对太空天体的长期观察，认为紫微垣位于中天，位置永恒不移，是天帝所居，这个天宫便称之为"紫宫"。紫微垣是以北极星为中枢的星群。北极星亦称北辰，古人认为它是天上最高贵的星。皇帝自称天帝的儿子，他们所居的皇宫也比拟天上的紫宫。禁，则是戒备森严的意思。秦汉时，皇宫曾称禁城。这就是紫禁城的来历。故宫匾联很多，外朝三大殿、乾清宫、养心殿正殿等处是皇帝处理政事的场所，匾联主要强调皇帝应遵循天道和祖训，遵从儒家治国施政之道，多引儒家经典特别是《周易》《尚书》《诗经》等来体现这一思想。后宫楹联一个重要内容是强调如意福寿、多子多福，从"百子""千婴""麟趾""螽斯"等门的名称已可看出这一点。养心殿里有慈禧太后与光绪皇帝的匾联，慈禧写有"又日新"，光绪写有"毋不敬"，有人说这好像是母子俩对话，一个说你要自新，一个说我没有什么不敬的，很有意思。慈禧太后的字，有很多都是旁人代笔的，因此有人认为"又日新"三个字很有筋骨，不像她写的。

二　关于故宫的文物藏品

故宫的文物藏品约180万件（套），其中古籍文献约20余万册，武英殿书版约20万块；绘画、法书、碑帖约14万件；古器物（陶瓷、青铜、玉器等）约70余万件；清宫织绣、宗教、典章、生活类藏品约25万件。180万件（套）中，22万件为从社会征集及各界捐献，占文物总数的15％，其余85％为清宫旧有。另外，故宫博物院所藏明清档案800万件，1980年划归国家档案局成立了中国第一历史档案馆，馆址仍设在故宫。

目前正在进行文物清理。我们为什么要清理故宫的文物？故宫绝大多数文物数字非常清楚，像传统的器物等，但是长期以来由于在对文物认识上的局限性，把许多应该列入文物的而未当文物对待。如我们有2万多件皇帝皇后的书画，就没有当作文物，也未当作文物资料，因为皇帝不是书法家、画家，便认为这些东西价值不高。这个观念肯定是不合时宜的。故宫学就是把故宫作为一个文化整体来看，凡是能反映故宫历史文化的，都有文物的价值。

我们还有一些完全没有清理过、没有发现的东西，像去年在一个宫殿突然发现一个箱子，从来没有打开，打开一看有54个清宫的枕头，我们以前保管的这样的枕头才有六七个，一下就增加了54个。

另外因为多种原因，某些文物的底细还不很清楚。像故宫有很多地毯，因为过去二大殿都铺地毯，其中还有明代的地毯。但是我们院里面缺乏地毯专家，加上许多地毯既大又厚，卷起来就不愿意再移动了。2000年，有一位英国地毯专家，对中国地毯很有兴趣，提出要看故宫所藏地毯，我们同意了。这个人很有经验，戴着防毒面具。地毯里面有一种虫子，如果我们穿着毛料衣服，虫子就钻进去了。此后我们把地毯进行了蒸熏，初步做了整理。我去年到英国，这个人请我吃饭，他脑子里面想的都是中国地毯，到了痴迷的程度。旁人给他介绍说我还写诗，当然我的诗写得并不好。他说，诗，我知道，中国有唐诗，唐诗里面肯定有写地毯的诗。我确实很感动，回来以后，就到我们库房专门去看保管的地毯。我问了一下，已经在账的有800多块，还有约500多块小的、破损的地毯需要清理登记。宫廷藏品种类十分丰富，地毯只是一个例子。由此可见，我们的文物保护任务是很重的。

这就是故宫为什么要进行文物清理，大部分是相当清楚的，像书画，当然有一些还不清楚。我们正在作为一项重要的任务来完成。全国文博系统博物馆藏品总数1/10在故宫，一级品1/6在故宫。

我想给大家介绍一下故宫藏品的来源，主要有5个方面：

一是皇家收藏。中国历代皇家都有收藏文物的传统，在乾隆时达到高峰。乾隆这个人对收藏达到了痴迷的程度，对臣下进献的书画珍品来者不拒，并叮嘱大臣，留意抄家时的宝物。《西清古鉴》《西清续鉴》《宁寿鉴古》《石渠宝笈》《秘殿珠林》《天禄琳琅》《四库全书》总目等，是清乾隆时期编辑的宫中所藏古铜器、书画、图书的目录。见于著录中的很多古代文物早已散失，但也有不少宝物几经聚散，历尽沧桑，保存到今天。例如，晋王珣《伯远帖》、隋展子虔《游春图》、唐韩滉《五牛图》、五代顾闳中《韩熙载夜宴图》等著名书画，都曾载在《宣和书谱》《宣和画谱》《石渠宝笈》中，现仍藏在北京故宫。这部分藏品是中国皇家收藏传统的延续和为数不多的硕果。

二是宫廷制作。清代宫廷以其最高权势，征天下高师名匠，设立专门机构——造办处，不惜工本地制作各种精美艺术品、工艺品、实用品。造办处下设有如意馆（负责绘画等）、做钟处、玻璃厂、珐琅作、玉作、累丝作、镶嵌作、牙作、砚作、漆作、匣作、裱作等共34个作坊，形成具有一定规模的手工业工场，常年按照御旨制作独有的清代皇家风范的艺术品、工艺品和各种精美的日用品。宫中还设有专管喇嘛念经与制造佛像的"中正殿念经处"，有尼泊尔与西藏的工匠制作佛像与画唐卡。故宫博物院已编辑出版了《养心殿造办处史料辑览·第一辑（雍正朝）》。故宫所藏的玉器及其他工艺品，都有不少是造办处制作的，还有江南的江宁、苏州、杭州三个织造衙署专为皇帝织造的豪华衣着用品。故宫有一件5吨多重的《大禹治水图》玉山，玉料采自新疆，用3年多时间运到北京设计制图，后又运往扬州雕刻，完工后再运回北京，共用了约10年的时间，是我国现存历史上最大的玉雕。2005年11月，故宫文物在英国皇家艺术学院展出，其中有一件1吨重的玉雕，制作精美，英国女王看了赞不绝口。

三是国内进献、藩国贡品、外国礼品等。例如故宫收藏一批公元7世纪至8世纪的印度、尼泊尔的古佛像，是清代蒙藏地区的民族宗教领袖进献皇帝的珍贵之物。尤为难得的是，这些造像及唐卡基本上保留了清代喇嘛的鉴定记录。对于佛像，用汉、满两种文字在黄色纸上写明它的品种、名称、来源、时间，再挂在佛像上，称为"黄条"；对于唐卡，则在每幅背后缝有一方白绫，上书汉、满、蒙古、藏4种文字的题记，说明唐卡进宫的时间、来源、名称、鉴定人以及摆供方位。这些黄条和题记，反映了清代高僧对这些造像和唐卡的认识水平，不但在当时就有宗教与图像学两方面的权威性，也为今天的研究提供了重要的参考资料。大量带有题记的造像、唐卡，不仅是研究故宫造像、唐卡的基础，对于西藏雕塑史、绘画史研究也有重要意义。

四是宫廷文化生活用品。故宫保存了大量清宫衣食住行及文化生活的用品，当时并不是收藏品，但在今天同样是宫廷历史的见证，具有重要的价值。例如宫廷的宫灯、乐器、轿舆、武备、服饰，以及腰牌、红绿头签、品级山、戏衣道具等，都是清宫典制及文化娱乐活动的见证，具有文物的意义。

五是新中国成立以来的受赠与购买。像张伯驹先生，大家都比较了解，晋陆机的《平复帖》是我国古代名家墨迹存世最早的，就是张先生捐献的，他还捐了杜牧、李白等名家的很多书画珍品。此外，朱翼庵、孙瀛洲、郑振铎等也都捐了大量的珍贵文物。故宫博物院自成立以来，先后接受了近700人的捐献，约有几万件，其中相当一部分是国之瑰宝。国家也调拨了一批文物充实故宫收藏，故宫博物院也拿出一部分文物支持一些博物馆、图书馆及我国驻外使馆。20世纪50年代，国家从香港及其他渠道购买了一批文物珍品特别是清宫流失出去的精品。20世纪90年代以来，故宫博物院又陆续购买了一些文物珍品，例如2003年从国内拍卖公司购得隋人书《出师颂》，引起社会关注。这些都不断丰富了故宫博物院的收藏。

我想向大家介绍一下三希堂。乾隆皇帝把收藏的王羲之的《快雪时晴帖》、王献之的《中秋帖》及王珣的《伯远帖》放在养心殿前殿西侧的一处书室里，为其命名"三希堂"。当然，据他解释，"三希"还有其他意义。《伯远帖》《中秋帖》在溥仪被驱逐出故宫前已被带出，后来为郭葆昌所得，若干年后，郭葆昌之子因为生活拮据，将其抵押给香港的一家银行。1951年，人民政府花48万港币买了回来。当时国家财政收入才100多亿，又是新中国成立初期，百废待举，还要抗美援朝，花这么一大笔钱来买，表明我们国家对文化遗产的重视。王羲之的《快雪时晴帖》一直在故宫，1924年溥仪在被赶出宫时，曾将《快雪时晴帖》夹在行李中企图带走，在神武门被查出来并扣留。后来，随抗战时期文物大迁移，最后被运往中国台湾，现藏台北故宫博物院。

我想说说故宫藏品特殊的、重要的意义：

第一，故宫藏品的国宝意义。中国皇室收藏有着悠久的历史。皇室收藏具有强烈的政治与文化的象征性质。皇室收藏文物，不仅因其是稀有的珍宝或重要价值的艺术品，而是更重视这些文物所寓有的某种至高德行的含义，认为它的聚集可被视为天命所归的象征，它的流散也意味着该王朝不再具有天命。因此，新的王朝接收前朝的旧藏，表示着它继承前朝的天命。清代皇室收藏为历代之顶峰，也是历代皇室收藏的总结。在反对帝制复辟背景下成立的故宫博物院，把清宫藏品视为文化传统的结晶、整个民族的瑰宝，把对藏品及故宫建筑的维护与坚持民主共和政体等同起来；在以后艰苦卓绝的文物南迁中，故宫藏品的国宝形象进一步得到提升和加强。文物南迁，开始许多人是反对的，最后人们认识到失去的领土可以收复，但是几千年的文明，作为文化传统的结晶，得之不易，传下来的瑰宝如果失去了，我们将陷入万劫不复的境地。最终，民众达成了尽力保护国宝的共识。在故宫列入《世界遗产名录》后，随着人们对故宫古建筑价值以及故宫作为文化整体的意义的深刻认识，国宝不只是故宫的一件件具体的文物，整个故宫就是一个巍然挺立、价值无比的国宝，是民族文化传统最有代表性的象征。

第二，故宫是一部浓缩的中华文明史。故宫的中国古代艺术品收藏显示了中华民族的五千年文明史是一条绵延不断的历史长河，这是中华文明对世界文明的伟大贡献。在故宫180万件（套）文物中，论时代，上自新石器时代，下至宋元明清直至近现代；论范围，囊括了古代中国各个地域的文明精华，包容了汉族和古代许多少数民族的艺术精粹；论类别，共有25大类69小项。中华民族绵延不断的历史文化在故宫博物院的各类文物藏品里均得到了充分的印证。这是国外任何一个博物馆所不具备的。世界四大古老文明中，与古埃及、古印度、古巴比伦等相比，中华文明的起源不能算是最早的，但中华文明是唯一的未曾中断过的文明，今天生活在这片土地上的人就是那创造古老文明的先民的后裔，在这片土地上是同一种文明按照自己的逻辑演进、发展，并一直延续下来。其他的古老文明数千年前就相继干涸了，这些国家的博物馆和收藏这些国家文物的西方博物馆所展现的文明历史是中断了的，而不是延续的。

第三，故宫是世界上最丰富、最重要的中国古代艺术品的宝库。故宫的藏品包括了中国古代艺术品的所有门类，具有品级、种类、数量上的优势，许多藏品在中国文化史、艺术史上占有重要的地位。故宫庋藏的各主要类别文物，其本身就完整地记录了该类文物从萌生、发展到辉煌的文化链。以书法为例，故宫的藏品涵盖了从契刻到书写进而发展成为一门独立的书法艺术的历程，藏品从甲骨文、钟鼎文直至晋朝开始形成书画艺术，此后，历朝历代的名家流派，几乎一应俱全。再以陶瓷为例，从原始时期的黑陶、彩陶，直到两宋的五大名窑，元青花瓷，明代白瓷、釉里红、斗彩等，清代的粉彩和珐琅彩等；其他如玉器、铜器和许多工艺品等，也是如此。为了这条历史文化长河永远奔腾流淌、润泽后代，故宫博物院还在收藏现当代的艺术精品。

1949年底，国民党政权溃退台湾时，将60万件故宫的器物、书画、文献运往台湾岛，1965年在台北建立故宫博物院，形成北京、台北两个故宫博物院同时存在的现状。海峡两岸故宫博物院同根同源，均承担着保存和弘扬中华文化的重任。故宫文物是民族文化的精粹，是中华传统文化的重要载体，由于故宫文化的整体性，两岸故宫博物院有着割不断的联系，在两岸文化交流、增强两岸人民对传统文化的认同感、反对文化"台独"、促进祖国统一等方面有着不可替代的作用。

好多人问我是北京故宫博物院文物多还是台北故宫博物院文物多，我说肯定是北京的多。但有人又问，是不是好东西都不在北京故宫博物院？我说，我可以负责任地讲，好东西总体还在北京。台北故宫博物院60万件文物里面有38万件是明清档案，北京故宫博物院的明清档案部1980年划归国家档案局，成立中国第一历史档案馆，现在馆址还在故宫，当时档案就有800万件，极其珍贵，这在前边已经讲了；台北故宫博物院好多档案也是很珍贵的，他们整理和保护工作做得也是好的。其他文物，我们不仅数量多，整体上精品也比台北故宫博物院的多。当然，文物有其本身的价值，不好做绝对的比较。两岸故宫博物院文物都是来自清宫旧藏，有很强的互补性。两岸故宫博物院的学术交流在不断扩大，这种关系是任何力量也割不断的。这几年我曾接到台北故宫博物院院长的来信，推荐研究人员来看北京故宫博物院的藏品和宫殿，两岸故宫博物院都在弘扬中华传统文化，其本身就是反对"台独"的。

三　与故宫建筑及藏品有关的人和事

故宫是民族文化的重要载体和历史缩影，是中国封建社会后期明清两代的皇宫，它是当时国家的政治中心、封建权力的中枢所在地。

在491年中有24位皇帝在此居住，军国大事，时代风云，宫闱秘闻，权力争斗，都是以此为舞台而演出的。在今天看得见的故宫建筑及文物藏品背后，还深藏着许许多多的人物和故事，它们一起构成了鲜活的宫廷历史。

四　以温情与敬意厚待故宫

第一，故宫文化与故宫学研究。从故宫的地位、作用及其内涵看，故宫文化是以皇帝、皇宫、皇权为核心的帝王文化、皇家文化，或者说是宫廷文化。皇帝是历史的产物。在中国漫长的封建社会里，皇帝是国家的象征，是专制主义中央集权的核心，同样，以皇帝为核心的宫廷是国家的中心。文化人类学中有一个大传统与小传统的概念，主要研究一个文化中的上层主流文化和民间基层文化的关系。以此来看，故宫文化即帝王文化、皇家文化、宫廷文化，它不是局部的，也不是地方性的，无疑属于大传统，是上层的、主流的，属于中国传统文化中最冠冕堂皇的部分，但是它又和民间的传统，和中国文化中工艺技术、国家观念、家庭观念、政治体制等有着千丝万缕的关系。对故宫文化，当然不能盲目推崇，无批判地继承，要有科学的态度，取其精华，去其糟粕。这也是故宫学研究的任务。

第二，故宫又具有重要的象征意义。故宫从物质层面看只是古建筑群，但它是皇宫。中国历来讲究器以载道，故宫及其皇家收藏凝固了传统的特别是辉煌时期的中国文化，是几千年中国的器用典章、国家制度、意识形态、科学技术等积累的结晶，是中国传统文化的精神，也成为中国传统文化最有代表性的象征物，就像金字塔之于古埃及、雅典卫城神庙之于希腊一样。正由于故宫有着如此重要的价值，1987年成为中国首批列入《世界遗产名录》的单位。故宫是中国的，也是世界的。厚待故宫，就是厚待民族文化。

第三，我国是一个有着五千年文明史的国家，我们的国家之所以伟大，我们的民族之所以伟大，一个重要原因，就是我们创造了光辉灿烂的中华文化。当然，我们不是说传统文化一切都好，其中也有糟粕，也有不好的东西，但是文化是不断积累不断发展的过程。中国绵延数千年的传统文化，其中一些具体的内容在不断积累的同时，也在不断地淘汰，但是贯穿其始终的基本精神，则随时代的发展而发展，形成民族文化的传统。从总体上看，传统文化是我们民族数千年文明的结晶，也是我们民族精神的体现，是我们民族的灵魂。为什么中国成为世界上唯一的民族文化未曾中断的国家，我想这绝不是什么偶然，而在于中华文化本身所包含的丰富的情感与卓越的智慧，以及由此产生的力量，在于中华文化本身所具有的伟大的民族精神。因此，传统文化在当今仍有其活力与价值。

第四，必须加强对文化遗产的保护。如何有效地继承并保护好像故宫这样珍贵的民族文化遗产，已成为我们共同面对的课题。文化遗产保护面临形势仍然严峻，如果处理不好，不仅使文化的血脉会在我们手中被人为地割断，就是许多新文化的创造也会因这源头文化的枯竭而受到威胁。故宫的保护在社会的广泛关注、支持下不断得到加强，我代表故宫博物院表示衷心的感谢。作为故宫人，我们也有决心不辜负人们的期望，坚决保护好国宝。

现场答问

问： 在遗产保护上，中国和世界上最大的差距是在观念上面，您能否具体解释一下到底有哪些突出的观念上的差距？

郑欣淼： 正如你提的，确实，我们在文化遗产保护上最大的差距是观念。过去，我们故宫对收藏的古代艺术品比较重视，相对来说，对古建筑的重视没有提到应有的高度；对故宫是要保护的，对故宫周边环境保护的意识则不强；对物质遗产比较重视，对非物质遗产保护则不够自觉。现在在这些方面都有了提高。为什么故宫缓冲区的划分问题引起国际文化遗产保护组织的重视，曾受到批评，就是我们的文化遗产保护观念有问题。正是认识有了提高，最后我们的缓冲区确定以后，获得了顺利通过。用文化遗产来代替文物，特别是由物质的文化遗产发展到非物质的文化遗产，这表明我们的认识是在不断地进步。

问：李敖曾送给故宫博物院乾隆皇帝的字，它的文物价值在故宫众多艺术瑰宝当中，究竟是什么样的地位？第二个问题是我听说现在故宫正在制订2010年至2020年10年的规划，按照目前规划来讲，下一步故宫将向哪个方向发展，故宫会有哪些新的变化？

郑欣淼：李敖先生去年到故宫景仁宫参观。我们在景仁宫里搞了个景仁榜。景仁榜是什么？就是从20世纪20年代故宫博物院成立以来，所有给故宫捐献过文物的人，按年度划分，把他们的大名都镌刻在上面，作为永久的纪念。李敖看了以后就不说话了，到我与他会谈的时候，他就说：你们领我到景仁宫去，我已经看到你们的意图了，我也决定捐一幅乾隆的字。他捐的是乾隆题王著书《千字文》的跋。王著是五代至北宋初年的著名书法家，他的《千字文》被溥仪盗运出宫，今已下落不明，乾隆御笔的题跋由李敖先生捐献北京故宫。当然作为乾隆的墨宝，它总是有意义的。今年3月份他委托凤凰卫视刘长乐先生代办捐赠事宜，他在录像当中讲了一段话，其中讲到他把乾隆皇帝所写的"孤魂野鬼"送到故宫里了，另外他也开玩笑地劝大家别多到故宫博物院去，因为看了之后，可能会良心发现，把手里的"赃物"都捐了出来。

谈到故宫10年规划，我们的目标是国内领先，世界一流。我想世界一流这个提法，就像一流大学一样，看法并不一致。什么叫一流大学？什么是一流博物馆？也是有争议的。但是总有一个国际社会公认的要求，首先你的藏品要多，而且重要，并在文物的研究和展览上，各个方面都能有相当大的影响。这几年我们主要抓的是故宫维修，抓得比较紧，进行得比较顺利，到2008年奥运会前中轴线就会有大的改观，这是100多年来都没有做过的。另外就是文物的清理，底账要清，要刊印目录，所有文物的目录向社会公布。它的意义有两点：一是更好地为公众服务。我们好多的东西，其中一些可能永远难以展出，但是把藏品目录公布社会后，有的研究者从中可找到自己需要的资料，我们可以给他提供专门帮助。二是表明我们对国家财产的一种负责任的态度。我跟国资委主任李荣融同志讲，我是为我们国家保管着最珍贵的一笔国有资产。我们把目录和精品图录公布给社会，大家可以随时检查保管情况怎么样，这些东西还在不在，它受没受损失，这对我们也是个监督。另外努力推进故宫学的研究，整合研究资源，争取有一些突破性的进展。同时在博物馆本身的建设上，包括我们的展览，为公众服务这方面，都要取得比较大的进步。

（本文为作者2006年11月30日在人民大会堂小礼堂"中国科学与人文论坛"上的演讲）

故宫的价值与应运而生的故宫学

一　故宫的价值与意义

所谓故宫，指的是旧时宫殿。乾隆皇帝、嘉庆皇帝在东巡盛京（沈阳）宫殿的诗中，都用了"故宫"一词。现在的"故宫"称谓，通常专指北京故宫。由明清两代皇宫紫禁城变为故宫，其中包含了"国体变更"的意义。但今天，人们说起"故宫"，概念上仍有一些差异，如在大陆，或指紫禁城古建筑，或指故宫博物院；在台湾，则成了台北故宫博物院的简称。

这些称呼或看法都有道理，但不全面。故宫包含着丰富的内涵，最重要的是紫禁城古建筑、文物藏品和博物院3个方面，要认识故宫的价值与意义，对这3个方面需要有充分的了解。

（一）紫禁城（故宫）

建筑是实用艺术的典范，从一个侧面展示着人类文明的发展轨迹。伟大的建筑往往成为一个城市、一个民族，甚至一个国家的象征物。中国建筑与其文明一样悠久而辉煌。人们普遍认为，中国古代建筑是"皇宫本位"的建筑体系，宫殿建筑是最能代表中国建筑风格和成就的类型。而紫禁城是中国古代宫殿发展的集大成者，是中国古代建筑史中最辉煌的篇章。

　　紫禁城始建于明永乐四年（1406年），永乐十八年（1420年）基本建成。前后调集数十万农民和一部分卫军，集中全国著名工匠。修建的木料来自四川、贵州、云南、湖广（今湖南和湖北）等地方的大山，石料采自北京附近的房山、盘山，城砖来自山东临清等地。例如，紫禁城主要宫殿铺设着光润似墨玉、踏上去不滑不涩、敲起来有金石声的方砖，称为"金砖"，为苏州窑烧造，烧造过程极为复杂，选土、澄浆、制坯已有11个步骤，而入窑烧造，为防骤火激烈，"先以糠草熏一月，及以片柴烧一月，又以棵柴烧一月，又以松枝烧四十日，凡百三十日，而后窨水出窑"。保和殿北面的御道石"云龙阶石"，重达250多吨，雕琢前的毛坯，专家估计在300吨左右。据说为了从房山大石窝运来，冬季路面泼水成冰后，利用拉旱船的办法拖运。为此沿路每隔一里打井一口，用来打水泼地成冰。路两旁用20000名民夫加1000匹骡马拉拽，每天仅能行进2.5公里路，共耗费11万两白银才运到京城。由此可见，当时为营建这座举世无双的宫殿所付出的巨大代价。

　　紫禁城占地72万平方米，周围环有10多米高的宫墙和52米宽的护城河。城内建筑分为外朝和内廷两大部分，外朝用于发布政令、朝会大典，太和殿、中和殿、保和殿是主体，文华殿、武英殿是两翼；内廷用于日常起居，乾清宫、交泰殿、坤宁宫是主体，东六宫、西六宫是两翼。除朝寝殿宇外，还有辅佐皇帝理政的官署、祭祀所用的佛堂道场，以及用于娱乐休闲的戏台和园林。

　　清代对紫禁城先后进行了一些修建，特别是乾隆时期，做了更多的重修和改建，建设了宁寿宫区域，园林、休闲和宗教建筑或设施不同程度地增加，出现了满汉交融、南北交融的一些特色，这也与17、18世纪中国社会、经济和文化的发展有密切关系。虽然如此，紫禁城仍然保留了明初期建成时的格局。作为明清两代的皇宫，它实际上是两朝文化的结晶。故宫古建筑面积现约16万平方米，是世界上现存规模最大、保存最完整的宫殿建筑群，1987年被列入《世界遗产名录》。

　　"天子以四海为家，非壮丽无以重威。"萧何当年对汉高祖说的这句话，表明宫殿建设必须"壮丽"，只有"壮丽"才能显示帝王的尊威。这种"壮丽"，既有形式上的，也有内涵上的。对紫禁城来说，主要体现在规划设计、建筑艺术以及其中所蕴含的传统文化上，这3个方面又有机结合、浑然一体。

　　紫禁城在规划设计上，充分体现了儒家的礼制，反映了皇权至上的伦理观念。紫禁城的主要建筑，可以看出是附会《周礼·考工记》而布置的。例如，前三殿与后三宫的关系体现了"前朝后寝"的制度；位于宫城前面东侧（左）的太庙与西侧（右）的社稷坛，表现了"左祖右社"的制度。又如，太和殿、中和殿、保和殿，反映了"三朝"的制度；大明门（大清门）、承天门（天安门）、端门、午门、奉天门（太和门），附会"五门"的制度。为了体现等级制度，又通过殿宇的开间、屋顶的形式、屋脊上的走兽和斗拱出跳的数目以及彩绘的形式等建筑语言来加以区分。太和殿是整个宫殿区乃至整个北京的构图核心，它巨大的体量，它和层台形成的金字塔式的立体构图，使它显得非常凝重稳定，象征着皇权的稳固。3万平方米的太和殿广场，它的精神基调是在庄重威严之中蕴含着壮阔与平和，也显现着被皇帝所统治的这个泱泱大国的气概。

　　紫禁城凝聚着丰富的中华传统文化，例如风水、阴阳、五行等。风水是古人居住价值观的反映，其外在表现是山水，本质是气。阴阳学说是中国古代的一种宇宙观和方法论。五行的金木水火土与阴阳是相辅相成的。阴阳学说又是古代中国风水理论的基础。按照风水理论，北面必须有"镇山"，即"靠山"，又要配以水，只有二者的结合，才是完美的福地。于是便在宫城四周开挖护城河，引护城河水入紫禁城，同时将开挖的大量土方运至宫城北侧，堆砌成山，即今天的景山，它与金水河共同构成紫禁城依山面水的气势，宛如一道天然屏障，守护着紫禁城。金水河命名又来源于五行学说，因河水从皇城和宫内的西方流入，西方属金，金又生水，故名为金水河。据记载，太和殿合龙门，正脊正中要放置宝匣，宝匣内有五金五锭、五色宝石五块、五经五卷、五色缎五块、五色丝五绺、五香及五药各三钱，以及五谷等。这也当与五行有关。阴阳五行对建筑的影响，主要体现在方位的选定、环境的处理、建筑的装饰、色彩的运用等方面，手法比较含蓄，然而寓意深刻。一条南北中轴线将宫城分为东西阴阳二区，东为阳，五行中属木，色彩为绿，表示生长，因此东部的某些宫殿为太子居住和使用。西方为阴，五行中为金，属秋季，生化过程为收，所以部署了与"阴"有关的建筑内容，如皇太后居住的寿安宫、寿康宫、慈宁宫等。就外朝与内廷来说，外朝为阳，内廷为阴，等等。这些都是中国古代建筑与文化融合的特色所在。

紫禁城所蕴含的中华传统文化在宫殿的匾额楹联上也可看出。明北京紫禁城规划设计不仅以南京宫殿为蓝本，而且宫殿名称也都沿袭了南京的叫法。外朝三大殿，始建时按南京的名称，仍叫奉天殿、华盖殿、谨身殿。其名称虽有奉天承运的主旨，但也含有加强自身修养的意义。北京紫禁城修成后不到一年，三大殿即遭雷击被毁，19年后始重建。又过了114年，即嘉靖三十六年（1557年）又遭雷击烧毁，四十一年（1562年）三殿修成。这时嘉靖皇帝就把太祖所定、成祖迁都后仍旧沿用的三大殿名全更改，分别称为皇极殿、中极殿、建极殿。皇极指帝王统治天下的准则；建极指建立中正之道，其义皆取自《尚书·洪范篇》："皇极，皇建其有极。"中极，指北极星，亦喻帝位。改动后的殿名更突出了皇权的唯一性与至高无上。清顺治皇帝即位后的第七个月，开始修复被李自成毁坏的三大殿，这时就把皇极殿易名为太和殿，中极殿易为中和殿，后来建极殿也改为保和殿。《周易》："保和太和，乃利贞。"《礼记·中庸》："中也者，天下之本也，和也者，天下之道也。"太和、中和、保和，都寓意太平、和谐。古代把"和"看作是一种理想的境界。三大殿作为皇帝神圣的象征，希望以"和"为准则，达到最理想的统治境界。当然，恐怕也反映了作为少数民族的清朝统治者的心态，反映了他们的治国理念和政治意愿，顺治的年号应也体现了这种含义，紫禁城内各殿宇门额都以满汉合璧书写，也是可以理解的。1915年12月袁世凯闹了一场复辟丑剧：袁世凯接受帝位，复辟帝制，"洪宪办公室"引经据典修改三大殿殿名，拟改太和殿为承运殿，中和殿为体元殿，保和殿为建极殿，取"承天建极，传之万世"之意。这也是故宫匾额名称的政治文化内涵。

故宫楹联很多，因宫殿使用功能的差异，各处楹联风格也不尽相同。外朝三大殿、乾清宫、养心殿正殿等处是皇帝处理政事的场所，楹联主要强调皇帝应遵循天道和祖训，遵从儒家治国施政之道，多引儒家经典特别是《尚书》《诗经》等来体现这一思想。后宫楹联一个重要内容是强调如意福寿、多子多福，从"百子""千婴""麟趾""螽斯"等门的名称已可看出这一点。

紫禁城的建筑艺术也体现了中国建筑的特点及中国的审美观念。例如，中国建筑有集群性特点，即往往是群体的组合，这在故宫反映尤为突出。故宫实际是个庞大的建筑群，它强调和追求的不是向空中的发展，而是在地面上的延伸。辽阔才是伟大，集群方显崇高，这种以平面延伸为壮美的观念体现了中国人的空间意识；同时群体的序列有助于渲染统治王朝的威严。但故宫的庞大群体不是散乱的，而是通过贯穿南北的中轴线，使这些群体呈现为极规则的分布。所有重要的建筑物都排列在这条中轴线上，其他的建筑则按照对称原则分布在它的两边，这种分列也是从尊卑、亲疏的区别出发，由近而远相对排开，形成一种中高边低、群星拱月的格局。从伦理层面上说，这种格局体现了儒家的等级观念，是封建社会体制在建筑领域的典型体现。从审美的层次上看，强调群体组合，强调有序化和对称性，追求平面伸展、主次对称，又是中华民族普遍的审美观的体现。

（二）文物藏品

中国古代皇室有着收藏文物珍品的传统。皇权高于一切，财富、权力、尊严集中于皇家。宫廷既是政治中心，也是文化艺术品的中心，有着大量珍贵的文物收藏。一般来说，这些收藏代表着当时社会文化艺术发展的最高水平。这和西方国家很不相同。西方国家因为长期政教合一，宗教地位很高，欧洲文化积淀一般不在宫廷，而是在教堂，精美的建筑，大量丰富的艺术品和壁画，使教堂成为艺术的宝库。

清代帝王重视文物收藏，特别是乾隆皇帝，更使宫廷收藏达到了极盛。清宫收藏的来源主要有三：一是承袭前朝，二是内府制作，三是多方征求，包括属下的进献、查抄没收物品。清宫收藏以书画、陶瓷、青铜器、图书典籍等为大宗。清宫藏品虽屡遭厄难，损失严重，但至故宫博物院成立，所存仍然宏富。现在北京故宫博物院约有180万件（套），其中清宫旧藏占85％；台北故宫博物院65万件（套），其中清宫旧藏为92％。这里有两点需要说明，一是现在两岸故宫博物院的清宫旧藏，其实相当一部分当时并不是文物，而是实用物或当时的文书档案等。例如台北故宫博物院的清宫档案，北京故宫博物院的宫廷乐器、戏曲道具、武备、服饰等，当年都不是文物，准确说应是宫廷遗存。二是两岸故宫博物院藏品中，都有古物陈列所的文物。古物陈列所是1914年民国政府成立的博物馆，应该说是第一个国家博物馆，在故宫的前朝部分陈列开放，其20余万件（套）文物来自热河行宫及盛京故宫，当年其中11万件（套）文物亦随故宫文物南迁，抗战胜利后划归中央博物院筹备处，其中运台11562件（套），占运台文物总数1.9％。古物陈列所留在北平的8.8万件（套）文物则由北平故宫博物院接收。热河行宫、盛京故宫的文物，基本上都来自京城皇宫，因此这些仍属清宫旧藏。

台北故宫博物院文物，虽只占南迁文物1/4，但颇多精品，这些情况台湾同胞都比较熟悉。这里我想着重介绍北京故宫博物院的文物状况。北京故宫现有180万件（套）文物藏品，在藏品构成、变化及种类上，有以下4个情况或特点需要说明：

一是北京故宫博物院的明清档案，1955年划归国家档案局，包括清代内阁、军机处、宫中、内务府、宗人府、清史馆等处所藏档案文件，以及明末档案文件，留下了实录、圣训、本纪、历书、则例、舆图、书版、陈设档案、服饰画样等。1969年，这些档案又回归故宫博物院管理。过了10年，即到1980年，合计已有820万件的明清档案连同保管的10万册（函）图书资料再一次拨交国家档案局，国家档案局改称中国第一历史档案馆。北京故宫博物院现有清宫档案很少，台北故宫博物院则有33万件，占到所有文物的一半以上。前不久，媒体刊登了分别典藏于台北故宫博物院与中国第一历史档案馆的《康熙朝起居注册》共同出版的消息，这第一历史档案馆所藏就是原北京故宫博物院的明清档案部所藏，现在所藏档案已逾1000万件，工作人员达160余名。

二是北京故宫博物院文物，调入与调出较多。1949年以后，故宫博物院接受政府部门和各地博物馆拨交的文物约16万件（套），购买文物5.4万件（套），接受捐赠约3.3万件（套），其中包括清宫流失出去的部分珍品以及考古发掘的精品。同时，故宫博物院也调拨出了大批文物，除820万件明清档案外，又把20余万册清宫典籍划拨给国家图书馆及一些大学、省市图书馆。特别是"天禄琳琅"藏书，是清宫善本收藏中最重要的典籍，共650余部，现台北故宫博物院存311部，北京故宫博物院后来收集到溥仪带出宫的209部，则交给了国家图书馆。1949年至1980年，北京故宫博物院又把8.4万件（套）器物外拨给国内外有关博物馆、学校、企事业单位、寺院、科研机构、国家机关等，其中有不少稀世珍品，例如把包括虢季子白盘、《乾隆南巡图》等在内的3881件（套）珍贵文物拨给了1959年成立的中国历史博物馆，其中虢季子白盘是与现珍藏台北故宫博物院的散氏盘、毛公鼎并称为西周三大青铜重器的国宝。此器曾为淮军将领刘铭传（曾任台湾建省后首任巡抚）所获，围绕着对它的争夺有不少曲折的故事，刘的四世孙1950年献给国家，由北京故宫博物院收藏。

三是北京故宫博物院的一些文物，仍在原来宫殿的位置。例如养心殿里面的贴落、书画、各种摆设，琳琅满目。其中的三希堂、随安室、东西暖阁及养心殿明间、后殿，共有文物1031件，不足几平方米的三希堂，即有家具、书画、瓷器、玉器、文房四宝、织绣及其他文物多达111件。保留文物最多的是十几座清宫佛堂，原状几乎未动过。例如作为清宫"六品佛楼"的典型和成熟代表的梵华楼，账上文物1058件，重要文物有一层的6座形态各异、高达2.5米左右、"大清乾隆甲午年造"（1774年）的掐丝珐琅塔；二层的54尊大型、732尊小型铜佛，每尊佛都有佛名，是庞大而直观的藏传佛教神系。最近故宫出版社出了一套四本《梵华楼》，首次向外公布梵华楼的各种陈设、文物。又如雨花阁，是仿西藏阿里托林寺修建，为清宫的皇帝专用佛堂。这座佛堂明三层暗四层，四层分别代表密宗修行的由低到高的四个阶段。账上文物460件，重要文物有一层的三座掐丝珐琅坛城，内分别供奉黄教三大本尊，另有檀香木观音菩萨，为五世达赖喇嘛所进献。

四是北京故宫现对外公布的文物总数是约180万件（套），但还不是最后确切的数字。北京故宫从2004年至2010年，进行为期7年的文物清理，今年基本结束，明年全面完成。那时会有准确的数字，还会增加一些。这次清理的对象虽是全部文物，但重点是宫廷遗存。这些遗存种类繁多，有的底数不清，有的列入"文物资料"，有约10万件。还有不少连资料也未列入的情况，例如约2.5万件清代帝后书画，过去什么文物也算不上，因为帝后不是艺术家，他们的这些东西不被重视，现在来看，它们却有重要价值。书画本身就是艺术品，帝后的审美取向比文人的趣味更能影响当时的文艺潮流；同时，它们更是重要的历史资料，尤其是对于皇帝、后妃们艺术、文化、思想的深入研究具有重要价值。由于作者身份特殊，社会上流传量小，现在收藏界对此颇为关注。帝后书画包括顺治、乾隆、嘉庆、道光、光绪、溥仪等皇帝和慈禧、端康、隆裕等后妃的作品，其中以乾隆、慈禧为最多，乾隆皇帝绘画有约1600件。帝后书画中20258件帝后书法，从顺治帝到宣统，乃至慈禧、隆裕的墨迹都有传世，其中，乾隆皇帝书法就有1万余件。这些作品有一部分是从避暑山庄、圆明园以及玉泉山等地行宫殿堂内揭下的贴落，以殿座为单位卷成一包运抵紫禁城。大部分都有黄条纸注明何时何地"请下"的字样，保存非常完整，为我们了解清代帝后文化生活提供了研究的依据。还有一部分是从顺治开始珍藏的皇帝墨迹，一直储藏于龙箱之中，历代延续，保存良好，多为卷轴册装潢，所用材料多为蜡笺，富丽而华贵。

除了这2.5万件帝后书画外，清理时还发现了一批完整的"乾隆御稿"，包括乾隆手稿和这批手稿的抄录本，约4.5万张。这批手稿多为朱笔写成，按照纪年用明黄纸条成沓包装。手稿内容多样，诗、文、词、赋和诸多信手拈来的文句捻条等等，为皇帝朱笔行书底稿和侍从翰林大臣誊清的楷书诗文稿，是研究乾隆皇帝的重要的第一手资料。现在这些帝后书画正在整理之中，要列入正式文物藏品。

织绣类文物也是这次清理的一个重点。这几年在清理中也时有发现。例如，前面说到袁世凯要当皇帝，把三大殿名字改了，我们就发现了一些当时特意做的一批门帘，上面有黄条，写着新殿名，例如"承运殿后门"等字样。有的是装在箱子里，过去未动过，现在清理时打开，有了意外发现。例如在一个箱子里发现有几十个清宫枕头，而我们以前存藏的枕头也不过几件。也有一些如衣鞋纸样和衣盒等，感到没什么价值，随便夹在包袱里，这次仔细清理找出来330多件，现在看，价值很大，它们是清宫服饰的重要组成部分，反映了清宫服饰的设计、生产和包装运输等重要过程。截至目前，北京故宫博物院已把一批符合文物要求的资料藏品或其他物品提升为文物。

我到北京故宫博物院工作以来，不少人问我镇馆之宝是什么，我从未做过回答，因为我感到比较困难，文物门类太多，这关系到看待文物的理念、视角。为了让诸位留下印象，我这里分6类介绍12件（组）有代表性的稀世文物：

1. 绘画

① [隋] 展子虔（传）《游春图》

一般认为是存世卷轴绘画中最早的山水画，在中国艺术史上占有独一无二的地位。此卷的时代归属在学术界目前尚有争议，但《游春图》仍然是早期青绿山水里程碑式的佳作。

② ［唐］韩滉《五牛图》

这幅画是韩滉作品的传世孤本，纸质为麻料，具有唐代纸张的特点。线条简洁，造型准确，笔法精妙，形神兼备。

③ ［五代］顾闳中《韩熙载夜宴图》

中国古代早期人物画经典作品。中国绘画艺术与西方不同，既不是具象的，也不是抽象的，而是意象的。此件作品正是体现了中国人物画所追求的"与人物传神"的完美境界。造型准确精微，线条工细流畅，色彩绚丽而不失沉稳。

④ ［北宋］张择端《清明上河图》

《清明上河图》被后世称为"宝笈三编本"，是张择端的唯一传世真迹，是古代风俗画的鸿篇巨制，同时也是山水人物画的杰作。绘画技法高超，内容写实，具有重要的历史价值和卓越的艺术价值，是中国古代绘画史上的奇迹。

2. 书法

① ［西晋］陆机《平复帖》

《平复帖》的书写年代距今已有1700余年，唐代就收入内府，是现存年代最早、流传有绪、真实可信的西晋名家巨迹。《平复帖》在中国书法史上占有重要地位，同时对研究文字和书法变迁方面都有参考价值。它是用秃笔写于麻纸之上，笔意婉转，风格平淡质朴，其字体为草隶书。

② ［东晋］王珣《伯远帖》

此帖是传世晋人墨迹中唯一具有名款的真迹，与陆机《平复帖》为现今仅存的两件晋代名人法书。王珣本人有书名，此帖风神俊朗，潇洒流利，在王氏家族书风的基础上自具面目，在中国书法史上具有崇高的地位。

王羲之作为"书圣"，垂范百代。但他的书作只以临本、摹本和刻本的形式流传，没有一件真迹传世。王氏家族世代擅书，名家辈出，然命运亦大抵相同。唯羲之族侄王珣有此短笺留在人间，实在是不幸中的大幸。我们可以从中窥见"二王"行草书使用转笔的精微之处，这是刻帖和双勾填墨摹本所无法传达的。

③［唐］冯承素摹《兰亭序》

因卷首有唐中宗李显神龙年号小印，故称"神龙本"。王羲之《兰亭序》已不存在，在所有传世摹本中此件最精美、最接近原作，体现了王羲之书法遒媚多姿、神清骨秀的艺术风范。既保留了照原迹勾摹的痕迹，又显露出自由临写的特点，摹临结合，显得自然生动。

3. 瓷器

［清乾隆］各种釉彩大瓶

器身自上而下装饰的釉、彩共有15层，所使用的釉彩达13种。主题纹饰在瓶的腹部，为霁蓝釉描金开光粉彩吉祥图案，共12个开光。从烧造工艺上看，有些釉彩属于高温釉彩，需先焙烧。有些釉彩属于中温、低温釉彩，需依次经中温、低温焙烧而成。如此复杂的工艺只有在全面掌握各种釉彩性能的情况下才能顺利完成。这件各种釉彩大瓶，形体高大、装饰华丽，集各种高温、中温、低温釉彩于一身，素有"瓷母"之美称，集中体现了当时高超的制瓷技艺，传世仅此一件，弥足珍贵。现陈列在故宫文华殿陶瓷馆。

4. 玉器

［清乾隆］《大禹治水》玉山

高224厘米，宽96厘米，重5300多公斤。立体圆雕，依玉料之形琢制成气势雄伟的玉山。据清宫档案记载，此山玉料原重5350公斤，是于冬季在道路上泼水结冰，用数百匹马拉、近千人推，经3年时间才从新疆密勒塔山运到北京。画匠设计了正面、两侧三张画样，先做蜡形，因怕熔化又改做木样，一并经水路运往扬州琢制。成器后，又经水路运回紫禁城。造办处玉匠朱永泰等镌字后，置于宁寿宫区的乐寿堂，前后用时十七八年。这是迄今世界上最大的玉雕艺术品，它凝聚了无数人的血汗和智慧，是一件不朽的杰作。

5. 石鼓

石鼓为10块圆柱形巨石，每个重1吨左右，形状若鼓，故名。每石各刻诗一首，诗的内容记叙贵族游猎，所以也称"猎碣"。对其制作年代历来说法不一，近代马衡、郭沫若认为是战国时秦国物。石鼓铭文布局讲究，书体圆融浑劲，整肃端庄，不仅有史料价值，在书法史上尤其占有极为重要的地位。它的发现与保存历经曲折。唐代发现于今陕西凤翔，其名初不甚著，自韦应物、韩愈作《石鼓歌》以称颂，尔后大显于世。经五代战乱，10面石鼓失散，到宋皇祐四年（1052年）才又收齐，后移到当时京都开封。金人破宋，辇归燕京（今北京）。元代移到文庙戟门内。明清两朝相继把石鼓陈列于国子监、文庙大成门内。抗日战争中，这些石鼓也随故宫文物南迁，颠沛流离。马衡院长在为北宋石鼓题的跋文中曾记载石鼓迁运事。那志良先生曾在西迁中管护石鼓，后写了本《石鼓通考》。现北京故宫博物院专设石鼓馆对外陈列展出。

6. 典章

① ［明］太和殿宝座

太和殿俗称金銮殿，正中设"须弥座"形式的宝座。宝座的正面和左右都有陛，宝座上设雕龙髹金龙椅，即是皇帝的御座。这是中国封建皇权的至尊象征。1915年袁世凯称帝时，搬掉雕龙髹金龙椅，换成一个特制的西式高背大椅。后找到原来的龙椅。据朱家溍先生考证，此龙椅为明代所制，很可能是明嘉靖重建皇极殿时的遗物，清康熙时重修太和殿，这个龙椅经修理后继续使用，一直到袁世凯时代才被搬出去。经修复的明代龙椅，形体非常美观，与雕龙髹漆金屏风浑然一体。

② ［清］二十五宝

中国历代王朝御宝只见诸记载而不见实物，由乾隆皇帝确定的清帝"二十五宝"却如数完好地保存至今。乾隆十三年（1748年）创制满文篆法，除过其中4宝因在清入关前就已使用，文字未再改动外，其余21宝的满文本字全部改为满文篆书，使得御宝上的满汉文字书体协调。它们每一方都有其特定的用途，涉及皇权正统延续、皇位继承、神灵祭祀、报本尊亲、任命官员、民族事务处理、藩属及邦交、军事征伐、文教兴化等，共分解为25方御宝之中。清代皇帝依靠这些御宝，得以发布各种文告，指令王朝的各个机构有效地运转，维系封建国家的延续。清代作为中国封建社会最后一个王朝，在各种制度方面都有集大成的特点，完整的清代御宝给我们提供了研究皇权运行制度的重要实物。

（三）故宫博物院

故宫博物院成立于1925年10月10日。它成立的意义，有3点值得重视：其一，它是体现建立在自由、平等、民主基础上的文化共享与文化参与。西方博物馆的诞生以文艺复兴、启蒙运动提供的精神养料为其思想前提。故宫变为博物院，使皇室珍藏社会化，其深层意义是继辛亥革命从政治体制上打倒皇权，进一步通过改造文化事业，以冲击、打破由"家天下"政治形态所模塑的各种传统观念，反映着新型的"国家"意识，以及与之相伴生的市民意识，也为宫廷藏品赋予了维系中华民族文化、传续中华文明血脉的新内涵。其二，故宫博物院成立于"五四运动"高潮之后，北京大学积极参与，在建院上起了重要作用。其研究所国学门学术研究新的方法和风气，对博物院也产生了积极影响。皇宫变为博物院不只是重大历史变革，又具有用新文化的思想审视、研究传统文化的意义。其三，故宫博物院成立是中国博物馆事业发展中划时代的大事。建院时制定"临时组织大纲"及"临时董事会章程"、"临时理事会章程"，直接借鉴西方博物馆的管理经验，运用董事会与理事会的形式，说明中国博物馆自起步就与国际通行做法接轨。国民政府颁布《故宫博物院组织法》是中国历史上第一部有关博物馆的法律，接着又颁布《故宫博物院理事条例》，这两个文件标志着博物院由草创趋向成熟。

故宫博物院1928年由南京国民政府接收后直至1933年文物南迁，有过一段辉煌的时期，在文物清理、陈列展览、文献整理、宫殿维修、环境治理等方面都有着明显的成就。1933年，13000余箱文物南迁避寇，1937年全面抗日战争爆发后又向西疏散，辗转奔波，备尝艰辛，故宫人为保护民族文化遗产的惊天地、泣鬼神的壮举，创造了第二次世界大战中人类保护历史文化遗产的奇迹。故宫文物南迁、故宫人守护国宝的事迹，至今仍被传扬。正如一些研究者所讲，南迁强化了故宫文物的国宝地位。故宫文物与中华民族共命运。

故宫南迁文物，抗战时期主要集中在四川乐山、峨眉两地。故宫9000多箱文物曾在乐山安谷分散存放达8年之久。这几年，当地一位名叫王连春的农民，已七十来岁，赚了些钱，便在安谷附近租了一块地，建了一座纪念故宫文物在此存放的纪念碑，修了一个纪念馆。四川省有个文学刊物叫《西部散文》，今年第2期出了"纪念故宫国宝南迁乐山70周年专辑"，发表了23篇回忆录及资料，杂志的"卷首寄语"说："安谷，这个在大渡河边上不起眼的地方，却在日本侵华的大洗劫中承载了中华文明的命运，使悠久的中华文明得以延续传承下来。在回溯审视这段特殊历史的时候，不能不感谢乐山人民尽心尽力地保护国家文物，更要为我们这个伟大的民族感到深深的自豪和骄傲。一位年近七旬的普通农民，刚刚摆脱贫困，不图回报，竭尽全力投入巨资修建中国故宫国宝南迁史料陈列馆，现已基本建成。民间藏大隐，草根结硕果，这正是一篇很好的爱国主义教材。"这说明，保护故宫南迁文物的精神，已成为一份值得研究、需要弘扬的民族的精神财富。明年故宫建院85周年，我们拟重走故宫文物南迁路，学习先辈的精神。

这里我要提出的是，我们在颂扬保护南迁文物的精神时，对于留守在北平故宫博物院本院的故宫同人，也应该怀有深深的敬意。他们在极为困难的形势下，仍然尽可能地坚持博物院的正常开放，几乎每年都进行宫殿的维修，保护了宫殿与留院文物的安全，是十分了不起的。值得一提的是，抗日战争胜利后的1945年10月10日，在故宫太和殿广场，举行了接受华北区日军投降的受降仪式。这一天万人出席，10时10分，煤山（今景山）山顶上军号长鸣，宣告太和殿前受降仪式开始。投降的日军代表、华北日军最高指挥官根本博中将在投降书上签字盖章，呈交第十一战区司令官孙连仲将军。这一天又逢故宫博物院20周年纪念日。古老的紫禁城，恢宏的太和殿，能够成为这一辉煌的历史性受降典礼之地，似有冥冥天数使然。

故宫南迁文物的1/4运台湾后，于1965年建立了故宫博物院，海峡两岸从此各有了一个故宫博物院，两个故宫博物院同根同源。这种根源反映在两个方面，一是两岸故宫文物藏品都主要来自清宫，文物本身有着密切的关系，互补性强。二是从1925年至1948年的23年，是两个故宫博物院共同的历史时期。这23年的不平凡岁月，形成了热爱故宫、珍护国宝、严谨认真、无私奉献的故宫精神，并在严格管理、学术公开、社会参与等方面有很好的做法和传统，是故宫重要的精神遗产。这些精神遗产在两岸故宫的事业发展中是需要继承和弘扬的。

两岸故宫博物院是专门收藏中华历代艺术品最为丰富的两个博物院，都充分反映了中华文明5000年灿烂辉煌的历史，而且都序列完整，在世界上都很有影响力。这是国外任何一个博物馆所不具备的。世界四大古老文明中，与古埃及、古印度、古巴比伦等相比，中华文明的起源不能算是最早的，但中华文明是唯一的未曾中断过的文明，今天生活在这片土地上的人就是那创造古老文明的先民的后裔，在这片土地上是同一种文明按照自己的逻辑演进、发展，并一直延续下来。其他的古老文明数千年前就相继干涸了，这些国家的博物馆和收藏这些国家文物的西方博物馆所展现的文明历史是中断了的，而不是延续的。而中华民族绵延不断的历史文化在故宫博物院的各类文物藏品里均得到充分的印证。

中国台北故宫博物院我来过3次，对它的了解和认识也在加深。在我的印象中，台北故宫博物院与台湾社会、台湾民众的联系比较密切，宣扬中华传统文化在台湾享有很高的地位，对于台湾社会民众文化素养的提升起了积极的导向作用。作为博物院，台北故宫博物院同人重视搞好陈列展览、社会教育、对外交流，并且在文物管护、数位建设、学术研究以及藏品的出版上，都卓有成效。近年来又充分利用故宫文物的资源优势，大力发展文化创意产业，我于前几年就派北京故宫博物院的有关人员来考察学习。

北京故宫博物院由于有紫禁城，有丰富的宫廷史迹，因此是世界上极少数同时具备艺术博物馆、建筑博物馆、历史博物馆、宫廷文化博物馆等特色，并且符合国际公认的"原址保护""原状陈列"基本原则的博物馆和文化遗产。有许多人到北京故宫博物院，说怎么看不到陈列展览，我想一个重要原因，是故宫太大，展览场所比较分散。北京故宫博物院的陈列展览有3个系列：第一是宫廷原状或原状式展览，主要在前朝三大殿、西六宫等，基本是宫殿原来的陈设；第二是宫廷文化生活专题展，如宫廷乐器、卤簿仪仗、戏曲文物、武备以及皇帝万寿、大婚的展览，这多在中轴线宫殿两边的庑房中展出；第三是基本陈列，固定展览，武英殿之书画馆，文华殿之陶瓷馆，奉先殿之钟表馆，宁寿宫之珍宝馆和石鼓馆，东六宫还有玉器馆、青铜器馆、捐献馆等。午门还是重要的临时展览场地。例如武英殿书画馆，是北京故宫博物院的常设展览，共有9期，分3年展出，每年3期，以美术史的脉络来展示院藏古代书画，分晋唐宋元、明代、清代3个单元，所选作品均为美术史上经典之作。现正在举办的第六期，有晋王献之《中秋帖》、唐李白《上阳台帖》、宋王希孟《千里江山图》等稀世珍品。多数人到故宫游览，时间有限，多是顺中轴线匆匆走过。当然，我们在宣传上还有不足之处。建设一个新的有现代化设施的展览馆，也是社会各界的期望。北京故宫博物院近年来游客量不断上升，这几年已达八九百万，最多一天是14.8万人，今年至9月底，人数已过

900万，估计今年可能超过1000万。游客太多，带来很大压力。世界遗产组织已提出北京故宫要有风险防范方案。故宫保护与博物院发展之间，还有一些需要研究解决的问题。

（四）故宫的意义

从以上3个方面的介绍可以看到，故宫有着非常丰富的内涵，有着无与伦比的价值。1987年故宫被列入《世界遗产名录》，联合国教科文组织给故宫的评价是："紫禁城是中国5个多世纪以来的最高权力中心，它以园林景观和容纳了家具及工艺品的9000个房间的庞大建筑群，成为明清时代中国文明无价的历史见证。"

对于故宫的意义，海内外学者都有不少研究，提出了一些观点。大学有的老师的论文我也拜读过，很有启发。相信今后还会有新的研究成果出现。

在故宫的意义上，我想强调两点：

其一，故宫的地位是历史形成的，它的价值是不断累积的，是不可替代的。有人说中国如此之大，公家民间，都不乏奇珍异宝，尤其是考古发掘时有惊人发现，难道这些都不如故宫的藏品吗？我认为，首先，两岸故宫博物院的藏品多是中华古代文化艺术的精华，如此庞大的数量和丰富的种类，确实不是目前任何一个新的发现或各种收藏所可比拟的。其次，故宫的文物藏品延续了中国历代皇家的收藏，它的藏品又凝聚着民族的历史与文化，并曾与我们的民族共命运，倾注着民族的感情。因此是不可替代的。

其二，故宫具有象征意义。故宫从物质层面看只是一座古建筑，但它是皇宫。中国历来讲究器以载道，故宫及其皇家收藏凝固了传统的特别是辉煌时期的中华文化，是几千年中国的器用典章、国家制度、意识形态、科学技术等积累的结晶，是中华传统文化的精神，也成为中华传统文化最有代表性的象征物。故宫的这种象征意义，现在仍在不断被强化。特别在大陆，故宫里的一个小小的星巴克咖啡厅，受到媒体猛烈批判，认为是西方文化对中华文明的冲击，是文化侵略。这种言论当然也受到批评，但是由此可见人们对故宫意义的重视。

二 应运而生的故宫学

2003年10月，南京博物院庆祝成立70周年（顺便说一下，现在的南京博物院是在1933年成立的中央博物院筹备处基础上发展而来，1950年曾命名为国立南京博物院），举办了一个博物馆论坛，我在演讲中第一次提出了"故宫学"的学术概念。我认为，故宫学是以故宫及其丰富的历史文化内涵为研究对象的一门学科。

一门学科是否能形成，关键在于它的研究对象以及研究基础如何。故宫学研究主要包括故宫宫殿建筑群、文物典藏、宫廷历史文化遗存、明清档案、清宫典籍及故宫博物院历史6个方面，有着丰富深邃的学科内涵：如果把文物典藏、宫廷历史文化遗存、明清档案、清宫典籍合在一起，简称为故宫遗藏，那么故宫学的研究对象就是故宫、故宫遗藏、故宫博物院3个方面。

明清故宫作为国际社会承认的世界文化遗产，是指明清宫城——紫禁城内的72万平方米地面上的一切，而实际完整的明清故宫文化遗产，则不止这个范围。从横的联系看，如明清太庙、社稷坛、天坛、地坛、日坛、月坛、先农坛等，都是以皇宫为中心的整体规划中的重要部分。此外，遍布京城的衙署、王府、皇家寺观、园囿等，也都与故宫有着不可分割的关系；从纵的方面看，故宫与中国历代皇宫、与朱元璋在凤阳老家修的明中都及南京的明故宫以及清代沈阳故宫，也都有关系。

明清档案与殷墟甲骨、敦煌写卷被誉为中国近代文化史上的三大发现。殷墟甲骨文字的发现，有了甲骨学；敦煌遗书的发现，有了敦煌学。总数达到2000万件左右的明清档案，本身就是文物，是一个需要认真挖掘的宝藏。其中与故宫、故宫文物有关的档案在故宫学研究中发挥着重要的独特的作用。

作为长达491年的明清两代皇宫，先后有24位皇帝在此生活居住并掌权执政，这里是国家政治中心、权力中枢，这些宫殿里发生过无数惊心动魄的军国大事、扑朔迷离的宫闱秘辛以及残酷权力斗争的刀光剑影。养心殿、军机处、文渊阁、武英殿等都有大量遗物，有着丰富的历史故事；文物藏品与帝王、宫廷遗存、典章制度、宫廷文化都有着不可分割的关系。

清宫的书画、青铜器、典籍、文玩等，除个别大部头图书分贮专门场所外，一般不是集中保管，而是分置于各有关殿堂，以备皇帝随时赏玩或浏览，这也使得宫殿与文物藏品有了一种特殊的关系。例如三希堂，虽然有几种含义，但确与三件晋人法书有关。这是清宫建筑与宫中文物藏品的一个特殊关系。

故宫学研究内容虽然相当丰富，涉及许多方面，但这些方面之间不是杂乱的、零碎的、毫无关联的，而有着紧密的内在联系，是一个文化整体。故宫是一个文化整体，这是故宫学得以形成的一个重要基础。

故宫文化是以皇帝、皇权、皇宫为核心的皇家文化。从反映皇家文化的特点来划分故宫学有狭、广两义。狭义的故宫学是人文科学的一门独立学科，广义的故宫学则是一门学问。长达80多年的有关故宫的实践和研究成果是故宫学的基础，而故宫学的提出并确立将使其研究由自发进入自觉阶段，从整体上提高故宫学研究的水平。说故宫学是应运而生，是因为它在已有成果的基础上，又与社会文化遗产理念的不断提升及对作为传统文化重要载体的故宫的日益重视、国家清史编纂工程的全面启动以及故宫大规模维修等有着直接的关系。

故宫学涉及历史、政治、建筑、器物、文献、艺术、宗教、民俗、科技等诸多学科，在研究中同样需要运用历史学、考古学、文献学、建筑学、文艺学、美学及相关的自然科学的理论和方法，而且需要多学科协作，全方位展开。

故宫学研究不等于明清史研究，但明清史研究中的明清宫廷史研究应该是故宫学研究的重要组成部分，从故宫学的角度研究明清宫廷史与通常所进行的明清史研究（从社会学角度如政治史）有所不同。从故宫学的角度要求研究者必须以相关的历史文物、文献档案为依据，做到"以物证史、以史论物、史物结合、物物相证"。其学术成果的体现方式也有所不同，明清史研究主要以出版物的形式体现其学术成果，而故宫学中的明清宫廷史研究的学术成果除了体现在出版物上，还可以体现在各种形式的陈列展览中，及图录、影像等上面。可以说，故宫学中的明清宫廷史研究对历史的还原程度高、形象性强，不仅为学术界所重，而且为广大群众所喜闻乐见，故宫每年接待近1000万中外游客，其中有许多是对明清宫廷史感兴趣的各界观众。同样，故宫学研究虽然涉及其他诸多自成体系的学科，但也与这些学科的研究有着明显的区别。比方说对于古代书画、古陶瓷等的研究，作为故宫学的概念，主要侧重于与明清宫廷和故宫博物院有关的搜集、鉴赏、著录、留传等，并不涵盖这些学科本身的全部研究。同样，故宫博物院自成立以来，故宫研究构成了学术研究最有成就、最富特色的主体，但并不是说凡是故宫博物院的学术研究成果都属于故宫学的范畴，多年来故宫博物院的专家学者在超越这个范畴的诸多领域都做出了海内外公认的卓越贡献。

提出并确立故宫学，主要有以下4个方面的意义：

第一，故宫学要求把故宫作为一个文化整体对待，作为一个大文物对待，同时要求把故宫作为一个文化整体、作为一个大文物来全面保护。这与文化遗产理念的提升有着重要关系。对非物质文化遗产的重视就是一例。用故宫学来看待故宫价值，既有物质遗产，也有非物质的文化遗产，非物质遗产主要是传统的文物修复技术以及故宫官式建筑修造技艺，这些非物质遗产既是保护故宫及其文物藏品的重要手段，也是故宫学的内容。北京故宫现有的各种传统义物修复技术很多都是故宫的"绝活儿"，"故宫官式古建营造技艺"与"古书画修裱技艺"已经被列为第二批国家级非物质文化遗产；青铜器传统修复复制技术、古钟表修复技术、古书画人工临摹复制技术正在申报第三批国家级非物质文化遗产。故宫博物院现有的这些传统工艺技术，都有着清晰的传承脉络。故宫博物院珍视这些工艺技术，对其进行着有效保护。并重视传统工艺与现代技术的结合，有些项目正在确定传承人，同时将拍摄一部《故宫绝活》的电视纪录片。

例如青铜器传统修复复制技术，早在中国的春秋时期就已经出现，到了明清时期，青铜器的修复和复制逐渐成熟，出现了北京派、潍坊派、西安派等不同的流派。北京故宫博物院的青铜器传统修复技术源于京派的"古铜张派"，"古铜张派"的修复技术现在被认为源于清宫造办处一个姓于的太监。1952年，"古铜张派"第三代传人赵振茂来到了故宫博物院，开始了故宫的青铜器修复工作，并将这项传统工艺又带回了紫禁城。从"古铜张派"传人进入故宫后的几十年里，故宫博物院通过"师承制"的方式培养了一批掌握传统修复技术的青铜器修复、复制工作者，先后修复、复制了包括班簋、莲鹤方壶、齐史祖辛觯、二祀邲其卣、马踏飞燕等一大批国宝级文物。现有专业修复人员7名。

北京故宫博物院保存的"古书画修裱技艺"也是一脉相承、不断发展的具有中国特色的手工技艺。古书画装裱修复技术距今已有1700多年的历史，到了明清时期基本形成以北方为中心的"京裱"与以苏杭为中心的"苏裱"两个流派。清宫造办处专设裱作，会集南北高手从事宫廷收藏书画的装裱与修复工作。民国时期，宫中修复高手散落民间。中国的书画修复业形成了以琉璃厂的玉池山房、大树斋和上海的汲古阁、刘定之装池等为代表的两大流派。1949年以后，政府将包括刘定之装池、玉池山房等裱画铺内的全国书画装裱修复高手请到故宫，专门负责装裱修复故宫收藏的书画文物，先后修复了张择端

《清明上河图》、展子虔《游春图》、韩滉《五牛图》、马和之《唐风图》、顾闳中《韩熙载夜宴图》等一系列国宝级文物；同时传承技艺，培养了享受政府特殊津贴的专家张金英、全国非物质文化遗产保护先进个人徐建华等，为故宫和全国各地博物馆培养了一批掌握中国传统书画装裱修复技术的专业人员。现有专业修复人员15名。

故宫传统钟表修复技术已延续了300多年，它的前身可追溯到康熙年间的清宫造办处。当时的造办处下设有做钟处，是承制御制钟的地方，也兼修宫廷钟表。到1924年溥仪出宫后，做钟处结束其使命，但有些人仍留在紫禁城内从事古钟表的保养与修复。1925年故宫博物院成立，从事古钟表的保养与修复的人员被留下来。1949年以后，故宫博物院组建文物修复工厂，传统钟表修复列为其中一项工作，并成立了专门的工作室，招收新人，通过师徒的传承，这项技术得以延续至今。现有专业修复人员3名。

第二，故宫学要求把馆藏文物、古建筑和宫廷史迹作为相互联系的整体来研究，有利于打破故宫文物研究的学科界限，深化和拓展对故宫历史文化的研究。一个课题，往往要打通好几个文物门类的界限。故宫学的学术功用就是打通各个看似毫无关联的各类文物之间的内在联系，从哲学、宗教、历史文化的高度深化对文物的认识，扩展到对其他学科的认识。例如清宫戏曲文物很多，故宫现有5座清宫演戏的大小戏台，还有10000多册清宫唱本、乐谱，12000多件戏服、道具和2100多件乐器。它们由不同的部门管理，仅从某个方面来看，都有其不同的价值和丰富的内涵，若把它们联系起来，作为一个整体研究，则更有利于加深我们对历史上清宫演戏制度和情况的全面了解。清代宫廷十分重视演戏，有专门管理演戏的机构——升平署（其档案现存8554件），并成立科班，组织太监学戏，有时多达180余人。民间戏班也常进宫唱戏。清代帝后大都喜欢看戏，光绪皇帝还擅长司鼓，乾隆皇帝还亲自过问剧本的编写。将戏剧演出活动纳入朝廷仪典也始于清代。新年、除夕、万寿节及各个节令，每月的初一、十五，都有较为固定的演出活动。清代宫廷，特别是帝王的喜好、倡导对戏曲艺术的推广、流行和发展产生了重大影响。清代戏曲艺术无论是剧本文字、表演、演唱、音乐，还是舞台美术等方面都臻于完善，取得了高度的成就。乾隆五十五年（1790年）为庆贺乾隆皇帝八旬万寿，徽班进京促进了作为"国剧"的京剧的形成。

第三，故宫学的提出，将使散存海内外的清宫旧藏有个"学术归宿"。由于历史的原因，近代以来，清宫中的不少书画、陶瓷、青铜器、典籍、档案等流散到海内外一些机构或个人手中。清宫文物在海内外的大量散佚，客观上也为更多的机构与个人参与故宫学研究提供了条件。从故宫文化是个整体的故宫学出发，这些流散文物就不是一个个孤立的东西，而与故宫及其他文物有着一定的联系，坚持这一思路，这些文物也就有了生命，其内涵也才能更为深刻地发掘出来。

第四，故宫学的提出有利于吸收社会上多种专业的机构与人员加入对故宫研究。故宫学是个综合性学科，涉及历史、政治、军事、建筑、古器物、档案、图书、艺术、宗教、民俗、科技、博物馆等诸多自成体系的学科。学术为天下公器。故宫在中国，故宫学在全世界。故宫学研究不只是故宫博物院以及有故宫藏品的机构与个人的事，而是学界的共同事业。事实上，故宫博物院也难以完全承担这一任务，需要社会上多方力量的参与。只有国内外研究力量广泛参与，交流合作，取长补短，才能进一步激发学术研究的活力，取得更大的成果，也才能使故宫学真正发展成一门国际性的显学。

这里需要特别说明的是，以上关于故宫学的认识只是我的一些初步研究。我的这些心得体会都反映在《故宫与故宫学初集》这本书中，同时我还在做进一步的比较深入的研究。读者会发现，在我的文章中，对于故宫学研究的有关具体问题，有时前后说法不完全一样，这里的一个重要原因，是与我的认识的发展变化有关。故宫学是个新学科、新学问，对它本身的研究、探讨尚在起步阶段，搞的人还不多，人们对它有各种看法，都是正常的。我的这些探索还比较粗疏，肯定有不成熟、不完善的地方，我也虚心地听取各种意见，决心继续努力。

2005年6月，北京故宫博物院召开了"故宫研究、故宫学座谈会"，与会的有国家清史编纂委员会、中国国家博物馆、北京大学、清华大学、中国社会科学院等的历史、考古、文物、古建筑、博物馆学界的著名学者近20人，他们的发言要点刊登在《故宫博物院院刊》上。多数人对故宫学的概念表示赞同，也有人提出质疑。近几年来，越来越多的人对故宫学给予关注。台北故宫博物院的周功鑫院长、冯明珠副院长，对故宫学也极为赞同，表示两院要加强合作，共同研究。明年是故宫博物院成立85周年，届时，北京故宫博物院将要召开一个故宫学的国际性研讨会。当然，一门学科的建立有一个过程，既要有大决心，积极推进，又要扎扎实实，遵循学科规律，切忌提出不切实际的要求，追求表面的热闹。

三　北京故宫博物院在故宫学研究中的举措

北京故宫博物院与台北故宫博物院都是故宫学研究的重镇，都取得了丰富的成果，特别是两院今年的交流与合作，对于故宫学研究的深入将起到重要的促进作用。

北京故宫在推进故宫学研究中的主要举措有以下几项：

第一，依据本院文物藏品的特点和优势，成立5个研究中心，搭建国际性的学术交流平台。北京故宫有古书画15万件、古陶瓷35万件、保存完好的10余座藏传佛教佛堂以及大量文物、紫禁城古建筑等，这就使故宫学研究形成了相对突出的5个方面：对明清宫廷藏瓷、制瓷、用瓷的研究，对明清宫廷绘画机构及创作和收藏品的研究，对明清宫廷建筑的研究，对明清宫廷史的研究和对清宫藏传佛教文化的研究。由此，我们在2005年成立了古陶瓷研究中心、古书画研究中心，在

2006年成立了古建筑研究中心。北京故宫有35万件古陶瓷，又有数十年来收集的全国120多个窑址的3万件瓷片，有一套比较完整、先进的陶瓷检测设备，近年出版了《故宫博物院藏古陶瓷资料选萃》（全二册）、《故宫博物院藏清代御窑瓷器》（卷一，上、下）、《故宫博物院藏中国古代窑址标本》（河南卷、河北卷）等。今年10月中旬，将成立明清宫廷史研究中心和藏传佛教文物研究中心。聘请了海内外相关领域的著名学者专家作为客座研究员。这5个研究中心均属于非建制性的研究机构，目前挂靠在相关的文物部门。在这个平台上如何展开有影响力的学术交流活动，如何既各有特色，又能形成整体合力，正是目前所要筹划的工作。

第二，编写出版有关故宫的大型书籍，为海内外故宫学研究者提供方便。主要有6项：

一是《故宫博物院藏品大系》（简称《大系》）和《故宫博物院藏品总目》（简称《总目》）。500册左右的《大系》和规模浩大的《总目》的编辑出版，既是博物院的基本建设工程，也是故宫学研究的重要基础。《大系》是首次基本完整、系统、大规模地出版我院文物珍品，此项工作是一个长期出版项目。作为我院藏品7年清理工作的延续，《大系》和《总目》的编纂出版必将为公众更好地了解北京故宫，满足人们观赏、研究我院藏品的需要提供便利，也有利于我院接受社会各界的监督。同时，它也是加强中国文化遗产保护，进一步弘扬中华民族优秀传统文化的重要举措。《大系》已于2008年出版绘画编4种，今年又推出绘画编2种和雕塑编9种，其他各编正在按计划推进。《总目》正在筹备之中，随着7年文物清理工作在今年年底的结束，《总目》的编纂即将启动。

二是《故宫博物院学术成果总目》（1925年—2005年）和《故宫研究论著索引》（1925年—2005年）。为了积极推进故宫学研究，为院内外研究人员提供有利的学术条件，我院对建院80多年来的学术成果进行全面整理，并编辑、出版《故宫博物院学术成果总目》（1925

年—2005年）。《故宫研究论著索引》（1925年—2005年）将全面搜集海内外发表的所有有关"故宫学"的论文和著作等研究成果，包括北京故宫、台北故宫、沈阳故宫3个博物院，包括已发表或出版的图录、文章、著作、论文、论著、译文、译著、论文集等，约11000条。《故宫博物院学术成果总目》（1925年—2005年）和《故宫研究论著索引》（1925年—2005年）不仅可以成为院内外研究人员了解"故宫学"和进行"故宫学"研究所必备的工具书，为他们从事研究提供极大的便利，而且可以为将来进一步回顾和总结故宫博物院80多年来的学术发展概况，摸清"学术家底"，奠定坚实的基础。二书将于今年年底出版。

三是《故宫百科全书》（简称《百科》）。《故宫百科全书》是一套以故宫的历史、文化与文物为记述和研究对象的专业百科全书，由北京故宫博物院与香港中华书局合作出版。《百科》有25000个条目，分10卷出版，内容涵盖明清宫廷史、明清宫廷典制、明清宫廷生活、明清皇家建筑、故宫博物院藏品、故宫博物院院史六大板块。在撰写这部辞典的过程中，故宫学的学科体系以辞典的形式向学界和全社会展示，这对向海内外传播故宫学、研究故宫学有着不可替代的作用。目前，列条目名称的工作即将转入尾声，大约需要三五年的时间可以出版。参加撰写的人员，以故宫的专家、学者为主，也聘请了许多国内外的知名学者一并开展工作。

四是"故宫文丛"。该文丛以发掘故宫和故宫博物院的历史、事件、人物、史料、回忆录等为特色。目前已推出10多种：如《典守故宫国宝七十年》、《宫女谈往录》（上下）、《实说慈禧》、《故宫沧桑》、《故宫尘梦录》、《解读清皇陵》、《前生造定故宫缘》、《马衡日记》、《紫禁城行走漫笔》、《宫里宫外李莲英》等。

五是《故宫志》。按《北京志》体例要求，参照大量历史文献编成。凡宫殿营建、使用、维修及有关人物、官署，作为文化积淀的典制，文物收藏，转为博物院的经历、发展、功绩等均予著录，总计90

余万字。于2005年10月正式出版。

六是《明清宫廷建筑大事史料长编》与《明清宫廷建筑图集》。《明清宫廷建筑大事史料长编》是由我院和中国紫禁城学会共同编纂的大型工具书。由中国紫禁城学会负责组织编辑，以编年体将有关明清宫殿、坛庙、陵寝、苑囿、行宫等皇家建筑的营造、修缮、使用等文献记载汇编成册。2004年已经正式启动。总计收录明清宫廷建筑史料41900条，约计2000万字，并相应编制出部分史料长编的《编年目录》、《分类目录》和《关键词索引》，以便读者从不同的角度检索文献史料。此书2011年可正式出版。同时编辑《明清宫廷建筑图集》，以便更直观、形象地了解和研究明清宫廷建筑。

第三，重视故宫学术成果的整理，为中青年学者脱颖而出创造条件。

故宫博物院以丰富、精美、极具研究价值的馆藏文物，保存完整、规模宏大的明清宫殿建筑群闻名于世。然而，更令人注目的是，活跃在学术研究领域里成绩卓著的众多专家学者。他们踏实学习，潜心研究，硕果累累，成绩斐然。为更好地推动学术研究水平，展示故宫学者的研究成果，故宫博物院将陆续推出"故宫博物院学术文库"。目前，已正式出版11种，计有于倬云《中国宫殿建筑论文集》、王璞子《梓业集》、张忠培《中国考古学走向与推进文明的历程》、吕济民《中国博物馆学史论》、杨伯达《中国古代艺术文物论丛》、单国强《古书画史论集》、肖燕翼《古书画史论鉴定文集》、陈娟娟《中国织绣服饰论集》、杜迺松《吉金文字与青铜文化论集》、刘雨《金文论集》、朱诚如《管窥集（明清史散论）》、施安昌《善本碑帖论集》。

60年来，北京故宫博物院涌现出了一大批著名的专家学者，如马衡、唐兰、罗福颐、陈万里、孙瀛洲、冯先铭、耿宝昌、顾铁符、徐邦达、王以坤、刘九庵、马子云、单士元、王璞子、于倬云、刘北汜、朱家溍、郑珉中等。由于多种原因，多数人的著作都未能完整地出版，有些需要整理。他们的成果不只属于故宫，也是民族的文化财富。我们决定给这些老先生出文集。16卷的《徐邦达集》在徐邦达明年100岁时全部出齐，《单士元集》已经陆续出版，《唐兰集》《罗福颐集》等正在整理编辑之中。朱家溍、孙瀛洲、刘九庵、于倬云等的主要著作相继出版，为已80多岁高龄的耿宝昌、郑珉中先生配了助手，帮助总结自己的学术成果。

为了鼓励中青年学者的学术研究，北京故宫博物院出版了"紫禁书系"，这是故宫学研究的重要成果系列。该系列以学术专题专论为特点，倾向于为中青年业务人员搭建一个学术平台，调动年轻一代业务人才潜心钻研、多出成果的积极性。2004年，首次推出该系列的第一辑，目前已经出到第四辑，拥有22本不同学科的成果。作者基本上是我院人员，大部分又是中青年，也是业务工作中的骨干力量。作为故宫博物院可持续发展的动力与基础，学术研究就是我院的软实力，直接决定了发展的前景。众所周知，学术研究是一个整体概念，包括了不同学科的不同分支，但最终要体现在成果上，体现在与博物馆其他工作如保管、维护、展览和宣教的互动与促进之上。故宫博物院的研究既有博物馆学界普遍的研究特色，还应找出我们自身的特点与发展方向。我们院期望为研究人员创造好的学术环境与研究氛围，从各个层面调动大家的积极性，形成良性竞争的态势，使研究人员都有"奔头"，这也是"紫禁书系"创立的初衷。它与其他系列如"故宫经典""故宫文丛""故宫博物院学术文库"等共同构成了我院鼓励出版的系列工程，从2005年开创至今，已经取得了可喜的成果。"紫禁书系"将继续探索定位，发扬特色，更好地为我院学术出版搭建起成熟的平台。

继续办好《故宫博物院院刊》《故宫学刊》《紫禁城》。《故宫学刊》创办于2004年，每年一辑，已出四辑。

第四，继续加强与国内外有关大学及博物馆、研究机构、社会学术团体的交流与合作。

近年来，北京故宫博物院坚持开放的思路，加强院内与院外、行业内与行业外、海内与海外的交流合作，不断开阔视野，努力探索，取得了明显的进步。

与国外的合作：

在博物馆方面，与美国、欧洲及亚洲的一些著名博物馆签订了长期战略合作意向书，并就文物展览、修复及人员交流有了实质性开展。在古建筑维修方面，与美国世界建筑保护基金会合作维修倦勤斋内装修及乾隆花园的项目；与意大利文化遗产部合作的太和殿宝座科技保护项目；在数字化建设方面，与日本凸版印刷公司合作设立"故宫文化数字资产应用研究所"，对故宫建筑进行虚拟现实技术的开发；与美国IBM公司合作的"超越时空的紫禁城"项目。在文物保护方面，与德国马普科学史研究所合作开展的"中国古代宫廷与地方技术交流史"科研项目；与荷兰国家自动音乐博物馆合作的院藏钟表类文物修复保护项目。在文物研究方面，与日本冲绳县教育委员会合作的"故宫博物院藏琉球文物调查研究"项目。

与国内的合作：

古建筑方面，有与香港中国文物保护基金会合作的建福宫花园、中正殿的复建项目；在人才培养方面，与中国艺术研究院联合办学，培养硕博士研究生，还与首都师范大学就藏传佛教研究和人才培养签署合作协议；在古陶瓷研究方面，与江西省文物考古研究所和景德镇陶瓷考古研究所联合发掘丽阳镇元明青花瓷窑遗址，与浙江省文物考古研究所、德清县博物馆合作，发掘浙江省德清县火烧山原始瓷窑址并举办学术研讨会（瓷之源——原始瓷与德清窑学术研讨会），与中国科学院上海硅酸盐研究所联合主办"2009年古陶瓷科学技术国际讨论会"；在藏传佛教研究方面，与四川省文物考古研究院联合考察四川石渠松格玛尼石经城、甘孜地区大小金川遗迹和康巴地区藏传佛教艺术，与首都师范大学、甘肃永登鲁土司衙门博物馆联合考察鲁土司属寺汉藏佛教艺术并举办国际学术研讨会（鲁土司属寺汉藏佛教艺术学术研讨会）；在明清史研究方面，与国家清史编纂委员会3次合办国际清史学术研讨会，与北京大学合办学术刊物《明清论丛》（已出版9辑），与大陆及台湾明史学界合作开展"明代宫廷史研究"科研项目，编写一套"明代宫廷史"，共分16种，明年可以出版其中数种。

这些学术活动稳步扎实地推进，给故宫的学术研究注入了新的动力。

故宫学的视野，推动着故宫研究的深入，促进着故宫博物院收藏、展示、文物保护等各项工作的全面发展。

（本文是2009年10月9日在台湾政治大学舜文大讲堂的演讲，载《故宫学刊》2009年总第5辑）

故宫学纲要

一　故宫学概念

其一，故宫学是2003年10月首次提出的学术概念。

其二，故宫学是以故宫及其历史文化内涵为研究对象，集整理、研究、保护与展示为一体的综合性学问和学科。

其三，故宫学有狭义和广义之别：狭义的故宫学是一门知识或学问，广义的故宫学是指人文社会科学的一门独立学科。

二　故宫学的研究对象和范围

其一，故宫学研究主要包括故宫宫殿群、文物典藏、宫廷历史文化遗存、明清档案、清宫典籍以及故宫博物院史6个方面，有着丰富深邃的学科内涵。如果把文物典藏、宫廷历史文化遗存、明清档案、清宫典籍合在一起，简称为故宫遗藏，那么故宫学的研究对象就是故宫古建筑、故宫遗藏、故宫博物院3个方面。

其二，故宫学研究范围不应局限在故宫，而要树立"大故宫"的观念。明清故宫作为世界文化遗产，是指明清宫城——紫禁城内的72万平方米地面上的一切，而实际完整的明清故宫文化遗产，则不止这个范围。从横的联系看，如明清太庙、社稷坛、天坛、先农坛等，都是以皇宫为中心的整体规划中的重要部分。此外，遍布京城的皇家寺观、园囿与王府、衙署，京外的行宫、离宫（包括避暑山庄）、陵寝。从纵的方面看，故宫与中国历代皇宫以及相关园苑、陵寝等，也都有着密切的关系。

其三，故宫学的研究对象还包括一切流散于故宫外的清宫旧藏，如台北故宫博物院的60余万件器物、典籍、档案；台湾"中央研究院"史语所的30余万件清宫档案；国内外有关博物馆、图书馆、档案馆、学校、研究机构及个人收藏的清宫器物、档案、典籍等。

其四，1925年10月10日成立的故宫博物院，是一所依托于故宫古建筑及以宫廷原有珍藏为主要藏品的综合性古代文化艺术博物馆。抗日战争中故宫文物珍品曾避寇南迁，在新中国成立前夕其中部分文物迁台，后成立台北故宫博物院。除了两个故宫博物院，成立于1914年的古物陈列所也与故宫关系密切。古物陈列所设在故宫前朝的文华殿和武英殿，其藏品来自沈阳故宫和承德避暑山庄，1948年撤销并入故宫博物院。

其五，故宫古建筑的土木结构特点，决定了对其需要经常进行维修和保养的要求。故宫的文物藏品，也需要进行认真的保护。对故宫文化遗产全面保护的研究也是故宫学的一项重要内容，包括物质文化遗产的保护研究和非物质文化遗产的保护研究。

三　故宫学提出的基础、依据与机遇

（一）对故宫价值与意义的深刻认识是提出故宫学的基础和依据

第一，故宫包含着丰富的内涵，最重要的是古建筑、文物藏品和博物院三个方面。明清皇家宫殿建筑是最能代表中国古代建筑风格和成就的类型，而紫禁城是中国古代宫殿发展的集大成者，是中国古代建筑史中最辉煌的篇章。故宫收藏曾是皇权的象征，与王朝命运紧密联系。故宫的收藏，延续了中国历代皇家的收藏，凝聚着民族的历史和文化，包括了中国古代文化艺术的主要门类，拥有大量的珍品，是一部浓缩的中华5000年文明史。故宫及其皇家收藏凝固了传统的特别是辉煌时期的中华文化，是几千年中国的器用典章、国家制度、意识形态、科学技术等积累的结晶，是中华传统文化精神的体现，也成为中华传统文化最有代表性的象征物。故宫博物院的成立，将昔日帝王居住的宫苑禁区变成平民百姓可以自由出入的场所，使象征君主法统的清宫旧藏为人民所共有共享，故宫也被赋予了新的意义。故宫文物南迁的18年，使故宫文物与中华民族的命运联系在了一起，倾注了深厚的民族感情。海峡两岸一个故宫两个博物院的存在，在弘扬中华民族文化以及促进两岸文化交流上发挥着重要作用。

第二，故宫承载了以皇家、皇权、皇宫为核心的皇家文化。故宫古建筑与文物藏品是皇家文化的重要载体，它们与24位在此居住执政的明清两朝皇帝、长达491年的明清宫廷历史以及长达85年的博物院历史联系在一起，与在此发生过的人物和事件联系在一起。这些联系不是杂乱的、零碎的，而是一个有其内在逻辑的文化整体，其遗产价值是完整的、不可分割的。作为一个文化整体，故宫得以完整保存并持续发展，这是故宫学的重要基础。

（二）社会环境与内在发展需要的深刻变化是提出故宫学的条件与机遇

故宫学作为一个学术概念于2003年首次提出，但有关故宫的研究可追溯至1924年清室善后委员会的文物点查工作。可以说，故宫学的提出是一个水到渠成的过程，它是建立在多方面的内外部条件与机遇之上的。

第一，自20世纪二三十年代以来，故宫博物院及有关故宫研究经过了80余年的发展，其丰硕的研究成果是提出故宫学的内部条件。故宫学的提出并确立，推动故宫研究由自发进入自觉阶段，并从整体上提高研究水平。

第二，21世纪以来，文化遗产理念的不断提升，对作为传统文化载体的故宫的日益重视，国家清史编纂工程的全面启动以及故宫大规模修缮等，都是催生故宫学的外部机遇。

第三，故宫学的提出既有其客观基础，也是故宫研究进一步深入的需要。从故宫博物院来说，故宫学的提出具有学术转型的意义。故宫研究虽然已有了相当的基础，但仍存在学术视野不够宽阔、知识结构仍有欠缺、研究方法比较单一、研究所涉及的方面不够系统、必要的相关理论不足等问题，从整体上影响着故宫研究的继续深入和重大成果的出现。故宫学也是针对上述情况提出来的。从整合研究力量、规划研究方向和重点、消除薄弱环节、提高研究水平，从而加强故宫学学科建设，构建故宫学学科体系上来说，是一种转型，是在继承与发扬故宫80多年来形成的良好的学术传统，包括学术成果、学术思想、学术风格、研究思路和方法以及不同师承的专家之间的团结与合作等基础上的转型。这种转型是向更高层次、更高境界的提升。

四　建立故宫学的目的与意义

第一，建立故宫学，总的目的是不断推进故宫的综合研究，努力挖掘故宫文化的深邃内涵，并实事求是地分析研究其中的精华与糟粕。

第二，建立在故宫学基础上的文物保护观念，要求深化对文物的理解与认识，把故宫作为一个"大文物"来看待，对历史文化遗产进行全面保护。

第三，故宫学要求把遗藏文物、古建筑和宫廷史迹作为相互联系的整体来研究，有利于打破故宫文物研究的学科界限，深化和拓展对宫廷历史文化的研究。

第四，故宫学的建立，将使流散海内外的清宫旧藏有个"学术归宿"，它们的历史意蕴和文化精神是故宫学的一部分。

第五，故宫学的建立，有利于吸收社会上多种专业的机构与人员加入故宫学研究。

第六，故宫学的建立，有利于国家重要文化机构——故宫博物院的建设和全面持续发展。

五　故宫学的学科特点

第一，故宫学关于故宫的建筑、遗藏与历史文化的整体论，以及故宫学的研究对象与范围，决定了故宫学是一门新兴的综合性学科，具有多学科交叉或者说跨学科的特点。

第二，故宫学以故宫古建筑及故宫遗藏为主要研究对象，其中又可分为古遗址、古建筑、古器物、历史档案与文献等方面。其研究内容涉及哲学（美学、宗教学）、社会学（民俗学）、民族学、文学、艺术学、历史学（考古学、博物馆学、历史文献学、中国古代史、中国近现代史）、建筑学、理学、工学、管理学、图书馆学、档案学等学科领域。在围绕以故宫为核心的综合研究中，这些不同的研究对象成为故宫学课题的有机组成部分而获得新的研究视角、途径、方法和结论，也就形成了新的学科体系。

第三，故宫学的研究带有博物馆科研的特点，即其成果不只以论文、著作的形式体现，还反映在文物的整理、展览、保护之中。

六 故宫学的研究方法

（一）多重论据法

考证一直是故宫研究的重要方法之一，借助于文物藏品及历史文献，以物证史，或以史论物，史物结合。史学研究的一项任务就是"复原"历史，确切地说，是"复原"接近真实的历史。为此，学术界曾提出"二重证据法""三重证据法"等研究方法，以推动史学研究方法的发展。故宫博物院不仅拥有保存完整的明清宫殿建筑遗址，还保存有大量珍贵的文物藏品以及档案典籍，甚至还保留有"师徒传承"的传统工艺技术。因此，故宫研究的证据可谓是多重的、立体的。这也是故宫学生存发展的生命力所在。它可以借鉴相关学科的理论与方法，充分发挥多重证据的优势，以"复原"丰富的、多面的、立体的历史与文化，从而形成独具一格的多重论据法。

（二）整体性思维

文化整体性是故宫学方法论的哲学基础。故宫学将故宫作为一个文化整体来研究，从文化整体的角度去评估故宫的文物价值和文化内涵。同时故宫学也从文化整体的角度来认识和理解故宫学的各个领域（如古建筑、文物藏品、宫廷历史文化和博物院史）的深刻内涵及各领域之间的紧密联系。

（三）开放性视野

清宫文物在海内外的大量散佚，客观上为更多的机构与个人参与故宫学研究提供了条件，因此故宫学从一提出就强调其开放性的特点。从故宫学的视野来看，这些流散文物不是孤立的个体，而是与故宫及其他文物有着一定的联系。这些文物从而也就有了生命，其内涵也才能被深刻地发掘出来。学术为天下公器，故宫学一直倡导"故宫在北京，故宫学在中国、在世界"的学术理念。故宫学不只是两岸两个故宫博物院乃或是海内外收藏有关清宫文物的机构或个人的事，而应该是海内外学术界的共同事业。事实上，故宫博物院也难以完全承担这一任务，需要社会上多方力量的共同参与。只有国内外研究力量广泛参与，交流合作，取长补短，才能进一步激发与活跃学术研究活动，取得更大的成果，也才能使故宫学真正发展为一门国际性的显学。

七 故宫博物院的使命和研究特点

其一，故宫博物院负有保护世界文化遗产故宫和发展博物院事业的责任，"宫"和"院"是一而二、二而一的问题。故宫博物院因有故宫古建筑与最为宏富的清宫旧藏以及80余年来的丰富的研究成果，在故宫学的建构和发展中负有重要的历史使命。

其二，故宫作为博物院，是以文物（可移动文物与不可移动的古建筑）作为研究对象，这不同于一般的主要以文献为对象的研究机构。故宫研究与文物的收藏、保护、展示不可分割。因此，故宫学术研究不是经院式的烦琐论证，也不是从书本到书本，它直接面对故宫的文物、古建筑、档案、文献，对此进行客观分析、比较，解决宫廷历史人物和事件的物证和历代文物的真伪鉴定及其艺术价值、文化联系等诸多问题。总而言之，即以物证史、以物论史，或以物鉴物、以史论物等，都离不开史与物的辩证关系。

其三，故宫博物院包括故宫保护和博物馆职能发挥等多个方面的工作和任务，故宫的学术研究也涉及多个方面，故宫博物院自成立以来，故宫学研究成为故宫学术研究中最有成就、最为重要、最富特色的研究主体，但并不是说凡是故宫博物院的学术研究成果都属于故宫学的范畴，多年来故宫博物院的一些专家学者在超越这个范畴的诸多领域都做出了海内外公认的卓越贡献。

其四，在故宫学研究中，"故宫学派"已逐渐引起学界关注。80余年来，故宫研究者的研究重点从最初的文物点查、整理、刊布逐步转向文物保管、研究与展示等方面，再逐步转向文化遗产保护与利用等综合方面，并且在研究过程中逐渐形成自成体系、独具特色的"故宫学派"。所谓"故宫学派"，即故宫博物院的研究者在进行故宫学学科理论建设和文物研究过程中所形成的具有一定特色的学术流派，其共性是要求研究者从具体文物入手，以相关的文献档案为依据，利用、借鉴有关研究方法，坚持史与物的结合，力戒空论。如徐邦达等先生在书画研究上创立的"鉴定学派"，陈万里、冯先铭等先生在古陶瓷研究上创建的"窑址调查派"，单士元等先生开辟的"宫廷建筑派"，等等。由于各个分支学科条件、机遇等综合因素的差异，故宫博物院的学科发展并不平衡，有的还处在起步阶段。

八　故宫博物院在故宫学研究中的主要举措

（一）建立5个研究中心，搭建开放、联合的国际性学术平台

故宫博物院从本院的特点和优势出发，陆续成立了古陶瓷研究中心、古书画研究中心、古建筑研究中心、明清宫廷史研究中心、藏传佛教文物研究中心。2009年12月，又设立古陶瓷保护研究国家文物局重点科研基地。5个研究中心和国家级科研基地是高层次的国际性学术研究机构，为国内外专家学者开展合作性课题研究提供一个"开放、流动、联合、竞争"的学术平台，努力把故宫学研究推向一个新的阶段。

（二）加强对外学术交流与合作，拓宽学术研究的视野与渠道

近年来，故宫博物院全力拓展与国内外知名博物馆、高等院校、科研院所及其他学术机构的学术交流与合作，如签署战略合作协议、合作开展文物保护项目和科研课题项目、合办学术会议、合办学术刊物、联合办学等，在数字故宫和信息技术方面、文化遗产保护方面、陶瓷考古发掘和藏传佛教艺术研究和保护方面以及培养人才方面，都取得了明显的成绩。

（三）编写出版有关故宫的大型丛书或资料汇编，为海内外故宫学研究提供方便

1.《故宫博物院藏品大系》（以下简称《大系》）和《故宫博物院藏品总目》（以下简称《总目》）

500册左右的《大系》和规模浩大的《总目》的编辑出版，既是博物院的基本建设项目，也是故宫学研究的重要基础。《大系》是首次基本完整、系统、大规模地出版院藏文物珍品。作为故宫藏品7年清理工作的延续，《大系》和《总目》的编纂出版必将为公众更好地了解北京故宫，满足人们观赏、研究故宫的需要提供便利。《大系》已出版30册。《总目》试编本已供专家讨论。

2.《故宫博物院学术成果总目》（1925年—2005年）和《故宫研究论著索引》（1925年—2005年）

《故宫研究论著索引》（1925年—2005年）全面搜集海内外发表的所有有关"故宫学"的研究成果，包括已发表或出版的图录、著作、论文、译文、译著、论文集等，约11000条，年内出版。《故宫博物院学术成果总目》（1925年—2005年）已出版。二书不仅可以成为院内外研究人员了解故宫和进行故宫学研究的重要参考，而且为将来进一步回顾和总结故宫博物院80年来的学术发展状况提供了完整的基础资料。

3.《故宫百科全书》

《故宫百科全书》是一部以故宫的历史、文化与文物为记述和研究对象的专业百科全书。《故宫百科全书》有25000个条目，约1200万字，10000余幅图片，分10卷出版，内容涵盖明清宫廷史、明清宫廷典制、明清宫廷生活、明清皇家建筑、故宫博物院藏品、故宫博物院院史六大板块。故宫学的学科体系以"百科"的形式向学界和全社会展示，这对向海内外传播、研究故宫学有着不可替代的作用，约在三五年内可以出版。

4.《明清宫廷建筑大事史料长编》与《明清宫廷建筑图集》

《明清宫廷建筑大事史料长编》是由故宫博物院和中国紫禁城学会共同编纂的大型工具书。以编年体将有关明清宫殿、坛庙、陵寝、苑囿、行宫等皇家建筑的营造、修缮、使用等文献记载汇编成册。总计收录明清宫廷建筑史料41900条，约计2000万字。并相应编制出部分史料长编的《编年目录》《分类目录》《关键词索引》，以便读者从不同的角度检索文献史料，今年已开始陆续出版。

（四）重视本院学术成果的整理、出版，为中青年学者创造良好的发展条件

1. 整理出版著名老专家文集

《徐邦达集》《单士元集》《罗福颐集》已陆续出版，《唐兰集》正在整理编辑之中。并为一些老专家配备助手，帮助他们总结自己的学术成果。

2. 出版"故宫博物院学术文库"

此为故宫老专家论文的精选集，已正式出版10多种。

3. 出版"紫禁书系"

"紫禁书系"是故宫学研究的重要成果系列，该系列以学术专题专论为特点，倾向于为中青年业务人员搭建一个学术平台，至今已出到第四辑，共22本。

4. 出版《故宫学刊》

2004年创办的《故宫学刊》是专门刊登故宫学研究成果的大型学术刊物，迄今已出版了6辑，发表论文约150篇。

（五）成立故宫学研究所

2010年，在纪念故宫博物院成立85周年的故宫学国际学术研讨会上，宣布成立了故宫学研究所，为常设机构，研究所将以体制机制的创新，在资源整合、重点课题突破、研究信息的沟通等方面做出努力。

（六）故宫学理念指导下的故宫保护和博物馆事业发展

故宫学不只是个学术概念，它也成为指导故宫保护和博物馆事业发展的理念。从故宫是个文化整体的观念出发，开展了为期7年的文物清理工作。摸清文物家底，使大量宫廷遗存进入文物保管行列，为故宫学研究提供了更为丰富、完整的资料。从全面保护故宫的要求出发，重视非物质文化遗产的保护。用故宫学来看待故宫价值，既有物质文化遗产，也有非物质的文化遗产，非物质文化遗产主要是传统的文物修复技术以及故宫官式建筑修造技艺。这些非物质文化遗产既是保护故宫及其文物藏品的重要手段，也是故宫学的内容。现列入国家级非物质文化遗产的有"故宫官式古建营造技艺""古书画修裱技艺""青铜器传统修复复制技术""古书画人工临摹复制技术"4项。故宫这些传统工艺技术都有着清晰的传承脉络。故宫珍视这些工艺技术，对其进行着有效保护，并重视传统工艺与现代技术的结合。

九　两岸故宫博物院的交流合作对于故宫学的意义

其一，海峡两岸两个故宫博物院同根同源，其藏品都以清宫旧藏为主，都是中国传统文化艺术的精华，且藏品原来就是一个整体，互补性强，联系面广，既各有千秋，又不可孤立存在。将这些藏品放在一起，更能全面认识中华文明的源远流长与灿烂辉煌。1925至1948年，又为两个博物院的共同院史。这种血脉相连的渊源，决定了两个博物院之间有着难以割断的关系。故宫学则是连接"一个故宫"和"两个博物院"的纽带，也是两个博物院交流合作的内在动力。

其二，两岸故宫博物院都有重视学术研究的良好传统，都是故宫学研究的重镇，在故宫学研究上也都有相当的成果和基础。台北故宫博物院对故宫学亦持积极肯定、认可的态度。两岸故宫博物院加强学术交流，对于合作开展重大课题的攻关，互相取长补短，以及在整体上提高故宫学的研究水平，有着重要意义。

其三，2009年，两岸故宫博物院在分隔60年后再聚首，迈开了交流合作的步伐，联合举办展览，共同召开学术研讨会，加强学术交流，扩大人员来往，并不断拓宽交流渠道，逐步使交流合作制度化。故宫文物南迁是故宫博物院院史中特殊的一页。2010年6月，两岸故宫博物院开展了"温故知新：重走故宫文物南迁路"的活动，以"重走"的方式共同回顾这段不寻常的历史，追寻先辈足迹，让个人记忆变成集体记忆、民族记忆，不仅对文物南迁的精神和意义加深了认识，也进一步增加了两岸故宫博物院的相互了解，有利于继续推进交流与合作。

其四，两岸故宫博物院交流与合作有三方面意义：第一，对于两个博物院来说，加强交流合作是双方事业发展的需要，对两院发展有很大助推作用。第二，这是两岸同胞的福祉，两个博物院交流合作给两岸的同胞呈现出一个完整的故宫，受惠的是两岸同胞和学术界。第三，两岸故宫博物院的交流与合作，对于在世界上弘扬中华文明，让世界人民更深入、更全面地认识中华文明的博大精深有着积极意义。而且，这种交流合作本身体现了中华文化中那种刚健、坚韧、包容、和合等精神内涵，显示着中华文化的旺盛生命力。

十 故宫学的建设与前景

（一）从当代学术发展史的角度看，故宫学是一门新兴的、独特的学科

建立在具有丰富性、特殊性及唯一性的故宫价值上的故宫学，也不是当今人文社会科学学科体系中某一学科门类所能简单涵盖或对应的。学科往往具有系统性、体系性的特点。一般来说，明确的学科概念、特定的研究对象、科学的理论方法、完整的结构体系等，是学科建设的共同追求和比较成熟的标志。从这样的角度看，故宫学还是一门初具雏形、正在建设中的学科。学科建设有其自身规律，不能揠苗助长，不能提出不切实际的要求，而要坚持不懈，切实推进。正因为故宫学是一门初具雏形、正在建设中的特殊学科，对当代学者来说才特别具有挑战性，具有无穷的魅力。因此，故宫学提出以来，越来越受到学界的广泛关注和重视，我们对故宫学的发展前景也充满信心。

（二）故宫学的建设

故宫学的建设与发展需要各有关方面专家学者的共同努力，对故宫博物院来说，在今后一段时期内，拟加强4个方面的工作：

第一，加强故宫学学科建设。

加强故宫学的学科建设，是故宫博物院的一项重点工作。故宫博物院与关注故宫的专家一起探讨故宫学，取得了不少共识，一些基本思路正在厘清，作为学科的框架正在初步形成，但作为学科建设还需要进一步深化、细化，继续努力，确立故宫学的学科体系。

第二，加强故宫学资料整理。

所谓故宫学资料，主要指关于故宫学的原始资料，包括全部藏品

目录，全部文物、文献图录等，这是故宫学研究的基础。目前虽已编撰与出版了一批大型资料性书籍，但还只是第一步，还有许多工作需要做。特别是散布国内外的资料，大部分未经系统整理，需要加强与这些国内外有关机构的交流合作，推进整理与出版工作。

第三，加强故宫学人才培养。

正在着手编制的"故宫人才规划"，已把故宫学人才培养和梯队建设作为重要内容。今后还会根据学科发展和学科交叉的需要，积极引进各类人才，特别是复合型人才。

第四，加强已有科研组织机构的工作。

已成立的故宫学研究所和5个研究中心要探索新的运行方式，出成果、出人才。坚持开放的视野，加强与国内外各有关机构的合作。总结经验，继续加强与中国紫禁城学会等社团的联系与合作，规划一批重点攻关项目。

（本文刊载于《故宫博物院院刊》2010年第6期）

略评"明宫史丛书"

　　宫廷史是人类历史中非常重要而又非常特殊的一个社会现象。说它重要，是因为在古代家国一体的社会中，宫廷活动对整个国家的活动影响很大，中国和外国甚至在某一历史时期出现过国家政治宫廷化、外朝政治内廷化的现象。历史上许多著名的王朝几乎都有着较为发达的宫廷史，某种意义上讲，宫廷是主宰国家中枢运转的要害机构，可见其重要程度。说它特殊，是因为宫廷不仅仅在政治上具有特殊的作用和功能，还在文化、财政等方面具有其他机构所无法替代的作用，尤其在艺术方面，各国的宫廷艺术在人类文明史上占有不可低估的地位。今天世界各大博物馆中的艺术藏品，有很大一部分即是古代的宫廷艺术品。因此，宫廷史在人类社会历史上占有极其重要的地位，是历史和文化研究中无法回避的一个重要领域。

　　故宫是中国明清两代的皇宫，在长达491年的岁月中，先后有24位皇帝在紫禁城内生活和执政。始建于明永乐时期的故宫，虽在清代有不少改建、重建、新建等，但仍保留了初建时的格局，故宫仍有明代的一些建筑物以及明宫的不少文物。因此，研究明清宫廷史是故宫博物院的优势和责任。但长期以来，故宫在清宫史研究方面成果比较突出，明宫史研究则相对薄弱。从故宫学的视角和要求来看，深入开展明宫史研究，不仅对于中国历史的研究，而且对于故宫丰富内涵的发掘，对于博物院事业的发展，都有着重要的意义。因此，2005年以来，故宫博物院采取多种措施，加强明代宫廷史的研究，"明宫史丛书"就是其中的一项重要成果。

"明代宫廷史研究"是2005年确定的故宫博物院重点科研项目，以丛书的形式，对明代宫廷史中的18个重大方面进行探讨。经过近5年的努力，在故宫博物院庆祝建院85周年之际，这套丛书陆续出版，与读者见面。

一

这套丛书是一项大型学术工程，在内容、作者、研究方法等方面具有如下几个特点：

第一，内容较为丰富，结构较为整齐，学术起点较高。

"明宫史丛书"的结构是将明宫史中凡是可以相对独立出来的专题单列一种书，共计18种，分别为《明代宫廷戏剧史》《明代宫廷典制史》《明代宫廷书画史》《明代宫廷生活史》《明代宫廷宗教史》《明代宫廷政治史》《明代宫廷外交教史》《明代宫廷工艺史》《明代宫廷财政史》《明代宫廷园林史》《明代宫廷织绣史》《明代宫廷建筑史》《明代宫廷女性史》《明代宫廷宦官史》《明代宫廷图书史》《明代宫廷陶瓷史》《明代宫廷家具史》《明代宫廷文学史》。从书名结构上可以看出，这套书牵涉了明宫史的主要领域，较为全面、系统。因为这套丛书和项目的发起者们有一个共识：要么不做，要做就做好，学术起点要高，努力保持研究上的创新力，尽量避免在低水平上徘徊。在这一策划思路的指导下，整个丛书的组织工作一开始就抓住全面、系统两个重点，将明宫史涉及的范围逐步扩大，花大力气寻找合适的作者，一一落实撰写任务，最终完成了全套丛书18种书目的组稿工作。

18种书中，既有传统的研究项目，如明宫书画史、明宫建筑史、明宦宦官史、明宫陶瓷史等，也有一些新开辟出来的研究领域，如明宫宗教史、明宫戏剧史、明宫工艺史等，还有一些较为少见的项目如明宫园林史、明宫图书史、明宫财政史等。可以说，整个"明宫史丛书"的内容是较为丰富和全面的，并且结构也较为整齐，虽说不能完全囊括明宫史的全部内容，但以目前18种书目的内容，应该说基本上包括了明宫史的主要内容。而明宫生活、典制和工艺3种书则从各自的角度，将明宫史范围内尚未列入丛书中的一些内容尽量收入其中，如除陶瓷、家具和织绣以外的宫廷工艺部分，除宗教、戏剧、政治、外交以外的生活部分等，从而力求使整个丛书的内容更为丰富、结构也更为整齐。

第二，作者阵容较强、范围较广，并且是故宫内外、海峡两岸的多方合作。

"明宫史丛书"的作者几乎都是各自学术领域内的著名专家，是撰写每种书的合适人选。例如宫廷宗教、宫廷戏剧、宫廷宦官、宫廷政治、宫廷图书、宫廷建筑、宫廷工艺等等，几乎都是由这些领域内的知名专家来撰写书稿。同时，作者队伍超越了原来明宫史的范围，扩展到宫廷文学、戏剧、建筑、园林、书画等领域，许多专家都是跨学科的，不全是明史界的学者，实际上是将宫廷史涉及的多个领域以丛书的形式组合在一起，请文学史、建筑史、园林史、戏剧史等相关领域的学者共同完成此项目，因此这套丛书的作者范围较广。

不仅如此，这套丛书的作者队伍还是故宫内外、海峡两岸学者的多方组合。在40多位作者中，故宫博物院内有十几位，院外有三十几位，其中几位是中国台湾学者。作者的情况也从一个侧面反映出故宫开放的胸襟和气度，以及联合社会力量推动自身学术发展的决心。

第三，研究方法和撰写体例较为新颖、独到。

这套丛书的研究方法不是传统的史学研究，也不是过去意义上的文物研究，而是二者的有机结合。"明宫史丛书"每一种关注的内容已不再是单纯的个案，不再是一件或一类文物，而是连带其背后包含的相关因素及其发展过程。从明初到明末的变化脉络，或者说是将宫廷史与文物的研究由点连成线，再由线扩展到面，即将宫廷史中每一个相对独立内容的发展变化线索梳理清楚，而不再是作家作品介绍式的简单描述。有人以自行车与相关零件的关系为例，指出必须将文物个案与明宫史的整体研究相结合，才能更科学地阐明文物的价值，应该说"明宫史丛书"已初步做到了这一点。

明代宫廷史的研究不是单纯的文献研究，其中许多文物和遗迹的研究是必须通过实地考察来实现的。明宫建筑、园林、生活、宗教、家具、陶瓷，尤其是明宫典制，都有相当多的内容需要实地考察。涉及上述内容的书稿作者，曾多次对相关的文物和遗迹进行实地考察，包括对明宫建筑、园林的布局、结构的考察，对明宫宗教活动的场所及其规模、环境和器物的考察，对明宫家具、陶瓷的实用功能、摆放位置、制作场所以及运送线路的考察，对明宫典制中丧葬典制特点、十三陵布局与古代风水及"昭穆之制"关系的考察，对明宫宝玺形制、纹饰以及在书画作品和文件上的使用范围的考察，等，都体现出全书在研究方法上将文献研究与实地考察相结合的突出特点。

至于每种书稿的撰写体例，主编者并未强求统一，而是请各位作者根据书稿的内容和各人的研究习惯来安排体例，形式为内容服务，最大限度地方便作者的写作。但这并不等于说主编者对全书体例未做考虑，实际上在组稿的过程中，主编者即向许多作者提出了一种既简单可行，又可以容纳书稿内容的参考体例，即"一竖一横"的体例安排。具体内容是：一竖，即写明每一宫廷史专题的发展脉络，尤其注意写明这一专题的先后顺序和发展变化间的逻辑关系。既然书名是"明代宫廷××史"，就应将这一专题史的发展线索理清楚，以这条线索来串联和带动相关的史实；一横，即这一专题史涉及的应该予以分析、探讨的一系列问题，可以放在上述内容之后逐个加以阐述。因为每一个宫廷史专题涉及的问题都较为复杂，不可能在叙述发展线索时一一交代清楚，因此只能在此后展开叙述，并且有了前边的内容铺垫，后边的问题阐述才能充分展开。这种"一竖一横"的体例安排，既方便读者阅读，又利于作者写作，也使全书的系统性、逻辑性和可读性有所增强。

这种"一竖一横"的方式不仅是一种撰写体例，同时也是一种研究方法。因为"一竖"的写法需要写清某一宫廷史内容的前后发展顺序和变化之间的逻辑关系，避免孤立地、局部地看待某一类宫廷史。例如宫廷文学史需要写清整个宫廷文学的发展过程和其中前后变化的逻辑关系，而不是孤立、局部地写成几个宫廷作家和作品的单纯介绍。因此，"一竖"的写法实际是一种系统的研究方法。至于"一横"的写法，同样具有研究方法的性质。这种写法需要对某一宫廷史内容在发展变化过程中涉及的相关问题进行适当的分析和总结。例如宫廷文学史需要写清宫廷文学与当时宫廷时尚、帝王个人爱好、南北文化交流、科举制度、政治环境、宫廷典制等问题的关系，而不仅仅是写出宫廷文学的发展情况。因此"一横"的写法也是一种研究方法。总之，这套丛书在研究方法和撰写体例方面，都具有一些较为新颖、独到的特点。

第四，丛书的撰写同故宫内外的相关活动紧密结合，围绕明宫史等重人问题而逐步展开。

自从"明代宫廷史研究"项目正式立项以及"明宫史丛书"的策划、组稿和撰写方案落实以来，整个丛书的撰写活动就围绕明宫史及相关的重大问题，同院内外的展览、宣传、实地考察、学术研讨等活动紧密结合。例如，2006年，故宫博物院举办明代宫廷绘画展，就邀请北京等地的一批明宫史学者参加这次展览的座谈，并重点讨论了明代前期宫廷绘画高峰的成因问题；2007年，故宫博物院召开了明宫史与故宫学关系的座谈会，来自北京大学、清华大学、中国社会科学院等十几个学术单位的明宫史专家出席了座谈会，与会者对故宫学的发展和明宫史的研究提出了许多富有建设性的意见，对"明宫史丛书"的撰写工作起到了积极的推动作用；2008年，故宫博物院举办了首届全国明代宫廷史学术研讨会，来自故宫内外、海峡两岸的数十名学者就明宫史的一系列重大问题进行探讨，参会者绝大部分都是"明宫史丛书"的作者，他们的发言和提供的论文也大都是丛书中的具体问题，会议进一步明确了明宫史的研究范围和撰写任务，对于故宫博物院乃至海峡两岸的明宫史研究都具有重要的意义；2008年底，故宫博物院组织了一次对北京明宫遗迹的学术考察活动，考察的对象和范围包括明十三陵、太庙、天坛、地坛、先农坛，故宫的玄穹宝殿和景山的观德殿遗址等，考察人员由海峡两岸的明宫典制学者联合组成，他们同遗址所在单位的专家一道，对部分明宫典制进行了一次结合实地、富有成效的探讨；2009年，故宫百科辞典的编纂工程启动，"明宫史丛书"的许多作者又同时担任了明宫史部分词条的撰写工作，其中明宫典制的作者们多次召开工作会议，讨论相关条目和典制本身的撰写问题；2010年，故宫博物院决定筹办"明永乐、宣德宫廷文物大展"以及以此为主题的两岸故宫博物院第二届学术研讨会，北京、天津、武汉、澳门的部分明宫史学者应邀参加了此次展览的筹备、论证等项活动，并同故宫博物院的学者一起为大展和研讨会撰写文章，有力地支持了整个筹备工作；近年来，故宫博物院主办的学术沙龙活动也有多位明宫史学者先后主讲，并就皇城内的宗教建筑、明宫织绣、明宫史研究进程等多方面的问题同故宫研究人员进行交流和探讨。此外，安徽凤阳、湖北武当山等院外单位召开的学术会议，也有多位明宫史学者参与其中，并以研究和撰写的明宫史成果进行交流。因此，"明宫史丛书"的撰写活动并非单纯地为写书而写书，而是不断地同故宫内外的相关活动结合在一起，并在其中发挥了重要作用，同时也促进了丛书的写作。

二

"明宫史丛书"的撰写取得了较为丰硕的成果，也产生了多方面的影响：

第一，这套丛书填补了明宫史研究的一项空白，它首次从宫廷史的角度分门别类、系统全面地研究明代宫廷史，并且较为充分地利用了博物馆藏品研究和实地考察的学术成果，取得了较为丰富、具有创新意义的成果。

许多书稿的内容都使明宫史研究有了新的进展，不乏开拓创新之处。例如，《明代宫廷文学史》的研究打破了从前宫廷文学都是封建文化糟粕的认识局限，挖掘了明代宫廷文学的特殊价值；《明代宫廷女性史》的研究则从社会史的角度，着重研究了明代宫廷中女性群体的社会活动和特征，指出这一特殊群体的内部结构、地位变化和职业状态；《明代宫廷戏剧史》则从宫廷礼乐制度的角度入手，来探讨宫廷戏剧在整个宫廷中的特殊功能，将宫廷戏剧与宫廷典制相结合，突破了以往戏剧研究的界限；中国台湾的专家与北京故宫博物院的专家合作，从宫廷绘画、文献记载和现存家具文物中收集了大量的明宫家具资料，结合明宫生活等其他史料，完成了《明代宫廷家具史》。比较有代表性的成果是《明代宫廷典制史》一书，其中明宫典制中的登极、册立、祭祀、朝贺仪、婚礼、葬丧、军礼、服饰、车辂、宝玺、符牌、仪卫、宫室等内容，从前很少有人专门、系统地进行研究，这次20多位作者则进行了全面、系统的专题考述，并努力做到文物、文献和实地考察相结合，从而较好地完成了这部著作。

正是由于"明宫史丛书"的撰写，使宫廷史涉及的一批新的学术问题和领域受到广泛的关注，《故宫学刊》第四辑刊登的30余篇文章中，就有一半左右是和明代宫廷史相关的论文。与此同时，在撰写"明宫史丛书"的过程中，也有一批新的研究成果涌现出来，包括明宫娱乐研究、明蒙朝贡研究、明宫法制研究、明清孝陵诗文研究、明宫用煤和朝班问题研究、明宫戏剧和机构杂剧研究、明前期宫廷文学研究、明宫佛教建筑研究、明宫史分期特点研究等等，都是近年来故宫院刊登载的较有分量、较有新意的研究成果。这些成果正在逐渐引起学界关注，并产生一定的学术影响。

近期明史界召开的一些学术会议，有关宫廷史的文章比重明显增加，如在十三陵召开的纪念长陵建成600周年学术研讨会，湖南湘潭召开的国际明史学术研讨会，等，都有相当一批文章与宫廷史相关，作者大部分是丛书的作者。

可以说，随着"明宫史丛书"撰写工作的推进和明宫史研究的深入，将会有更多的学术成果相继问世，也将会产生更大的学术影响。

第二，这套丛书及明宫史研究是故宫学的有力支柱之一，既是故宫学提出后的重要学术成果，又在一定程度上促进着故宫学的发展和完善。

2003年以来，随着故宫学的提出，许多学者指出明代宫廷史研究是故宫学研究的薄弱环节，必须大力加强。在这一要求下，故宫博物院的明代宫廷史研究逐步开展起来。明宫史研究的整体运作与以往的故宫学术研究略有不同，一开始就是按照故宫的特殊条件和故宫学的学术要求来展开整个研究活动。在研究合作方面，明宫史研究不仅是故宫博物院院内外学者的合作，也是海峡两岸学者的合作；在学术领域方面，明宫史研究不仅涉及书画、织绣、财政、风俗等领域，还涉及明代宫廷戏剧、文学、外交等特殊领域，可以说这项研究涉及的学术领域是相当广的；在研究方法和思路方面，这项研究在一定程度上做到了文物与文献相结合，学术研究与实地考察相结合，局部研究与系统研究相结合。明宫史研究在很大程度上初步实现了故宫学提倡的几种研究理念和方法，因此整个明宫史研究的学术起点较高，受到故宫学的学术影响较大，是故宫学提出以来体现故宫学学术理念的重要成果。

明宫史研究的全面展开和初步成果证明，故宫学所提倡的几种研究思路和方法，在明宫史研究领域是切实可行的；故宫学本身的一些薄弱环节，是可以通过类似明宫史研究这类系统工程来加强和充实的；故宫学的理论和体系的构建，同样是可以由类似明宫史研究等具体项目来发展和完善的，并且二者在实践过程中是可以相互借鉴、相互促进的。因此可以说，明代宫廷史研究是故宫学的学术支柱之一，既是起点较高、受故宫学影响较大的重要学术成果，又使故宫学本身得到进一步的发展和完善。

第三，这套丛书的撰写与明宫史研究的开展，一定程度上增加了故宫博物院的社会凝聚力，拓宽了故宫博物院与社会相关机构的合作范围，同时也促进了自身业务活动的开展。

参与明代宫廷史研究的许多院外学者表示，故宫是明清两代的皇宫遗址，收藏了大量的宫廷文物，也是可以切身"感受"到一部分宫廷史的特殊之地，由故宫学者出面来主持规模庞大的明代宫廷史研究项目，既名正言顺，又名副其实，这一点是其他科研单位和院校想做而无法做到的；故宫博物院充分利用了自身的优势和社会学术资源，在院领导的大力支持下开展明代宫廷史研究，使故宫博物院的社会凝聚力有所增强，即故宫博物院已不再是一个单纯的文物展示、整理和研究单位，而是逐渐成为一个可以发动并联合社会上乃至海外的学术力量，向宫廷史这样的学术堡垒进行登攀的综合性平台，其社会影响和学术推动作用已不仅仅限于故宫，甚至不仅仅限于明史界，而是扩大到了艺术史、建筑史、文学戏剧史等特殊的社会文化领域。

由于故宫博物院的明代宫廷史研究逐渐受到社会上的关注，中国运河研究中心，苏州大学历史文化学院，南京大学历史系，东北师范大学亚洲文明研究院，中国社会科学院历史所、文学所等有关机构就运河与明代宫廷供应和消费，南方城市与宫廷的财政关系以及明代诏令的整理，明代宫廷机构的功能，宫廷与文学、工艺的关系等问题，同故宫博物院达成意向性的合作协议，有些项目具有广阔的发展前景，从而拓宽了故宫博物院与这些单位的合作范围。

明代宫廷史研究的开展，使故宫博物院联系了一大批这方面的专家学者，这项活动不仅提高了故宫博物院的学术地位，也对故宫博物院的许多业务活动起到了支持和促进作用。例如以往故宫博物院的出版物和展览研究很少有明宫史学者撰稿，明代宫廷史研究活动开展以来，院外许多明宫史学者不仅为"院刊"和"学刊"投稿，也为《紫禁城》连续撰稿，甚至成为几种重大书系的主要撰稿人。

这套丛书的撰写和研讨活动对故宫博物院的展览、宣传等工作也具有特殊的、不可低估的作用。众所周知，一个博物馆展览、宣传水平的高低，在很大程度上取决于整个单位研究水平的高低。没有对展品背后的历史文化内涵进行深入、系统的探索，想要搞出高水平的文物展览，几乎是不可想象的。明代宫廷文物的展览更是这样，如"明永乐、宣德宫廷文物展"及其学术研讨会，更由于院外一批明宫史学者的参与，从而使这项展览以及明初宫廷文化的研究都取得了重要的学术进展。因此，这套丛书的撰写和研讨活动对提高故宫博物院的研究水平尤其是展览水平，同样具有不可低估的作用。

第四，明宫史研究的开展和这套丛书的撰写，逐渐确立并提高了明代宫廷史相对独立的学术地位。

在国内明史研究领域内，明代宫廷史的研究较为薄弱，研究成果和受关注的程度不仅无法与政治、军事、经济、文化等著名的专门史相比，即使是风俗史、财政史、外交史等一类的专门史，其学术成果和受关注的程度也往往超过宫廷史。而国外宫廷史的研究水平总体上高于中国，一些宫廷史较长、文化发达的国家几乎都有本国的宫廷史专著，并有一大批重要王朝的宫廷史研究成果。德、法、英、俄、意、土以及美国的一些学术机构里，都有一些资深学者在从事宫廷史的研究，其中相当一部分学者是在宫殿博物馆从事这项研究的。国外许多宫殿博物馆不仅研究藏品，很大程度上更以研究宫廷史闻名于世。因此，无论是同传统的、著名的专门史研究相比，还是同国外的同类研究相比，中国的宫廷史尤其是明宫史研究尚未获得相对独立的学术地位。而故宫博物院发起的明宫史研究和这套丛书的撰写，则在很大程度上改变了这种局面，几十位明史学者参与撰写"明宫史丛书"，近百位学者参与探讨明宫史的各种问题，其中有些人还是明史以外戏剧、文学、宗教、园林、服饰、家具等领域的学者。许多科研院所、大专院校的科研项目及课题都或多或少地涉及明宫史，这些单位的部分学者还将明宫史的一些内容作为研究生的研究方向和选题对象。海峡两岸乃至海外的一些学术会议上，明宫史问题已受到越来越多的关注，相关的学术成果也陆续问世。与明宫史相关的一些地区和文物单位如北京十三陵、天坛、太庙，湖北武当山和钟祥显陵，江苏南京、淮安、盱眙，安徽凤阳，以及相关的学会如中国运河研究中心等，也都逐步开展了有关明宫史方面的研究活动，并与故宫博物院加强了相关的联合与合作。这些活动的结果，不仅产生了一批明宫史研究领域内的专家学者，而且也在逐步确立并提高了明宫史研究相对独立的学术地位。

第五，这项研究的开展和丛书的撰写将推动社会史、文化史的研究，并将促进中外宫廷研究方面的交流与合作。

在明宫史研究中，部分学者一方面将宫廷文物、建筑等领域的研究纳入整个社会文化史的研究视野中，另一方面也将后者的研究理念、方法引入宫廷史的研究活动中。从文化史的角度看，"明宫史丛书"将宫廷书画、陶瓷、戏剧、文学、建筑、宗教、工艺、家具、园林、服饰这些反映文化发展的载体，每一项都以各自的脉络串联起来，大致写明其发展的过程、变化的因素，由此可以进一步探讨宫廷文化与民间文化、民族文化甚至外来文化的关系，从而进一步丰富了整个文化史的研究内容。从社会史的角度看，"明宫史丛书"叙述了宫廷之中人员的构成、地位的变化、权力的分配、财富的争夺等等，包括通过宫廷权力维系的中央与地方的关系，中央王朝与边疆的关系，当时中国与外国宫廷间的往来关系，宫廷的布局所反映的宫中人员不同的权力、地位，宫廷生活、政治对当时社会经济、文化的复杂影响，宫廷财政收支对社会财富的侵夺、对国家财政的分割等等问题，同样会丰富和扩大社会史的研究内容和领域。例如，南京和北京的社会关系，从明到清直到民国时期，几乎总是交替或同时成为南北两个政治中心。每一时期甚至每一朝都有着不同的往来关系，这种关

系在很大程度上是明初确定的。永乐迁都北京后，南京在一定程度上
成为北京宫廷消费品的加工制造基地和运输供应基地，北京作为全国
的政治中心，较为有效地控制了南京作为经济中心的大部分社会财
富，从而保证了北京宫廷的物资供应。北京对南京的这种控制本身，
对南京及其周围地区、对运河两岸地区的社会和经济发展具有较为重
大的影响，其中主要结果之一即是南北经济文化、政治的联系更加紧
密，中国南北方的统一不断得到巩固和加强。以往的研究中对这一社
会史问题关注不够，而明宫史研究的许多专题都涉及这一内容，并取
得了一定的进展，因此可以说，这项研究将有效地推动关于社会史的
研究进程。

同时，这套丛书的撰写和陆续问世，也将有利于中外宫廷史研究
方面的交流与合作。虽然中国宫廷史研究的整体水平与国外相比尚有
差距，但丛书作为一套较为全面、系统的断代宫廷史成果，却可以同
国外汉学界的明宫史研究进行适当的交流与合作。目前已经有一些外
国的宫廷史学者和研究机构关注故宫的明宫史研究进程，并就相关的
交流与合作项目达成意向性协议，因此，"明宫史丛书"的陆续出版
和研究的扩大与深入，将会促进中外宫廷史研究方面的交流与合作。

三

明代宫廷史的研究虽然取得了一定的成果和进展，但从整体上看
目前仍处于起步阶段，许多重要问题仅仅是开始研究，尚未达到全面
深入，更未达到如有些领域那样成熟的研究水平。"明宫史丛书"尽
管有18种之多，但不能说包含了明宫史的全部内容，可能还有一些题
目和内容需要列入或补充，即使是已经列入丛书的部分，也还需要进
一步扩大和明确研究范围，提高研究水平。

由于时间仓促和研究基础的薄弱，这套丛书还存在着一定的不

足，故宫博物院将在今后的工作中有针对性地采取一些措施，逐步克服这些不足。

第一，目前已完成的几种书中还存在一些问题，如有的书稿未能充分吸收目前学术界的最新成果；有的书稿与同类书相比可能在材料发掘和理论分析方面较为薄弱；还有一些书稿本身的各个部分水平不齐，有的部分较为完整、成熟，有的部分则相对薄弱一些。以《明代宫廷典制史》为例，尽管全书第一次将明宫典制较为集中、较为全面地写出来，全书典礼的部分基本充足，而相关制度的有些部分则稍显不足，特别是南京的宫廷典制部分未能附带列出，不能不说是全书的一个缺项。南京虽然在永乐迁都后失去了首都的地位，但北京举办的许多宫廷典制南京都有响应之举，只不过规模和次数相对有限，因此南京的一些宫廷典制是整个明代宫廷典制的组成部分，这次书中未列，只有等将来再版时加以补充、修订了。实际上随着今后《明代宫廷女性史》《明代宫廷宦官史》《明代宫廷财政史》等相关专著的出版，宫女、宦官、赏赐、供给制度的研究也会随之有所发展。至于南京典制的补充，除了有计划、有意识地选取专人研究之外，还可以同南京的研究机构联系，甚至可以在适当的时候专门召开　次南京明宫典制的研讨会，探讨南京在明宫典制史上的特殊地位和作用。

第二，这套丛书对外国汉学家有关明宫史方面的研究成果未能加以充分的吸收和利用，其原因可能是有些成果尚未译成中文，有些成果则是限于条件未能及时了解、掌握。据我所知，《剑桥中国明代史》是外国学者研究明史的一部名著，这部书集中了当时一批优秀学者的学术成果，而除此之外还有一批汉学家或学者研究明代的宫廷文化、艺术、历史，其学术成果尚未被及时地、充分地介绍到中国。吸收和利用国外学者关于明宫史的研究成果，对于提高我国的宫廷史研究水平是非常必要的。《故宫学刊》是否可以利用我国明史学者同外国明史界的多方面联系，有计划地分别介绍和编译一些外国明宫史研究方面的新成果，甚至可以进一步同出版社合作，适当组织翻译一些有关明宫史研究的著作，或是适当邀请一些国内外的有关学者，有计划地介绍一些国际上的学术动态，甚至同他们就某些明宫史领域的问题召开学术会议，进行交流，借以推动故宫的明宫史研究？2010年的《故宫学刊》刊登了介绍外国学者鲁大维关于明宫史研究的一部论文集，在这方面做了有益的尝试，是好的开端，今后还应坚持下去，为国内外明宫史研究的交流与合作打下良好的基础。

第三，丛书虽然列出了18个专题，分别对这些专题进行了探讨，但对于这些内容之间的相互关系则缺乏必要的梳理和研究。例如，明宫生活史、政治史、女性史和宦官史与明宫文化史中书画、园林、织绣、陶瓷、文学、戏剧和图书的相互关系，前者对后者的复杂影响；明宫典制史、财政史、宗教史等对明宫家具、建筑、工艺的不同影响及相互关系，都是值得进一步探讨的。又如，明宫宗教、外交、建筑、戏剧、织绣和陶瓷对明宫财政史的影响非常大，在不同时期不同皇帝的身上，上述几种因素的作用不同，宫廷财政收支结构的变化也不尽相同；明宫典制对明宫生活、文学、戏剧、建筑、家具、陶瓷、织绣的影响和作用非常复杂，可以说明宫生活和文化中的绝大部分现象都和典制有着极为密切的关系；即使是典制本身的内容之间也有着复杂的关系，登极仪与祭祀，军礼、丧葬仪与祭祀，婚礼与宴享、乐舞，服饰、车辂、仪卫，甚至宝玺与丧葬仪之间都有着复杂的、鲜为人知的关系，都是将来有待于深入探讨的内容。有的学者认为宫廷史应是宫廷所有内容的发展史，因此建议以一种全方位、多元化的体例，来撰写一部多卷本的《明代宫廷史》，目的就是照顾到宫廷史中许多内容之间的复杂联系，这一建议有一定的合理性。虽然目前无法将上述建议付诸实施，但仍可以利用现有的研究力量和条件，逐步展开对明宫史主要内容之间相互关系的研究，以此来提高整个明宫史的研究水平。

第四，近年来为了加强明清宫廷史研究，推动故宫学术的发展，故宫博物院相继成立了几个学术研究中心，包括古书画研究中心、古陶瓷研究中心、明清宫廷史研究中心、古建筑研究中心和藏传佛教文物研究中心等，但每个中心内部明史方面的研究力量都较为薄弱，其中明清宫廷史研究中心聘请的院内兼职研究员中，明代宫廷史方面只有一人；整个"明宫史丛书"的40多位作者中，故宫博物院的作者只有十几人，分散于几个研究中心之内，反映出故宫博物院整体上明宫史研究力量的薄弱。但这种状况已经逐步得到改善，5个研究中心可以陆续选取一批与明宫史相关的项目和课题，有组织、有计划地开展研究。例如可以凭借故宫博物院的优势和"明宫史丛书"已有的成果，开展明清宫廷史诸如两朝宫廷戏剧、宫廷宗教、宫廷绘画、宫廷建筑等领域内的对比研究，以此来逐渐开拓故宫的研究领域，提高各个中心的学术水平，最终目的则是逐渐培养出一批明清宫廷史方面的研究人才。

这套丛书是故宫博物院上下与院外学者通力合作的成果。故宫博物院高度重视明宫史研究项目和这套丛书的撰写工作，多次召开会议专门讨论和落实具体的工作问题，有力地保证了这项工作的顺利进行。在这一过程中，李文儒副院长作为全套丛书的主编和整个项目的主持人，对项目的实施和丛书的撰写付出了大量的心血，起到了重要的作用。院刊编辑部赵中男编审具体组织协调，从落实项目到处理庞杂的事务，竭尽全力，坚持不懈，终于使这套丛书和整个项目有了一个良好的开端。当然，这套丛书的编写出版也得到全院有关部门的大力支持。

为此我们要诚挚地感谢与故宫博物院密切合作的海峡两岸学者，感谢故宫博物院上下热情参与这项工作的同志，感谢所有为此付出努力的人们，没有他们的积极支持和艰辛努力，这套丛书的撰写和明宫史的研究项目是无法完成的。

（本文刊载于《故宫学刊》2010年总第6期）

国学新视野与故宫学

应当说，"故宫学"概念的提出，恰逢21世纪以来不断升温的国学热——新国学热潮，这是一个巧合，还是一个必然，两者之间究竟有着怎样的联系？是值得探讨的。其实在80多年前，故宫博物院的成立及其业务工作，就与当时的国学热有着重要关系。尽管围绕国学还有很多争论，但国学的价值与意义，则是客观存在的。当今的国学因研究范围的扩展与研究方法的创新，具有了新的视野，可谓是新国学。故宫学是我于2003年正式提出来的，它是以故宫及其历史文化内涵为研究对象，集整理、研究、保护与展示为一体的综合性学问和学科，我认为，它是国学的一个部分。因此，从国学新视野探讨故宫学的产生，认识故宫学的学术意义和文化价值，坚持故宫学研究的正确的立场与方法，应是必要的，有意义的。

国学是一门宏大而深厚的学问，本人学识粗浅，不敢妄谈，仅以故宫学与其关系，谈些自己的初步认识。

一　国学热潮与故宫学的产生

在古代，国学指国家设立的学校，《周礼·春官·乐师》："乐师掌国学之政，以教国子小舞。"现在的国学概念当然有完全不同的内容。国学的兴起至今已有百余年历史，大致出现过3次热潮。

近代国学是在救亡图存的呼声中提出来的。西学对中国固有文化体系的冲击，让国人重新审视本国学术文化。1902年，梁启超在《论中国学术思想变迁之大势》一文中，多次使用近现代意义上的"国学"一词。当时的民族危机非常严重，晚清的国学派认为"国学"为本国固有的学问，就此提出了"国"与"学"的关系，认为"学"是"国"的灵魂和基础，欲救亡图存必以国学重塑国魂。面对"数千年未有之变局"，"国学"不是简单的学术名词，而与民族命运紧密相连。章太炎终其一生都在倡导国学。这个时期，"国粹"的提法很流行。国粹具有强烈的价值评判含义，它代表的是一个国家过去最美好的、最值得自豪的，因而值得保存的传统。国粹派代表人物邓实与黄节、刘师培等创立了"以研究国学，保存国粹为宗旨"的"国学保存会"，办有《国粹学报》，强调区分国学与儒学、君学、官学等概念，提出"复兴古学"的口号。邓实把"国学"定义为"一国所有之学"，尤为强调其经世致用的一面。国粹派不是一个学术组织，他们的政治思想各不相同，但大多数是对传统文化有深厚感情的学者，他们提倡国学，不是要阻碍西学，而是强调融汇中西，重铸国魂，即"用国粹激动种性，增进爱国的热肠"。这是国学的第一次热潮，发生在辛亥革命前的晚清，这时期的"国学"，有很强的政治性。

第二次国学热潮发生在20世纪20年代。即"整理国故"运动。所谓国故，指中国古代的学术及其众多的成果。国故似乎是个中性名词，但仍然有着感情色彩，"故"则表示已成历史。1919年底，胡适吸收了毛子水和傅斯年的概念，提出："若要知道什么是国粹，什么是国渣，先须要用评判的态度、科学的精神，去做一番整理国故的功夫。"1923年1月由胡适执笔的《国学季刊》发刊宣言发布，胡适曾指出：这是国学门同人"以新的原则和方法来研究国学的学术宣言；

换言之，它是一份"新国学的研究大纲"。

作为"五四新文化运动"的重要人物，胡适的观点产生了很大影响，许多大学纷纷建立国学研究机构。如1922年北京大学设立研究所国学门，1925年清华大学成立国学院，1926年厦门大学成立国学院，等等。与此前的国学研究比起来，有3个明显的特点：其一是接受、采用了西方的学科体制，对我国传统的经、史、子、集进行分类，一般分为文、史、哲、语言、文字等学科。其二是打破了经学一统天下的局面，并且开拓了新的研究范围。章太炎将国学分为"小学""经学""史学""诸子""文学"5部分。事实上，国学的主流是儒学，儒学的核心是经学。而这些大学的国学研究机构，则不再以经学为中心，认为一切学术都有独立及平等的研究价值，扩大了国学研究范围。甲骨文、汉简、敦煌莫高窟藏经洞的发现，又引起史学、文学、文字学、语言学、宗教学等众多学科的巨大变化。其三是在研究中吸取了西方的理念和方法，对传统方法进行革新，重视二重证据法、文史互评法、田野调查法等。

第三次国学热兴起于20世纪90年代以来，至今方兴未艾。这次国学热有一个重要背景，前两次国学热，中国基本还是个农业与小商品经济结合的前现代化社会，而第三次国学热，中国已处于工业化中期与市场化的完善期，已不可逆转地进入现代工业市场经济与全球化的轨道上。由于中国现代化进程的需要，客观上促使学界回溯传统文化以汲取养分，谋求本民族发展的精神支柱。国学教研机构的大量兴起，国学媒介的大量出现，使国学话语广泛进入社会与思想的前沿与主流媒体。

这次国学热，在国学的定义上，不但为其赋予了更广的外延，还注意到了历史文化的流动性，即把国学视为广义的传统文化，不仅包括中国古代传统文化，还包括近现代传统文化，在国学研究的意义方面，不论是"新国学"还是"大国学"，不论是强调中国学术研究的整体观念，还是倡导立足当下、面向未来的态度对待传统，论者们都紧扣时代需求，着眼于国学的当代价值。此外，高校国学学科的设立，连接了国学内容与西式体制、古典传统与现代意识、学术研究与社会需求，是颇具时代特色和民族特色的尝试。也有人指出，第三次国学热潮中出现了提倡儒学独尊、儒教救国、一概诋毁与排斥西方先进文化以及过分强调实用化与大众化而导致对国学的诸多歪曲等误区，需引起重视并加以矫正。

一代有一代之学术。回顾百余年来国学的发展历程，可见国学具有开放性特点，其概念不断拓宽，研究范围不断扩大，也表明国学是不断演进的，自有其适应时代需要的形态、使命和价值，较之辛亥革命前后的国学热，20世纪20年代的国学已是新国学，现在的国学更是新国学。

今天我们面临一个新的继往开来的时代，这是一个经济全球化和文化多元化的时代，是一个科学技术突飞猛进的时代。针对这个背景和形势，袁行霈先生提出了"国学的当代形态"这个命题，他强调，研究国学不是复古倒退，也不是抱残守缺，而是具有革新意义的、面向未来和世界的学术创造活动，这表现在4个方面：第一，当代的国学研究应当立足现实，服务于振兴中华，增强民族凝聚力，担任起实现现代化的伟大历史任务。第二，当代的国学应当建立在对传世文献和出土文献、文物认真清理的基础之上，并在此基础上建立具有中国特色的理论体系。第三，当代的国学应当注意普及，在广大人民群众中弘扬中华优秀的传统文化。第四，当代的国学应当吸取人类一切优秀的文化成果，同时要确立文化自主的意识与文化创新的精神。

在上述百余年来的三次国学热中，第二、第三次都与故宫博物院及故宫学有关。

前面介绍，北京大学于1922年开设了研究所国学门，其宗旨为"整理旧学"，国学门主任为沈兼士，下设歌谣研究会、明清史料整理会、考古学会、风俗调查会、方言调查会5个会。20世纪初，北洋政府由于教育经费支绌，将教育部辖下的历史博物馆所藏的3/4的明清档案（约8000麻袋，15万斤）售诸故纸商，为罗振玉以3倍价钱购得，消息传出后，国学门沈兼士、马衡、陈垣等人商议，请蔡元培校长以北大名义向教育部申请，把历史博物馆余下的档案委托北大进行整理，这一申请得到批准。运到北大的明清档案共61箱1502麻袋。陈垣为明清史料整理会主席。至1924年完成初步整理，按档案形式进行分类，区别年代，并做了编号摘要。王国维先生说过："古来新学问世，大都由于新发现。"明清档案就是20世纪的新发现，新材料，对明清史研究起了重要的作用。明清档案整理是北大国学门的一项重要工作和成果。

1924年11月溥仪被逐出故宫，当月成立清室善后委员会，12月筹设图书馆、博物馆，聘易培基为筹备会主任，筹备会下面有28名干事，大部分为北大教授，其中又以北大国学门委员及其下的明清史料整理会成员为主体。故宫博物院成立后，马衡、陈垣、沈兼士、李宗侗以及单士元、庄尚严等都进入故宫工作。这些学人不仅参与了故宫博物院的创建工作，而且把北大的学术风气、研究经验带到了故宫。尤为难得的是，故宫博物院为他们提供了一个更为广阔的发挥学术研究能力的舞台。比起流失出去的清宫档案，故宫收藏着极为丰富的明清档案，是一个难得的宝库。故宫博物院设立文献馆，专管明清档案，张继、沈兼士任正副馆长，陈垣、沈兼士指导，主持档案的整理工作。文献馆在整理档案中，吸取北大的经验，制订了更完善的整理方案。档案整理刊布是故宫博物院早期最有影响的一项工作。在档案史料方面，出版了《掌故丛编》（后改为《文献丛编》）58辑，编印《史料旬刊》40期，汇编了《筹办夷务始末》《清代文字狱档》《故宫俄文史料——清康熙间俄国来文原档》等史料。据不完全统计，1949年之前，故宫博物院共编辑出版各类档案史料丛刊54种358册，约1200万字，发表研究文章80余篇。故宫博物院与北京大学国学门的这个缘分，也使得博物院从成立之初就与当时的国学热发生了密切的联系，或者说，故宫博物院所进行的这些工作也成为当时社会上"整理国故"的重要组成部分。

故宫学于21世纪初提出，既与日渐升温的国学热的大环境有关，也是在对故宫价值全面深入认识基础上的一个突破，这两方面又结合在一起。第三次国学热虽然兴起于20世纪90年代，但80年代传统历史文化已引起重视，不少地方在着力于经济发展的同时，努力挖掘本地区的历史文化内涵，梳理传统文化资源，并把历史文化与当代社会发展联系起来，从而形成了一些极具特色的学科或学问，例如藏学、徽学、北京学、澳门学、长安学等。卞孝萱先生主编了两部有关国学的书，一部叫《国学四十讲》，列了40种为传统的国学包括多种类型的传统文化与学术研究；另一部叫《新国学三十讲》，列举了中国近现代兴起的学术文化研究，其中所介绍的龟兹学、吐鲁番学、回鹘学、西夏学等属于研究少数民族文化的学问，徽学、藏学等属地域性学问，以及长城学、运河学、丝路学等属于文化遗产保护而兴起的学问，都是20世纪80年代以来所逐渐形成的，但大都是90年代才正式提出。

故宫学包含着丰富的研究对象，其中的明清档案、紫禁城建筑、明清宫廷历史文化、古代艺术品等，本身都是专门的学问。20世纪80年代之前，对它们自身的研究还是不够的，但从80年代以来，这些研究都取得了非常重要的成果。经过几代人的努力，中国第一历史档案馆的秦国经先生出版了《明清档案学》，是这一学科形成的重要标志。而1987年故宫被列入《世界遗产名录》，使人们对故宫有了更为全面的认识。此前人们普遍重视的是故宫的文物藏品、故宫的珍宝，因此故宫博物院长期被定位为艺术类博物馆。世界遗产组织对故宫的评价是："紫禁城是中国5个多世纪以来的最高权力中心，它以园林景观和容纳了家具及工艺品的9000个房间的庞大建筑群，成为明清时代中国文明无价的历史见证。"故宫成为世界文化遗产，使人们对故宫古建筑价值的认识有了深化。建筑是人类历史文化的纪念碑，伟大的建筑往往成为一个城市、一个民族甚至一个国家的象征物。故宫就是这样的建筑物，故宫不只是宏伟的古建筑，还包括珍藏其间的文物精品，它们联结在一起，成为中华传统文化的一个重要载体与中华文明成就的一个显著标志。同时，"文化遗产"观念的引入，突破了传统的"文物"观念的局限性，强化了遗产的环境意识、共享意识，以及全社会都必须承担管理和保护的理念，促使人们从"大故宫"的观念来看待故宫保护。

在故宫列入世界遗产后，1990年，故宫博物院、中国第一历史档案馆、承德避暑山庄、沈阳故宫、清东西陵等一起成立了"中国史学会清代宫廷史研究会"。1995年又成立了"中国紫禁城学会"，它的任务是联络国内外中国古建筑及有关历史、艺术、自然科学等相关学科研究力量，对故宫进行深入研究和加强保护。这两个学会对于故宫内涵的发掘起了重要作用。80多年历史的故宫研究积累了丰硕成果，明清档案学、紫禁城学、清宫史学、古代艺术学都已有了相当的发展或基础，而含纳以上内容的故宫学也就呼之欲出了；而把这几个似乎联系不紧密的方面结合在一起，看到了它们是不可分割的文化整体，故宫学的产生就水到渠成了。另外，进入21世纪以来，文化遗产理念的不断提升，全社会对作为传统文化载体的故宫日益重视，国家清史编纂工程的全面启动以及故宫大规模修缮工程的开展，等等，都是催生故宫学的外部机遇。于是一门新的学科在21世纪初出现并逐步形成，故宫研究从自发走向自觉。

二　国学的学术使命与故宫学的学术价值

国学提出百余年来，固然有人试图以国学排斥西学，但在多数学者那里，国学则是中国固有的文化、学术，其倡导和研究国学的重要目的，是为了维护本土文化的主体性，给予中国传统学问一个合理的认知和应有的地位，树立民族的自尊和自信。今天新国学的学术意义，或者说新国学的学术使命，可以从3个方面来认识：其一，从研究目的来说，是要运用现代科学精神与学术知识，通过对于反映我们民族文明的丰富的典籍、文物等载体的研究，认真总结和思考我们的经验和传统，揭示和认识持续至今的中华5000年文明的进化及其本质特征。这是对于我们自身历史文化的真正把握，是一个宏大而重要的目标。其二，从学术研究自身来说，让现代中国的学术承续国学的精华，在新时代获得更好的发展。其三，从其社会效果看，是让国学中的优秀思想、文化等在培养现代中国人的生活内容和人格素质上发挥应有的作用。

从新的视野看，国学有着十分宏富的内容，是一个庞大的学术体系，每一个部分、每一个方面的研究，都应秉持国学的学术理念、学术使命，其研究成果也将不断丰富国学。作为新国学组成部分的故宫学，同样具有重要的学术价值。

故宫学的学术意义，主要体现在研究内容的丰富性及其特有的价值特色。

故宫博物院是以明清两代皇宫（紫禁城）和宫廷旧藏文物为基础建立起来的，以宫廷建筑群、古代艺术品及宫廷文化史迹为主要展示内容的大型综合性国家博物馆。故宫与故宫博物院密不可分。故宫学的研究内容十分丰富，大致来说，其研究领域主要有6个方面：

一是紫禁城宫殿建筑群。它是世界上现存规模最大、保存最完整的古代宫廷建筑群，集中体现了中国古代建筑技术和艺术的最高水平和优秀传统。不仅紫禁城本身，以紫禁城为主体的明清皇家建筑是一个整体，宫室、园囿、祭坛、寺观、行宫、陵寝、藏书楼及王府等，是一个有统一规划、统一规制、统一管理的庞大的体系。

二是文物典藏。故宫博物院现有文物藏品180万件（套），其中85%以上为清宫旧藏，大部分是清宫的各类艺术品收藏。它们承载着中华文明的历史进程，蕴藏着中华民族历史文化艺术及其丰富的史料。其中，每一品种又自成历史系列。特别是许多艺术精品，都是流传有绪的传世文物。

三是宫廷历史文化遗存。宫廷是封建社会国家的中枢、朝廷的中心。故宫在491年中一直是明清两代国家的政治中心和24位皇帝的居所，许多重大历史事件在此决策和发生。遗存至今的大量宫廷文物，不仅是研究明清史的重要资料，而且是了解宫廷历史文化的珍贵实物。

四是明清档案。明清档案与殷墟甲骨、敦煌手卷，被誉为中国近代文化史上的三大发现。故宫博物院一成立，就把档案视为文物，一方面因为档案本身的重要价值，另一方面它的规范整肃的外形、精美的装潢、优质的纸墨等，反映了当时的文书制度和文化用品的工艺水平，特别是各种字体有很高的艺术水平和鉴赏价值。这些档案不仅长期由故宫博物院管理、整理，而且大多数档案本来就存在故宫内，与宫中建筑及各个机构连在一起；这些档案不仅与宫中发生的重大事件有关，而且是了解宫廷历史文化的重要依据。1980年4月，故宫博物院明清档案部的800余万件档案划归国家档案局，正式建立中国第一历史档案馆。

五是清宫典籍。明清两朝皇帝都很重视典籍的收藏、编刊。两朝皇室藏书除前代皇室遗存外，还大力搜索购求天下遗书，使皇宫荟萃了许多极其罕见的宋元明各代的珍本。故宫博物院成立后，专设图书馆典藏图书。图书馆以明清两朝宫廷藏书为基础建成，到1930年藏书总数逾50万册。抗日战争时南迁的《四库全书》、《四库全书荟要》、"天禄琳琅"藏书、《古今图书集成》、《武英殿聚珍版书》、《宛委别藏》，以及一批明清方志、文集杂著、观海堂藏书、佛经等稀世珍本、善本共15.7万余册，现存台北故宫博物院。部分善本南迁后，北京故宫博物院图书馆继续清点和整理清宫遗存下来的古书，重建了善本书库、殿本书库。现在善本已建账者20万册，其他古籍17万册。现存的明清抄、刻本，品种数量众多，包括内府修书各馆在编纂过程中所产生的稿本，呈请皇帝御览、待刻之书的定本，从未发刻的清代满、蒙古、汉文典籍，还有为便于皇帝阅览或携带而重抄的各式书册，以及为宫内外殿堂陈设而特制的各种赏玩性书册。此外还有翰林学士、词臣自撰的未刊行书籍，各地藏书家进呈之书，等。还藏有23万块武英殿殿本的书版及铜版等。

六是故宫博物院的历史。故宫博物院是在反对逊帝溥仪复辟的激烈斗争中由社会进步人士坚持力争并倡议成立的，成立后又受到北洋军阀的百般干扰，经历了艰难的岁月，本身有着不平凡的历程，与中国现代革命史、文化史有着重要的关系。1931年"九一八事变"后，为了保护中华民族的珍贵文化遗产，故宫博物院数十万件文物分5次南迁到南京，1937年全面抗日战争爆发后，又分三路西迁至四川，历时10余年，行程数万里，经历艰苦卓绝，文物基本无损，创造了第二次世界大战中保护人类文化遗产的奇迹。新中国成立前夕，故宫博物院南迁文物中的一部分被运往台湾岛，1965年在台北近郊外双溪建立了"故宫博物院"。北京、台北两个故宫博物院的同时存在，引起国际社会和两岸同胞的关注。

故宫学不仅有着上述6个方面的研究内容，其内容同时还有4个明显特点：

一是价值的独有性。故宫中的宝藏，世间不乏美誉的辞藻，其中以著名考古学家裴文中先生所言最为贴切。他说："无论是紫禁城这一古代建筑群的本身，还是紫禁城内珍藏的各种文物，都是罕见的旷世之宝。"其中，"旷世之宝"这一定义下得准确。"旷世之宝"即言举世无双、旷绝一世的宝物，是特定历史条件下的产物，在另外一种条件下是绝不可能复得的。另外，裴先生还将这一旷世之宝分为古代建筑群与珍藏的各种文物两种系列，此观点颇有见解。

二是价值的整体性。故宫学的研究内容虽然十分丰富，但这些部分不是毫无关联的，故宫古建筑、文物藏品、历史遗存以及在此发生过的人和事，是一个不可分割的文化整体。这一认识是故宫学得以产生的重要依据，也有利于进一步挖掘故宫的历史文化内涵。故宫价值的这一整体性，也使流散在院外，甚至海外的清宫旧藏文物、档案文献有了一个学术上的归宿。从故宫学角度审视，故宫不仅是举世闻名的物质文化遗产，同时也有着重要的非物质文化遗产内容，其中最突出的是中国古代宫殿建筑的工艺技术。它们一方面以物质的形态存在于建筑物中，一方面以手艺的形态，通过工匠口传心授世代相传。故宫博物院有专门的维修管理机构和施工队伍，涌现过一批古建大家和专门工艺人才。故宫在大规模维修中，进行全过程跟踪影像记录，实行"师承制"，就是为了使古建筑技术薪火相传。书画装裱、青铜器修复、书画临摹等文物保护传统技艺，也是需要保护和传承的非物质文化遗产。2008年以来，故宫博物院的中国古代官式建筑传统工艺以及书画装裱工艺等4项已被列入国家级非物质文化遗产。

三是价值的累积性。故宫的价值是客观存在的，对它的认识是一个不断深入研究的过程。在封建时代，作为皇宫的紫禁城，是皇权的象征，是封建王朝的中枢所在地，成为鲜明的政治符号，有着至高无上的地位，它庄严、肃穆，也充满神秘感。中国历代王朝重视收藏。清代帝王特别是乾隆皇帝，更使宫廷收藏达到了极盛。故宫博物院的成立，象征君主法统的清宫旧藏为人民所共有并同享，为故宫博物院赋予了维系中华民族文化、传续中华文明血脉的新内涵。20世纪30年代，为了防止日寇的劫掠，故宫文物南迁，曾展开了一场争论。怎么看待故宫文物？人们在争论中认识到，故宫的文物不能简单地视为古董、古物，而是国宝，是祖宗留给我们的文化遗产，其中蕴含着民族的历史、民族的文化、民族的情感，不能以币值论价。故宫价值也是不断累积的。在社会主义现代化建设中，随着人们遗产保护意识的提高，故宫仍被赋予着新的价值。

四是典制类文物的集大成性。明清为封建社会的末期，也是封建制度最为成熟的阶段，典章制度具有集大成的特点，既有继承又有变革，这在遗存至今的文物上都有充分的体现。例如，宫殿是中国古代最重要的建筑类型，崇宫殿以威四海，是统治者追求的目标。故宫则是中国古代宫殿发展的集大成者。例如夏商周宫殿的"前堂后室"，朝、祖、社三位一体，以及四合院的格局，秦汉宫殿的中轴对称的群体构图方式，隋唐宫殿的左中右三路的对称规整格局，宋金元将宫殿区置于城内中央的形制，等等，都在紫禁城建筑中得到了体现。此外，故宫留存大量有关皇帝衣食住行、礼节仪式等方面所使用的设施和物品，这些都是长时期的礼仪服御制度演变发展的结果。马克思提出了"人体解剖对于猴体解剖是一把钥匙"的方法论，即"低等动物身上表露的高等动物的征兆，反而只有在高等动物本身已被认识之后才能理解"。正是基于这一认识，马克思研究商品，不是从有商品交换的古希腊开始，而是从商品经济走向成熟形态的资本主义社会开始，所以说"资本主义经济为古代经济等等"提供了"钥匙"。借鉴马克思这一理论，作为封建典制最为成熟的明清时期，故宫这些宫廷文物及遗存所具有的集大成性特点对于研究封建典制的演变过程是有重要意义的。

故宫学的学术价值体现在它的丰富内涵和显著特点上。从已发布的研究成果看，许多都是中国文化史、中国艺术史、中国明清史的重大课题。故宫学又可包括紫禁城学、明清宫廷史学、明清档案学以及中国古代书画、工艺、金石等古典艺术学。初步梳理，故宫学至少包括如下若干方面：故宫学与紫禁城皇宫建筑群研究的关系；故宫学与明清皇家建筑物研究的关系；故宫学与中国古代建筑技术与艺术研究的关系；故宫学与中国古代艺术（古书画、古青铜器、古陶瓷及各类工艺品）研究的关系；故宫学与明清民族问题研究的关系；故宫学与明清时期中外文化交流研究的关系；故宫学与明清皇家艺术品收藏与制造研究的关系；故宫学与明清时期皇宫修书藏书研究的关系；故宫学与明清典章制度研究的关系；故宫学与明清宗教政策及宫廷宗教活动研究的关系；故宫学与明清重大政治、军事事件研究的关系；故宫

学与明清皇帝、后妃子嗣、太监生活研究的关系；故宫学与明清朝臣
疆吏研究的关系；故宫学与明清档案管理、利用研究的关系；故宫学
与中国近现代革命史研究的关系；故宫学与80多年来中国文物保护的
关系；故宫学与中国博物馆事业发展的关系；故宫学与故宫专家、学
者及中国现代学术研究史的关系；故宫学与无形文化遗产保护传承的
关系；故宫学与文物科技保护的关系；等等。

　　从以上介绍可以看到，故宫学研究的对象仍然主要是中国传统
的学术文化，这是一座蕴藏着丰富资源和宝藏的大山，是一个几千年
积累、传承下来的知识宝库，我们必须以虔诚、敬畏的态度来对待这
个研究对象，在此基础上对中国传统学术文化进行深入研究和具体分
析，揭示其发展规律，形成服务于当代中国文化建设和积极参与人类
文明对话的故宫学的理论体系，同时丰富并发展"国学"。

三　国学的文化解读与故宫学的文化意义

　　前边介绍了第三次国学热，国学概念已扩展为"中国传统文
化"。因此，从文化的角度解读国学，就十分必要。这既牵涉到国
学的内涵，也牵涉到我们对国学的态度。袁行霈先生认为，"国学
的当代意义，在很大程度上取决于我们的研究态度。我们研究国
学，应以承传中华民族优秀传统文化为己任"。他认为，传统文化
是一个民族的根，是一个民族的标志，也是一个民族的骄傲。传统文
化关系到每个民族对自己身份的认同感、归属感，以及伴随这种认同
感和归属感而来的文化尊严感。传统文化又是民族凝聚力的源泉。

　　国学是传统文化中深层的、学术性的部分。现在的国学热，出于
各种目的倡导国学的人都有，商业化、实用化、简单化的倾向已引起
人们的担忧。从文化的角度审视国学，才能明确国学研究对于社会人
生的真正意义，摒除各种实用主义、功利主义的态度，才能找到国学

的"文化尊严"。

从文化的角度解读国学，国学最有价值的部分就是它所蕴含的传统的文化精神，这些精神是中华民族得以绵延发展的内在力量。国学研究的重要现实意义，就是发掘并继承、弘扬这些优秀的文化精神。

从国学新视野来看，国学研究，最重要的是要正确对待传统文化，认识传统文化的意义。这就必须坚持"文化自觉"的态度。文化自觉是费孝通先生晚年提出来的一个重要概念。他认为，进入信息社会、进入全球化时代，文化也变得那么快，这就发生了自身文化如何保存下去的问题，他认为只有从文化转型上求生路，要善于发挥原有文化的特长求得民族的生存和发展。他说，提出文化自觉："其意义在于生活在一定文化中的人对其文化有'自知之明'，明白它的来历，形成的过程，所具有的特色和它的发展的趋向，自知之明是为了加强对文化转型的自主能力，取得决定适应新环境、新时代文化选择的自主地位。"文化自觉首先是对自己的文化有自知之明，也就是充分认识自己的历史和传统，这是一种文化延续下去的根与种子。文化自觉不带任何"文化回归"的意思，不是要"复旧"，同时也不主张"全盘西化"或"全盘他化"。按照费孝通先生的观点，文化转型是当前人类共同的问题，不管是中国还是西方，都有一个文化自觉的问题，都要通过文化自觉来重新审视自己的文化和他人的文化，找到本民族文化的"安身立命"之所。就是说，自觉是为了自主，取得一个文化的自主权，能确定自己的文化方向。要运用"和而不同"的观念处理与不同文化之间的关系，以达到"各美其美，美人之美，美美与共，世界大同"之目的。

应该看到，近代以来，在对待自身文化的态度上，伴随着民族兴衰、国运沉浮，不时出现"自卑自弃"和"自大自傲"两种倾向。现在，世界日益成为一个"地球村"，不同文化的交流、交融、交锋比以往任何时候都更加频繁。在这样的背景下，更加需要我们以理性、科学的态度进行文化的反思、比较、展望，正确看待自己的文化，正确对待别人的文化，充分认识中国文化的独特优势和发展前景，进一步坚定我们的文化信念和文化追求。

故宫是中国传统文化的重要载体，从文化的角度看待故宫学，它具有重要的文化意义。

把故宫看成一个文化体，其本质就是宫廷文化。宫廷本来是一个地域概念，后来演变成一个政治性概念，它是君主制的产物，代表着封建统治阶段最高阶层的核心，或者说是朝廷的核心。它以皇帝的活动为主体，并包括皇室、亲近大臣以及为皇帝皇室服务人员的活动。宫廷，中国有，外国也有，但在中国存在时间特别漫长。作为君主制权力的中心，国家政令在此制定发布，对整个社会生活发生着经常的重大的影响。故宫曾是明清两代的皇宫，当时叫紫禁城，是封建王朝的权力中枢，在国家历史中曾起过非常重要的作用。宫廷又有着丰富的文物收藏。文化人类学有一个大传统与小传统的概念，主要研究一个文化中的上层文化和民间文化关系。以此来看，故宫文化属于大传统，是上层的、主流的文化。中国历来讲究器以载道，故宫及其皇家收藏凝固了传统的特别是辉煌时期的中国文化，是几千年来中国的器用典章、国家制度、意识形态、科学技术等积累的结晶。

故宫不只是供使用的建筑物，不只是一个壳，本身有着丰富的深刻的意义。从政治上讲，故宫既是至高无上的皇帝威权的反映，也是中国古代中央集权和国家统一的重要象征，是一个政治符号。在中国历史上，坚持传统的宫殿制度又与政权的继承性、正统性联系在一起。因而少数民族建立的全国政权，为求争取汉族上层分子的支持与合作并减少汉族民众的反抗，在所建政权的形式和宫殿及都城、礼仪等典章制度方面，都不同程度地比附、效法汉族传统，尊崇儒家，以表明自己的正统地位。元新建的大都及宫殿就是如此，而清人则完全使用了明朝的宫殿。当然，历代在宫殿建设上也会有其自身的一些特色，但基本格局则是逐渐形成并不断完善的。从文化上讲，中国的传统思想文化包括阴阳五行学说及审美观念等，都通过故宫建筑语言得到充分体现。

中国传统思想文化的一个重要特点，是儒释道的逐渐合流。在紫禁城内，明清两代都重视多种宗教的并存。儒家的敬天祭祖祭孔子，宫中都有，奉先殿祭祖，传心殿祭祀三皇五帝及孔子，兼具帝王庙及孔庙功用，乾清宫东庑又有专门祀孔处。清代以藏传佛教为主，佛堂多达数十处，皇帝在宫殿里还有自己的小佛堂，每天宫中都有吹吹打打的佛事活动。坤宁宫每天也必有满族的固有信仰——萨满教祭祀，要宰4头黑猪；坤宁宫西侧的炕上，则供奉着释迦牟尼、观音和关帝的塑像。道教有钦安殿、玄穹宝殿，建于明代的钦安殿是整个北京城唯一在南北中轴线上的宗教建筑。民间俗神也多有祭祀，城内西北角有城隍庙，奉紫禁城城隍之神；城隍庙东为祀马神之所，乾隆皇帝下谕旨："朕所乘之马，祭祀甚属紧要。"此外还有关帝（清代在钦安殿、万春亭等处供奉）、药王（在御药房内供奉）、灶神（今坤宁宫神厨东墙上尚供有"东厨司命灶君之位"木牌一面）、井神（传心殿前有大庖井，清代每年10月祭井神于此）、门神等等。整个紫禁城是一个神佛世界。

故宫文化虽属上层文化，但又与民间文化、地区文化相互影响。皇帝的爱好，宫中的习尚，往往对整个社会产生极大的影响。如清宫重视戏曲活动，对京剧的形成就起了推波助澜的作用，特别是乾隆时期四大徽班进京，直接引导了京剧的诞生。反过来，宫中的节庆活动，也吸收民间的传统习俗，端午有龙舟竞渡，七夕祭牛女星君，中秋节祭月，重阳登高，腊月二十三祭灶神，等等。又如宫廷音乐与民间音乐也有联系，如宫廷音乐中的《导迎乐》和寺庙中、京剧中的《朝天子》以及宫中曲牌《银纽丝》与民间音乐《探亲家》同出一辙，宫中曲牌《海青》也竟在承德寺庙音乐中出现。故宫文化也包括中外文化交流以及国内各民族文化交流融合的成果。

对于故宫文物藏品的文化意义，我想再多说一点。前边已介绍过，故宫的文物藏品相当丰富。皇室的收藏有两个特点，一是藏品的国宝意义，即政治意义，藏品往往与政权的继承性、合法性联系在一起。《左传》中有句话说："是以为君慎器与名，不可以假人。"器与名是权力的象征或标志，决不可轻易给他人，"若以假人，与人政也。"禹铸九鼎，三代视之为国宝，楚王曾打问"鼎之大小轻重"，就是觊觎王位。这成为一个有名的典故。当年蒋介石撤离大陆，带去故宫博物院的一部分文物，一些研究者认为之所以要带去这些皇家珍藏，就是为了表示自己的政权的正统性。正如台北故宫博物院第一任院长蒋复璁所说："这20余万件的珍品，是数百年来由前人点滴积累起来的，而且是我们今日中国台湾，最足以号召世界，证明我们承继了中国五千年文化的最具体的信物。"

另一个特点是藏品的特殊性。《尚书·洪范》云："唯辟作福，唯辟作威，唯辟玉食。"掌握着绝对权力的封建帝王，必然是全社会中最高等级同时也是最为丰富的奢侈品、礼仪用品、珍奇品及古董的拥有者；由于皇帝以"内圣外王"的身份出现，被人为地推崇为全社会伦理的最高典范，这样皇室又成为祖先、民族、国家象征物的最大收藏者。除过历代皇家收藏的承袭外，各个时代也都制作了大量艺术品，凭着王室的绝对权力，使其有可能使用最好的材料，最优秀的工匠，创造出代表时代最高艺术水平的作品来。像安阳5号墓，那是商王武丁的60个妻妾中的一个——妇好的墓，你看，出土的那些硕大的青铜礼器、玉器、兵器、乐器、棺椁……其中，三联甗、鸮尊、象牙杯……无不令人瞠目结舌，这些在同时代的贵族墓中是根本不可能出现的。这种在王室墓中才可以见到的特殊器物，昭示了王室（皇家）在历史学认识层面上的显著的排他性。

北京故宫博物院现有清宫文物180万件（套），台北故宫博物院有65万件（套）。故宫博物院是世界上最丰富、最重要的中国古代艺术品的宝库。在两岸故宫博物院的240多万件（套）文物中，论时代，上自新石器时代，下至宋元明清直至近现代；论范围，囊括了古代中国各个地域的文明精华，包容了汉族和古代许多少数民族的艺术精粹；论类别，包含了中国古代艺术品的所有门类。故宫博物院庋藏的各主要类别文物，其本身就完整地记录了该类文物从萌生、发展到辉煌的文化链。以书法为例，故宫博物院的藏品涵盖了从契刻到书写进而发展成为一门独立的书法艺术的历程，藏品从甲骨文、钟鼎文，直至晋朝开始形成书画艺术，此后，历朝各代的名家流派，几乎一应俱全。再以陶瓷为例，从新石器时代的黑陶、彩陶，直到两宋的五大名窑，元代青花瓷，明代白瓷、釉里红、斗彩等，清代的粉彩和珐琅彩等；其他如玉器、铜器和许多工艺品等，也是如此。因此，故宫是一部浓缩的中华5000年文明史。中华民族绵延不断的历史文化在故宫博物院的各类文物藏品里均得到了充分的印证。

前边说过，传统国学的主流是儒学，儒家有"道统"说。韩愈在《原道》中提出儒学之"道"的传授系统，即尧、舜、禹、汤、文、武、周公、孔、孟，宋代又认为"二程"（程颢、程颐）、朱熹继承了儒家"道统"的地位。台北故宫博物院1965年成立时，其院址称为"中山博物院"，据说是为了纪念孙中山先生百岁诞辰。"行政院长"严家淦在开馆贺词中说："此一博物院定名为中山，并在国父诞辰之日落成，尤具意义。国父以继承尧、舜、禹、汤、文、武、周公、孔子相传的道统为己任；博物院代表一个民族的文化。现在博物院以中山为名，来纪念国父，就是要把国父的思想发扬光大，达到天下为公的地步。"这样，台北故宫博物院文物收藏就与儒家的"道统"说联系了起来，亦即与传统国学联系了起来。

1966年，正当大陆轰轰烈烈地开展无产阶级"文化大革命"时，中国台湾则进行了一场"中华文化复兴运动"。当时的台北故宫博物院院长蒋复璁著有《中华文化复兴运动与"国立故宫博物院"》，专门阐述了该院在宣传"道统"上的责任与任务。蒋复璁说："'故宫博物院'的责任，在文化复兴的号召中，在民族自信心的恢复上，最需要具体的实物或艺术品现象出来作证。”“我国的历史悠久，文化优美，人人都是这么说，但是‘人证、物证’在哪里呢？——这就是深一层探寻真理的问法了，‘故宫博物院’在这方面可以给予完整的答复，若说人证，‘故宫博物院’藏有成系统的历代帝王图像。……他们的面貌，栩栩如生，历史间架，清晰如画。……至于历史的‘物证’，那更是琳琅满目，美不胜指。商鼎周彝、秦权汉镜、宋画明瓷……——都在博物院中有陈列着。”当然，中国台湾的这场运动是针对大陆的“文化大革命”，他们自诩为“道统”的继承者。但是，在表现中华文明5000年历史上，故宫文物确实有着这种物证的作用。不过，台北故宫博物院的文物只占故宫文物很少一部分，当时的台北，还不清楚北京故宫博物院的收藏状况。

令两岸同胞高兴的是，从2009年春季以来，两个故宫博物院打破了60年的隔绝，开始了文物的交流，人员的交流。虽然台北故宫博物院的文物暂还未能来大陆，但北京故宫博物院的文物已多次到台北故宫博物院或合办展览，或参与展览。两岸同胞乃至国际社会对于两岸故宫博物院文物的交流给予高度评价，认为故宫文物的交流对于弘扬中华传统文化、增强民族认同感、促进两岸和平统一具有特殊的意义。最近，收藏在台北故宫博物院的元代黄公望的名作《富春山居图》，与曾是该画卷中的一部分——现收藏于浙江省博物馆的《剩山图》的合璧展出，更是引起社会的广泛关注和强烈反响，“画犹如此，人何以堪？”温家宝总理的这句话，促进了这一展览的举办，反映了两岸同胞的共同心愿，也反映了故宫文化的意义，故宫文化的力量。

四　国学研究的立场、方法与故宫学研究

总结历史的经验教训，适应当前新文化建设的需要与民族文化复

兴潮流，新国学研究必须坚持正确的立场、方法，才能健康、持续地深入发展，这些也同样适用于故宫学研究。

首先，必须坚持科学的实事求是的态度，区分精华和糟粕。

既然是传统文化，它就必然有好的一面，即"国粹"；也必然有不好的一面，即"国渣"。这就要认真地分析评判，既反对历史虚无主义，也反对不加分析的盲目拔高。重温毛泽东的经典论述是很有必要的，他在71年前说过："中国的长期封建社会中，创造了灿烂的古代文化。清理古代文化的发展过程，剔除其封建性的糟粕，吸收其民主性的精华，是发展民族新文化提高民族自信心的必要条件；但是决不能无批判地兼收并蓄。""我们必须尊重自己的历史，决不能割断历史。但是这种尊重，是给历史以一定的科学的地位，是尊重历史的辩证法的发展，而不是颂古非今，不是赞扬任何封建的毒素。"①

故宫学主要研究的是宫廷文化，是帝王将相的活动，坚持上述基本的立场、原则尤其重要。故宫是世界文化遗产，是中国人民对世界文明的伟大贡献；故宫的文物藏品反映了中华文明的光辉灿烂，反映了中华民族的创造和智慧，但并不是说，它都是精华，没有糟粕了。事实上，它是封建专制主义的典型体现，反映了封建礼制、帝王威权的至高无上，皇室的奢侈、腐朽以及宫闱斗争的残酷性等，即如为人所称道的《四库全书》的编纂，就与"寓禁于征"的政策及大兴文字狱结合在一起。这些都是毋庸讳言的。今年是辛亥革命100周年，两岸都在隆重纪念，如果完全肯定封建的那些东西，我们当年为什么还要革封建的命呢？

故宫博物院成立86年来，围绕着故宫及其藏品发生过多次重要争论，都是关系到对皇宫价值的认识。主要有两次：一次是1928年，南京国民政府委员经亨颐提出废除故宫博物院、拍卖故宫藏品的议案，理由是故宫是"天字第一号逆产"，故宫博物院研究皇帝所用事物，

---

① 毛泽东：《新民主主义论》（1940 年 1 月）。

似乎是为谁要来当皇帝"预先设立大典筹备处"等。为故宫博物院的成立及维持存在做出了极大努力的人士对经氏的言论逐一进行反驳，张继等特别是从欧洲皇宫近代变为博物馆的趋势，力陈保护故宫及故宫藏品的重要意义：

> 现欧洲各国，为供历史之参考，对于以前皇权王政时代物品，莫不收罗保存，唯恐落后。即苏俄在共产主义之下，亦知保护旧物，供学者之研究。……一代文化，每有一代之背景，背景之遗留，除文字以外，皆寄于残余文物之中。大者至于建筑，小者至于陈设，虽一物之微，莫不足供后人研究之价值。明清两代，海航初兴，西化传来，东风不变，结五千年之旧史，开未来之新局，故其文化，实有世界价值，而其所托者，除文字外，实结晶于故宫及其所藏品。近来欧美人士，来游北平，莫不叹为大可列入世界博物院之数。即使我人不自惜文物，亦应为世界惜之。还观海外，彼人之保惜历史物品如彼，吾人宜如何努力？岂宜更加摧残？[①]

这一看法突出了故宫在学术研究、传承文化以及在明清两代文化转型中所体现的"世界价值"。另一次是20世纪60年代，有人说故宫"封建落后，地广人稀"，提出要对它进行改造。在这些人看来，故宫等同于封建主义，故宫文化是需要彻底打倒的。他们不懂得历史唯物主义，不知道故宫代表着我们民族的历史文化，我们的新政权就是从这里走来的，故宫文化与今天的文化建设也有着深刻的联系。当然，也还有另外一种倾向，如盲目地颂扬封建帝王，对封建等级制度缺乏分析批判，推崇宫廷文化，等等。我们今天对待故宫文化，既不是全面否定，也不是一味说好，而应科学对待，认真研究，分清其

---

① 吴瀛：《故宫博物院前后五年经过记》卷二，第35—36页，故宫博物院编，1932年。

精华与糟粕。随着全社会文化遗产观念的进一步提升，人们更加关注故宫、爱护故宫，从以故宫为代表的文化遗产中吸取创造新生活的智慧，去建设更加美好的未来。

其次，强调整体性思维，提倡多学科的结合。

传统国学即我国固有的学术，有其自身的特点，如有学者指出，中国传统学术是整体之学、博雅之学、汇通之学，强调知行合一，经世致用，注重义理、考据、辞章的统一。20世纪二三十年代成立的国学研究机构，纷纷接受、采用了西方学科的方法，对我国固有的学术、文化进行分类，一般分为文、史、哲，加上语言、文字、民俗、考古等。传统的学科分类经、史、子、集，逐渐让位给以文、史、哲为代表的现代学科。经过近一个世纪的实践，回过头来进行反思，他们认为把中国传统学术放在"西学"的学科门类之下，必然是削足适履，摆脱不了肢解国学之弊。近年来许多大学成立国学院，目的就是避免和纠正这种弊端，强调经史、文史的会通，打破学科的壁垒，真正继承古代学术的优良传统。因此，一些大学提出在当代中国高等教育体系中，应把国学列为一级学科。这个问题还在争论，还没有解决。但是国学强调的整体性思维，打破学科界限的研究思路，对故宫学有着重要的意义。

故宫学把故宫的建筑、文物遗藏及宫廷历史文化作为一个互相关联的整体来看待，因此文化整体性是故宫学方法论的哲学基础。故宫学从文化整体的角度去评估故宫的文物价值和文化内涵。同时故宫学也从文化整体的角度来认识和理解故宫学的各个领域（如古建筑、文物藏品、宫廷历史文化和博物院史）的深刻内涵及各领域之间的紧密联系。

故宫学本身是一个学科体系，其中又可分为古遗址、古建筑、古器物、历史档案与文献等方面，其研究内容涉及哲学（美学、宗教学）、社会学（民俗学）、民族学、文学、艺术学、历史学（考古学、博物馆学、历史文献学、中国古代史、中国近现代史）、建筑学、理学、工学、管理学、图书馆学、档案学等学科领域。在围绕着以故宫为核心的综合研究中，这些不同的研究对象成为故宫学课题的有机组成部分而获得新的研究视角、途径、方法和结论，也就形成了新的学科体系。这也决定了故宫是一门新兴的综合性学科，具有多学科交叉或者说跨学科的特点。故宫学的这一特点，要求研究者尽量具备多方面的知识和素养，同时也要求从不同方面、不同学科对文化遗产进行研究。例如雨花阁，是乾隆年间所修的一座皇家佛堂，仿西藏阿里托林寺，其建筑很有特色，阁中又有大量的藏传佛教文物，对其可以从政治、建筑、宗教、宫廷文化以及皇帝个人等多个方面研究，而每一个方面又都有丰富的内容。

再次，要有开放的视野。

新国学有其自身的学术特点，但绝不是封闭的体系，而强调要有开放的态度，吸取人类一切优秀的文化成果。从明末清初西方传教士来华而进行的中西文化交流以来，在西方兴起了持续至今的研究中国的"汉学"，其中有一些就是对中国经典、中国传统文化的研究，他们的成果，不仅使西方加强了对中国文化的认识，对我们的新国学研究也很有启发。近年来有关"汉学"和国学的关系引起了学界的重视。

对故宫学来说，更要有开放的态度。最重要的原因，是清宫藏品的散佚以及故宫博物院藏品的外拨，致使海内外许多博物馆、图书馆、科研机构以及个人，都有故宫的文物。这远比敦煌文献的流失要多。1860年英法联军火烧圆明园，劫掠了大量皇家珍宝，大家要知道，圆明园的文物也是清宫的，《女史箴图》原在建福宫花园，后移置圆明园，被侵略者抢走，现在大英博物馆。法国凡尔赛宫的中国皇家珍品大多是那时抢去的。清末至故宫博物院成立前，又有大量文物被盗出，散失在民间。沈阳故宫、承德避暑山庄也有丰富的宫廷文物，中国台北故宫博物院有60余万件清宫文物，台湾"中研院"史语所有30余万件清宫档案，辽宁省博物馆、吉林省博物馆、上海博物馆、南京博物院等都有一批清宫的书画名迹与其他文物。美国、日本、欧洲一些博物馆都有清宫文物，从20世纪50年代中期直至80年代，故宫博物院又把大量清宫典籍、陶瓷甚至书画等，调拨给全国几乎所有的省级博物馆以及一些中型博物馆。中国第一历史档案馆现有1000万件明清档案，其中30年前由故宫划拨去的档案即达800万件。这些都是历史形成的。从清宫出去的东西到底有多少？现在还难以统计，可以肯定地说，这是个庞大的数字，近年来海内外中国文物拍卖会，引起轰动的往往是清宫文物。

清宫文物在海内外的大量散佚，客观上为更多的机构与个人参与故宫学研究提供了条件，因此故宫学从一提出就强调其开放性的特点。从故宫学的视野来看，这些流散文物不是孤立的个体，而是与故宫及其他文物有着一定的联系。这些文物从而也就有了生命，其内涵也才能被深刻地发掘出来。学术为天下公器，故宫学一直倡导"故宫在北京，故宫学在中国、在世界"的学术理念。故宫学不只是两岸两个故宫博物院乃或是海内外收藏有关清宫文物的机构或个人的事，而应该是海内外学术界的共同事业。

海峡两岸两个故宫博物院同根同源，其藏品都以清宫旧藏为主，都是中国传统文化艺术的精华，且藏品原来就是一个整体，互补性强，联系面广，既各有千秋，又不可孤立存在。将这些藏品放在一起，更能全面认识中华文明的源远流长与灿烂辉煌。两岸故宫博物院都有重视学术研究的良好传统，都是故宫学研究的重镇，在故宫学研究上也都有相当的成果和基础。台北故宫博物院对故宫学亦持积极的态度。两岸故宫博物院加强学术交流，对于合作开展重大课题的攻关，互相取长补短，以及在整体上提高故宫学的研究水平，有着重要意义。

最后，在加强学术研究的同时，要重视普及工作。

第三次国学热潮是在中国经济快速发展、全球化步伐加快，中国人对身份认同感及民族自信心、自豪感亟待加强的大背景下兴起的。

当代的国学研究应具有提高与普及相结合的品格，担当起普及优秀传统文化的任务。

故宫作为博物院，具有文物收藏、展示、研究等一系列博物馆业务。故宫学研究主要是挖掘故宫深厚的历史文化内涵。故宫学的研究带有博物馆科研的特点，即其成果不只以论文、著作的形式体现，还反映在文物的整理、展览、保护之中。

故宫吸引广大游客的，一是它的雄伟的古建筑，即皇宫；另一是丰富的文物展览，既有宫廷原状陈列，又有宫廷历史文化展览，还有书画、陶瓷、珍宝、钟表、青铜、玉器等专馆，另外每年还举办一些特展、大展，这些展览能否办好，学术研究是重要基础。每次大的展览活动，同时都要举行学术研讨会，让观众了解文物藏品的故事，知道展览的意义，从中受到教益或启发，这就是普及工作。为了把学术成果推向社会，故宫博物院近年来还采取了一些措施，如与中央电视台合拍的12集《故宫》系列片，受到社会好评；出版了一批故宫知识的普及读物；举办故宫知识进大学、进社区活动；在全国博物馆系统率先实行有组织的中学生免费参观、讲解的活动；等等。故宫的游客人数近年来不断上升，最高曾达到1284万人次，做好故宫知识的普及，使故宫成为中、外游客了解、感受中华文明的一个窗口，意义自然是重大的。

最后，我想借用中国社会科学院研究生院老院长方克立先生的一段话作为本次讲演的结束语，他说："在创建新国学的过程中出现认识分歧和'百家争鸣'的情况也是很正常的，但它作为中国特色社会主义文化重要组成部分的地位不会改变，中国人永远需要到它那里去寻找自己的文化根源和民族身份认同，到它那里去汲取智慧和力量。我们相信，经过若干代人的努力，在近现代学术转型中曾经被边缘化的国学必将以新的面貌重新进入中国学术文化的主流和中心，它的命运与国家的兴衰是紧密联系在一起的。"我完全赞同方先生的论述。我也相信，在学界的共同参与积极支持下，新生的故宫学也会不断发展，并取得令人鼓舞的成果。

（本文是作者2011年10月20日在中国社会科学院研究生院"社科大师大讲堂"第11讲上的演讲，刊载于《故宫学刊》2013年总第10辑，收入《笃学大讲堂（第1辑）》，社会科学文献出版社，2013年）

第三编

面对丰厚的中华文化遗产，我们要有自豪感，同时要以敬畏之心来善待，从对国家和历史负责的高度，加强对民族文化的研究与利用，以虔诚的心灵澄澈文化的血脉。根据我国文化遗产保护现状与存在问题，需要继续提高对保护文化遗产意义的认识，正确理解保护文化遗产的方针，加强保护和管理工作中的法制建设等。

物质文化遗产与非物质文化遗产都是我国历史的见证和中华文化的重要载体。博物馆不仅要保护物质文化遗产，而且在非物质文化遗产的保护上也负有责任并大有作为。

略议我国世界文化遗产保护
和管理中的法律问题

一

我国1985年加入联合国教科文组织《保护世界文化和自然遗产公约》，1987年故宫等遗产地成为我国第一批世界文化遗产。[①]发展至今，世界文化遗产的保护和管理在我国已经有近20年的工作历程。思考我国世界文化遗产的保护和管理工作现状，展望世界文化遗产在国家和民族发展伟业中应当发挥的巨大作用，深感必须加强对世界文化遗产保护和管理中法律问题的研究，必须加强保护和管理工作中的法制建设。

二

要切实保护好世界文化遗产，充分实现世界文化遗产的文化、历史和科学价值，完善的法制是重要保障。根据《保护世界文化和自然遗产公约》的规定，具有突出重要性，并对全人类有普遍价值的文化

---

① 1987年，我国第一批世界文化遗产有6处：周口店北京猿人遗址、敦煌莫高窟、泰山、长城、秦始皇陵及兵马俑坑、明清皇宫（故宫）。

遗产地，才能够入选《世界遗产名录》。这些文化遗产地是所在国人民的骄傲，是不同地区间不同国家间人民相互了解、增进友谊和传播知识的重要途径。由于年代久远以及人为和自然因素，这些文化遗产地正在受到损害和破坏的威胁。这些损害和破坏将导致遗产所在地区人民精神家园的丧失，导致全人类遗产的枯竭。因此，遗产所在地区的政府和人民应当竭尽全力保护，使世界文化遗产免遭损害和破坏。国际社会也有保护责任，通过政府间合作和提供财政、技术方面的援助，实现对全人类文化遗产的共同保护。世界文化遗产的上述特性，决定了我们的保护和管理工作必须在加强行政手段的同时强化法律手段，管理者必须在钻研文化遗产知识的同时精通有关的法律知识。

三

当前，我国世界文化遗产保护管理的法律环境不容乐观。保护和管理队伍中，有关法律的专门研究机构和研究人才尚属空白；文化遗产研究人员缺乏对有关法律问题进行深入研究的积极性和主动性，其他领域法律专家对世界文化遗产法律问题开展研究的积极性和主动性也有待进一步提高。这些现实情况，使我国世界文化遗产保护管理的法律基础理论研究极其缺乏，许多重大问题没有能够在法理上得到科学的解释。《中华人民共和国文物保护法》及其实施条例和一些配套规章的陆续出台，虽然使世界文化遗产保护管理工作的许多方面得到了法律的支持和保障，但由于这个领域的工作在很大程度上与传统的文物保护工作相比较有其特殊性，特别是世界文化遗产的保护管理工作基本上是国际合作的产物，许多问题还有待通过制定专门的法律加以解决。《保护世界文化和自然遗产公约》的重要原则和基本要求并没有在我国的法律体系中得到充分的具体落实，许多世界文化遗产地也没有符合公约具体要求的地方性专项法规做保护依据。随着国家法制化进程的总体加快，《中华人民共和国行政许可法》等一批规范政府行为的法律法规陆续出台。政府和文物等有关行政部门的审批项目和许可项目必须有合乎法律的明确依据，对破坏世界文化遗产行为的处罚也必须有合乎法律的明确依据。这有助于政府工作的公开透明和高效廉洁，但在当前也客观上增加了政府保护和管理世界文化遗产的难度。尤其要指出的是，如何充分发挥社会各界特别是民众的力量参与保护世界文化遗产，如何保障民众接触和欣赏世界文化遗产的权利，这方面的法律规定基本上还属于空白。这在一定程度上制约了世界文化遗产保护管理工作的发展，更使世界文化遗产作用的发挥和价值的实现遭遇了无谓的阻碍。

四

根据世界文化遗产保护管理工作的实际需要，以及为了有效和充分地发挥民众在世界文化遗产保护中的参与作用，目前应当积极利用和发挥我国长期以来法制建设所取得的已有成就，使这些成就能够在最大程度上服务于世界文化遗产。毫无疑问，不可移动文物特别是其中的文物保护单位，是世界文化遗产的最主要组成部分。长期以来我国文物法制建设取得的成就，已经为不可移动文物的保护建筑起了较为完善的法律框架。文物保护的"四有[①]规范"以及文物维修的基本要求等重要法律规定，应当在世界文化遗产保护的有关工作中得到坚决的执行。世界文化遗产及其周边的环境保护，应当是世界文化遗产保护的重要内容。我国的环境保护立法工作已经取得了重大成就。许多重要的环境保护措施和大量的环境保护具体标准，应当充分引入遗产地各个具体的保护项目。令人惋惜的是，由于没有及时把环境保

---

① "四有"即有保护范围、有保护标志、有记录档案、有保管机构。

护措施和环境保护标准体系引入文化遗产保护工作，环境污染已经对世界文化遗产的安全造成了严重威胁。世界文化遗产保护所追求的目标之一，是物质文化遗产和非物质文化遗产的相互交融和相得益彰。加强世界文化遗产地人文环境中的非物质文化遗产保护工作，应当引起足够的重视。虽然有关非物质文化遗产保护的国家级立法还没有出台，但地方立法工作已经取得重要成果，有关的国际公约也已经制定，正等待各国的进一步重视和加入。特别是散见于许多有关知识保护和传播的法律法规中的具体方法和措施，应当成为非物质文化遗产保护的重要手段，需要进行具体和深入的研究。世界文化遗产要发挥其重大的宣传教育作用，开辟参观游览场所是重要手段。参观游览场所内必然要设立经营项目，但经营项目如果得不到科学的规划和管理，可能使公众的正常需要得不到满足，也可能使文化遗产地受到商业化的破坏。为使经营项目真正服务于世界文化遗产的保护和宣传，国家已有的关于特许经营的法律规定应该积极采纳并得到严格执行。民众参与是世界文化遗产得到有效保护并充分发挥宣传教育作用的重要因素。民众参与有关工作，需要得到大力的支持和帮助，也需要规范有序的协调和组织。随着国家政治民主化进程的加快，市民社会的法制建设也在逐步加强。我国关于社团管理的法律法规虽然尚有许多不尽完善的地方，但关于非政府组织以及各类民间组织和机构的设置及其权利义务关系等，已经有了可供具体实施的规则和程序。各世界文化遗产的管理机构应当充分研究这些规定的具体内容，积极与民政部门合作，结合当地社会经济发展特点，引导和帮助民间力量开展规范有效的文化遗产保护宣传活动，并逐步在组织形式和工作内容上与发达国家接轨。知识产权保护制度和合同制度，是一个国家法律体系中的重要组成部分。世界文化遗产保护工作的科技含量和知识创新程度都很高，必须全面研究和执行有关知识产权保护的法律法规与具体规定，才能够在切实保护知识创新者利益的同时，有效推动保护工作的深入化发展，并积极传播文化遗产及其保护的科学知识。合同制度是合作者相互间行为规范的准则。世界文化遗产的保护、管理及其发挥宣传教育作用，需要尽可能多的有识之士和权威机构的合作。要使这些合作能够长期、有效和稳定地开展，必须通过合同加以约束和规范。现代合同制度是人类长期以来以合作求发展的必然产物，是各国专家经验和智慧的结晶，值得文化遗产工作者认真学习，仔细钻研。

五

2004年2月，经国务院同意，国务院办公厅转发了文化部、国家文物局、国家发改委、国家旅游局等9部门《关于加强我国世界文化遗产保护管理工作的意见》。这个文件强调必须提高认识，端正世界文化遗产保护管理工作的指导思想；必须强化责任，加强对世界文化遗产保护管理工作的领导；必须加大力度，全面推进世界文化遗产的保护管理工作。作为立法工作的政策依据，它对各级政府以及政府各部门的分工协作关系，对建立专家咨询机制和监测巡视制度，对强化保护管理机构，对制订一系列具体保护措施，对促进民众参与保护工作和分享保护成果，都提出了明确要求。这是今后有关世界文化遗产保护和管理立法工作的基础性文件，世界文化遗产工作者应当认真学习和研究，共同为提高保护管理工作的法制化水平贡献力量。目前，为进一步实现对世界文化遗产的法律化管理，应当优先开展以下工作：研究和起草各个世界文化遗产地的保护规划，制订各项具体的保护标准，这是今后有关法律法规实施的重要基础；加强管理机构和执法机构的建设，加强对有关人员的培训，这是法律发挥实际效能的关键；高度重视法律研究队伍的建设和人才的培养，事业的发展依赖于研究工作的深入，这是保护和管理工作可持续发展的保障；聘请并充分发挥高素质法律顾问的作用，法制社会的复杂事务需要他们帮助处理，这是现实工作的需要。

［本文为作者2004年9月参加国家行政学院"依法行政专题研讨班"所撰写的论文，收入《省部级领导干部依法行政专题研讨班学员论文集》（内部发行）］

关于文化遗产保护的几个问题

我今天演讲的题目是《关于文化遗产保护的几个问题》。首先要说明的是，我为什么没有用"文物"而用了"文化遗产"这个概念。大家知道，把物质文化遗产称为"文物"，这有着鲜明的中国特色，有着悠久的文化传统。但我们现在要保护的，不只是物质文化遗产，还有非物质文化遗产，这是个大文物的概念，"文物"这个词显然包含不了这么多的内容，而用"文化遗产"则都包括了。文化遗产的概念现在用得多了，也逐渐被人们接受了。

关于保护文化遗产，我讲4点：第一点，我国文化遗产保护的现状与存在的问题；第二点，保护文化遗产的意义；第三点，正确理解保护文化遗产的方针；第四点，当前加强文化遗产保护的几项重点工作。我可能在有些方面更多地给大家介绍情况，因此不一定做过多的理论阐述，但我认为讲清楚这些情况很有必要。应该说，文化遗产的保护是日益引起人们关注的一件事，大家多少都知道这方面的一些情况，很多人还参与其中，今天的来宾中就有很多同行，还有专家学者。不妥之处，请大家批评指正。

一　我国文化遗产保护的现状与存在的问题

我国的文化遗产保护，目前总的形势是好的，这可以列出很多方面来说明，我这里仅举出几点：一是持续的申报世界文化遗产的热潮。1972年由联合国教科文组织倡导缔结的《保护世界文化和自然遗产公约》，目的是使物质文明进步与环境保护相协调，使全人类得以持续发展。我国1985年参加该公约，起步较晚，但步子迈得很快。目前，我国世界遗产数量已跃居第三位，仅次于西班牙和意大利，是名副其实的遗产大国。现在全国各地申报世界遗产的热情不减，而且越来越高涨。这个"热"是好还是不好？我个人认为，虽然也有弊端，但总的看是好事。为了申报，各地认真研究本地的历史文化资源，制订方案，组织专门班子负责实施，碰到难题往往主要领导亲自出面，有的不惜花费巨资治理环境，解决了一些长期不能解决的问题。比如，洛阳市为了申报龙门石窟为世界遗产，拆掉一处不协调的建筑就花了一个多亿。申报世界遗产的过程，也是普及文物保护知识、动员全社会参与的过程，一方面唤起民众对祖先创造的文化形态和价值观念的思考，另一方面也促使对遗产保护的科学化、规范化。特别是世界遗产理念的引入，给我们开拓了思路。过去保护不可移动文物往往重视文物本体，现在则认识到必须同时重视文物所在的环境，不能孤立地进行保护，所以文物的观念也在扩大。我们过去对文物作用的认识过于政治化、意识形态化，更多地重视它对本国、本民族的意义，现在从世界遗产的视角看，从文化本身具有的深刻价值看，则更加看到它对人类进步、对世界发展的积极作用，因而它是全人类的宝贵财富。申报世界遗产，不只是我国，世界上很多国家也都非常重视。2000年，我到日本，看了一处佛教建筑，他们正在申报世界遗产。我去后，他们热情备至，介绍时十分认真，近乎在汇报工作。当时我很奇怪，我只是来参观访问，怎么如此隆重？后来才知道，联合国教科文组织要派中国专家来考察，我是故宫博物院的负责人，我对这里的印象，他们认为当然也很重要。他们的名片，跟我们现在很多地方一样，印了申报对象的宣传介绍，有图片有说明。

二是各级文物保护单位不断增多。全国重点文物保护单位从1961年以来先后颁布了5批，总数已达1271处。最近大家可能都在等待国务院颁布第六批名单。这些都是具有重大历史、艺术、科学价值的不可移动文物。国家对这些单位补助性的保护经费也在逐步增加，特别是一些重点保护项目，例如一些大遗址的保护、西藏的三大保护工程、三峡文物保护以及高句丽遗址、故宫修缮等，都是数亿甚至一二十亿元的投入。除了全国的重点文物保护单位之外，各级政府也颁布了本地的重点文物保护单位，像广东省有省一级的文物保护单位，广州市也有市一级的文物保护单位，近几年也在不断增加。同时还有一些没有列入文物保护单位的不可移动文物，也受到不同程度的重视。文物保护单位的不断增多，说明文物保护的数量和范围在不断扩大，也反映了我们的保护能力在增强。

三是历史文化名城、名镇、名村的保护。1982年，国务院公布了首批24座国家级历史文化名城，同年颁布实施的《中华人民共和国文物保护法》，首次以法律形式对历史文化名城保护工作做出规定。现在我国已有102座国家级历史文化名城。这些城市都是保存文物特别丰富且具有重大历史价值或者革命纪念意义，它们被确定为历史文化名城，对我国文物保护和城市发展具有重要意义。各地也公布了一些省级历史文化名城。历史文化名城的保护与城市建设的矛盾很突出，教训不少，但总的看，人们认识的不断提高与强大的舆论力量正在促使名城保护走向法制化。近年来，广州、长沙、昆明、福州、北京等地先后制定了历史文化名城保护法规，全国的历史文化名城保护条例正在加快制订。从1996年以来，一些省市相继公布了当地的历史文化保护区、历史文化名镇、历史文化街区，在此基础上，国家于2003年公布了第一批中国历史文化名村12个、名镇10个。这对于文化遗产的全面保护有着重要意义。

四是非物质文化遗产的保护。从物质文化遗产到非物质文化遗产，这是人们对文化遗产认定范围的一个扩大、一个飞跃。非物质文化遗产是活的遗产，更注重的是技能、技术、知识的承传，是活的财富，一切以人为主线。对非物质文化遗产的保护已引起人们的关注，且正在形成一股热潮，它涉及的面广，资源特别丰富，因而引起的社会影响更大。2003年开始实施的中国民族民间文化保护工程，对我国非物质文化遗产保护起了带动作用。我国已有专门机构管理这件事，正在做调查试点工作。国务院办公厅专门发了《关于加强我国非物质文化遗产保护工作的意见》。今年7月初，我参加了"中国非物质文化遗产保护苏州论坛"，会议形成并发表了加强这一工作的共识。我国准备在今年公布第一批国家级非物质文化遗产代表作，各地现在正忙于申报工作。《保护非物质文化遗产公约》是联合国教科文组织大会于2003年11月通过的，我国立法机关2004年8月就批准了该公约。根据规定，在满30个国家申请加入公约时，公约即行生效。我国的昆曲艺术、古琴艺术已被列入联合国教科文组织的"人类口头和非物质文化遗产代表作"名录。各地申报非物质文化遗产名录的热情同申报世界文化遗产一样的高。

五是海外文物的回归。搞文物工作的人最不愿意听到的就是"文物外流"。近代史上中国饱受屈辱，相当多的文物被掠夺、走私、非法买卖，例如中国古代绘画中里程碑式的绝品——东晋顾恺之的《女史箴图》，目前存世的唐代摹本为清宫旧藏，1860年英法联军入侵圆明园时被掠夺，现藏伦敦大英博物馆。流失海外的中国文物数量很大，加上通过正常渠道出去的，有人估计在1000万件左右，大多散落民间。文物关乎国运，现在国家强盛了，许多外流文物在回流，这是令人振奋的现象。据保守的估计，10多年来各拍卖公司共拍卖回流文物5万多件。其中1994年至1997年间，回流文物1万件；1998年至

2004年，则超过4万件。全国有100多家拍卖公司，每次在拍卖文物中，海外回流都占较大的比例。比如2002年就先有从海外回归的宋徽宗亲笔手绘的《写生珍禽图》以2530万元高价被买下，后有宋代米芾的《研山铭》以2999万元被国家收购。这些年，"翁氏藏书"、《淳化阁帖》等珍品被国内收藏，都引起了轰动，反映出我们国力的强大，对提高民族自豪感、自信心意义确实很大。

总的来说，这些年来，整个文化遗产的保护工作日益引起社会的广泛重视，各级政府给予了大力支持，群众的文物保护意识在日益增强。这是应该肯定的，文化遗产保护形势是好的。

下面我分析一下文化遗产保护形势好的原因。可能有多方面因素的影响，比如受中央提出的树立科学发展观、建设社会主义和谐社会这一决策的重大影响。过去我们一直以经济建设为中心，这是对的。但坚持以经济建设为中心，并非说不需要社会协调发展，如果孤立地发展经济，就像有人说的"文化搭台，经济唱戏"，肯定是不行的。社会的发展应该是均衡、协调的，中央提出可持续发展，不论是在环境保护、资源保护，还是在文化遗产的保护方面，都日益引起人们的重视，我认为这是一个很重要的方面。

另外，我们也迫切地感受到，我国作为一个发展中国家，城市化的发展、现代化的发展，使文物保护面临严峻的局面。多年来，一些重大的基本建设也给我们很多经验教训。城市要改造，危房要拆迁，往往带来一大批文物建筑的消失。而且我们现在生活方式已经发生变化，特别是非物质文化遗产，像一些民间的工艺，一些传统文化，一些地方的剧种，还有剪纸、皮影等，因为其赖以生存的土壤环境发生变化，现在都面临危机，有的正在消失。大家看到了这一点，都有一种危机感。

还有一个原因，就是文化观念的变化。20世纪80年代以来，国内兴起文化热。文化热其实是热在所谓的观念文化、精英文化，与老百姓好像没有多大的关系。现在是越来越多的专家学者、越来越多的人注意到民间文化了，认识到民族、民间文化的重要性，认识到这是我们文化的根，是我们文化的源。这就是所谓"草根文化"。联合国教科文组织把非物质文化遗产的价值、意义提得也很高，认为这是确定文化特性、激发创造力以及保护文化多样性的根本因素。民间文化、非物质文化遗产最具有代表性，现在大家将目光转向了这方面。很多学者从20世纪80年代以来就重视文化问题，现在转向了基层，这是一个很可贵的转变，应该说是文化观念的一个大变化，这个变化也带动了我们对非物质文化遗产的重视。

当然还有一个重要的原因，就是我们的经济持续发展，有了一定的实力和基础。像刚才说到的广州搞的一些大的文化建设工程，以及在保护文化遗产方面的投入，都需要很强的经济实力。广州的南越国署御苑遗址的发现在全国引起轰动，市政府就让基建工程停止下来，给开发商一些补偿，周边范围几万平方米也不许动，再进行分期考古发掘，最后要建成博物院。据说前后搬迁要花10多个亿，这确实是大手笔，一般城市是做不到的。当然，各地的实力可能没有广州强，但是经济都有所发展，在文化遗产的保护投入上都相对会有所增加，这也是形势好的一个原因。

多年来，特别是这10多年来，我们的文化遗产保护工作，整体看我认为发展比较快，起码是在不断进步。但要看到，存在的问题也是严峻的，有些方面甚至是惊心动魄的。主要还是经济建设与文化遗产保护的矛盾。一方面经济要发展，要搞建设，搞一些开发，这就牵涉到对地面与地下文物的保护问题。现在国家对大的建设项目中的文化遗产保护重视了，比如说三峡工程、南水北调工程，都注意到文物的保护，工作也做得比较细，但大量的是各地方进行的一些建设项目，往往与文物保护矛盾很大，常常损坏地上或地下的文物，造成不可挽回的损失。最近《中国文物报》披露了几件事，如有人在基本建设中发现有可供发掘价值的东西后，为了避免麻烦，影响他的工期，不向文物部门汇报，自行用推土机推掉，造成破坏。2000年北京市拨了3.3亿元，用于维修、抢救本市的100处文物，其中就有东岳庙的西配殿，但现在西配殿却被拆掉了，成了库房。北京的四合院消失得很快，最近南长街一带拆除四合院的做法引起社会关注，联合国教科文组织对此提出了批评。对世界遗产，许多地方重申报、轻管理，搞申报时相当积极，等到申报成功之后就不管了，或者改变以前的承诺，过度开发，乱修乱建。某省一处世界遗产，在其周围乱修乱建，破坏景观，社会反响很大，后来光拆违章建筑就花了几个亿。

还有文物管理体制的混乱。文物是公益性事业，它的管理有其自身的特点，现在有的地方把一些文物单位交给公司经营，公司是企业，以营利为目的，所以就出现了危害文物安全的问题，例如山东曲阜"水洗三孔"事件，在对孔庙、孔府、孔林等文物进行卫生清理时，出现了用水冲刷、用硬物摩擦和擦拭文物的事情，造成了3处古建筑群、22处文物点不同程度受损。这股风，前几年刮得比较厉害，影响到西北好几个省，在南方也有，好些地方都有。现在基本上得到纠正，因为这样做弊端太多了。另外还有走私文物、盗墓，仍然比较猖狂。我们采取了很多措施来防范制止，但是有一些地方幅员辽阔，像新疆、青海等，管理上难度大，存在的问题比较多。青海有一处重要的吐蕃墓葬，是全国重点文物保护单位，经常有盗墓的，有一年春节前盗墓者公然用推土机挖，过节时他们照样也休息，年后又来挖了。我曾为此专门去过，后来在此盖了看护的房子，增加了公安力量，还发动了当地的群众，情况有所好转。但是确实太偏僻了，保护任务相当艰巨。还有历史文化名城、历史文化村镇等的保护也存在许多问题，有些问题还相当严重，对此绝不能忽视。

二　保护文化遗产的意义

文化遗产是什么？这不是几句话就能说清的问题，但有一点可以肯定，文化遗产作为历史和文明的载体，它真实地记录了一个国家的兴衰荣辱，积淀着一个民族的文化底蕴，承载着广大人民群众的精神追求。保护文化遗产，就是保护历史和文化，在保护自己的根。文化遗产并不仅仅代表遥远的过去，它还是联系历史与现实的血脉。人类有积累经验与继承传统的本性，有怀旧的情结，有着与先辈进行对话、沟通的欲求。文化遗产是历史文化的积淀，是人类的记忆。城市也是有记忆的，比如说广州作为城市已有2200年的历史，不同时代在广州城都留下了历史。我们要向前迈进，还需要知道我们是从哪里来的，走过了一段什么样的历程。回顾我们的足迹，总结历史经验，未来才可能更美好。这些文化遗产，应该说已成为人类生存的条件之一。

世界文化遗产在很大方面体现了文化的多样性。文化不是单一的，特别是处于全球化、经济一体化的时代，一个民族的认同感和创造性，主要是靠文化的独特性来表现的。其实，各民族的文化都是人类在特定历史环境下创造的，人类的发展就是文化多样性发展的结果。中国这么大，不同地域、不同民族都有不同的创造。正是由于各个民族不同的创造，我们中华民族才有今天灿烂的文明。现在大家都喜欢旅行，喜欢到异地领略不同的文化，越是不同的、丰富多彩的，我们越愿意去看，这也反映了人类对文化求知的欲望。现在人们对非物质文化遗产日益重视，非物质文化遗产更是文化多样性的鲜明体现，是确定民族个性的重要标志。

我想引用联合国教科文组织的一个文件，这是1972年通过的《关于在国家一级保护文化和自然遗产的建议》，其中有两段话我认为对保护遗产的意义做了充分说明："考虑到在一个生活条件加速变化的社会里，就人类平衡和发展而言，至关重要的是为人类保存一个适合的生活环境，以便人类在此环境中与自然及其前辈留下的文明痕迹保持联系。为此，应该使文化和自然遗产在社会生活中发挥积极的作用，并把当代成就、昔日价值和自然之美纳入一个整体政策。""考虑到我们这个时代特有的新现象所带来的异常严重的危险正威胁着文化和自然遗产，而这些遗产构成了人类遗产的一个基本特征，以及丰富的协调发展当代与未来的一种源泉。"总之，文化遗产可以提供或者是参与营造适宜人类生存发展的良好的人文环境，特别是对生活在现代工业化进程中的我们来说，如果每天看到的都是钢筋水泥像森林一样的城市，确实感觉很烦躁，如果我们到乡间去，到很原始的地方去，反而感觉很舒适，心灵上有一种满足，大家可能都有这样的体会。

保护文化遗产的意义。我这次来广州，想起了中国近现代一个有名的人物，他就是我们广东的康有为。大家知道，戊戌变法失败后，康有为作为"钦犯"亡命海外。1904年，他曾在欧洲11国漫游，第一站是意大利。在意大利，康有为先后考察了那不勒斯、罗马、佛罗伦萨、威尼斯、米兰等城市，其中大半时间在罗马，参观了不少文物古迹。罗马的文物保护给他很深的感触。他认为中国人保护古物不如罗马。罗马2000年前的颓宫旧庙至今仍存，而中国绝少500年前的宫室。他还举了广东巨富"潘、卢、伍、叶"4家的情况。会前我请教了几个人，说是十三行的四大家，康有为说他们"居宅园林，皆极精丽，几冠中国"，特别是十八铺伍紫垣宅，门窗没有重样的。他小时候曾来看过，可惜后来"全粤巨宅，无一存者"。保存这些文物古迹有什么作用？康有为指出，这些古迹看似无用，但其作用正是"无用为有用"。他用了一个生动的比喻，"虚空，至无用也。而一室之中，若无虚空，则不能转旋。然则无用之虚空，之为用多矣"。空房子的作用正因为它是虚空的，空房子才能放置东西，人才可能在里面活动。文物古迹不能直接解决人们的具体问题，但它的作用却在于"令人发思古之幽情，兴不朽之大志，观感鼓动，有莫知其然而然者"。他对文化遗产重要性的认识是深刻的，他的阐发也是精彩的。

对于文化遗产的重要性其实大家有不同方面、不同程度的体会。我们的历史文物展览之所以在海外引起轰动，就是因为它们展现了中华民族悠久而灿烂的历史，反映了我们民族的智慧和创造力。2000

年，国家文物局在美国办了"中国考古黄金时代展"，先后在华盛顿、休斯敦和旧金山3个城市展出，引起了很大轰动。我是在休斯敦展览时出席开幕式的，当时李肇星同志任驻美大使，他在官邸招待我时说，我国经济发展总的不如美国，科技不如美国，一些高雅的艺术，我们也不好跟他们比。但是我国的文物，反映了我国5000多年的历史，这是实实在在的，这是我们的光荣，中国5000年的文明从来没有中断过，这在世界上是绝无仅有的。世界几大文明古国后来都被别人占领过，文明也失落或中断了，而中华文明从来没有中断过，一脉相承。所以搞文物工作的人，特别是到国外办展览，都为此感到扬眉吐气，确实有一种民族自豪感。当然，中华民族今天也正在创造不愧于先人的文化。

非物质文化遗产更具有民族的特性。有一件事大家可能印象很深，去年韩国要申报端午节，在中国引起极大的震动，很多人批评政府为什么不报，而让韩国报了。最后报纸讨论很多，有人说中国文化传到韩国，韩国也过端午节，说明中国文化的深远影响，是件好事。后来，韩国又说他们的端午跟中国的端午还有区别。不管怎样，引起了大家的重视。我们也看到这几年每到"两会"期间，有一些代表、委员就提建议，要求重视中国传统的节日，像春节、清明节、端午节、中秋节、重阳节等等，要有法定假日。我们想想，传统节日确实重要，它们都是几千年形成的，是民族生活和民族精神的典礼和仪式，有着丰富的内涵和巨大的社会功能，过年过节其实就是一种集体传承民族文化的仪式。过年不仅仅是吃饺子，据考证，"年"就是丰收的意思，过年的意义就很大，既是一年辛苦劳顿的回顾总结，也是来年丰收的盼望，又是亲人的团聚，还是对老年人的尊重，等等。拜年也反映了伦理关系。端午节意义也很多，像辟邪驱毒、游艺竞技、纪念先贤等。我们传统文化最深的一些东西，都反映在这里面。这也是历史的记忆，社会群体的情感记忆，假如这些记忆完全消失了，可以想象，社会就会变成冷漠的、枯燥的社会。所以我们越来越感觉到，保护文化遗产的意义是相当重大的。

三　正确理解保护文化遗产的方针

"保护为主，抢救第一，合理利用，加强管理"，这16字作为文物保护的方针已经写入《中华人民共和国文物保护法》了。我国的文物保护的法律，叫《中华人民共和国文物保护法》，而不是"中华人民共和国文物法"，很显然突出了"保护"的指导思想；16字方针中，"保护为主"也列在首位。如何理解保护文化遗产的方针？如何全面理解文化遗产的保护工作呢？首先要树立大文物的观念。我一开始就讲今天为什么不用"文物"而用"文化遗产"的概念，就是要有"大文物"的意识。"文物"是我们的传统称谓，也由法律形式确定了下来。但是传统的"古物""古董""古玩"等观念，长期形成的思维定式，会影响到我们思路的开拓。这些年来，我们的文物观念在不断拓展，认识也在不断提高。国家文物局对外英语翻译就是"国家文化遗产局"，不说文物而说文化遗产，树立了大文物的概念。1999年，我在云南参加了由全国人大教科文委员会、文化部和国家文物局联合召开的"全国民族民间文化保护立法工作座谈会"，各省市区人大常委会都去了一个负责人。当时西藏自治区的一个人大副主任在会上发言，十分认真地说"西藏是一个文物大区"。我听后愣了一下，说陕西是文物大省、河南是文物大省还行，怎么西藏成了文物大区？但我细细一想确实是，一是我对西藏的了解不够，另外是我的观念有问题。最近我又到西藏去了一次，从拉萨到山南，到日喀则，还有阿里，看了不少寺院，其中的建筑、壁画、法器、造像、唐卡等，加上悠久的历史，都令人大开眼界。西藏博物馆藏明清瓷器数千件，品种全，质量高，在国内省级博物馆中很少见。馆长说，这些瓷器都是明清时期朝廷赏赐给西藏上层人士的。我曾到萨迦寺，这里是元代国师八思巴的圣地，珍藏的明代宣德青花五彩莲池鸳鸯纹碗，世界上仅存两件。美国的一个基金会委托故宫博物院修复西藏夏鲁寺，他们出钱。我专门去了这个寺，它的主体为三层藏汉合璧建筑，壁画根据自身的艺术传统和审美，融元代中原和印度、尼泊尔等地的佛教艺术为一体，展现出一种全新的风格调式，在元、明两代西藏壁画艺术中起着承前启后的作用。这些都是我们应该保护的文化遗产。藏传佛教的许多唐卡、壁画、法器、经卷等，其实也都是十分重要的文物，过去一说文物藏品，往往是书画、青铜器、玉器等，根本没想到这些宗教器物等也是文物。这就是观念问题。对文物的观念，我还想举一些例子。故宫博物院过去有很多宫廷的物品，我们当作文物资料，即算不上文物，但有资料价值，起码有10多万件，其中2万多件是皇帝、皇后的书画，叫帝后书画，写得画得不是很好。过去不算文物，认为帝后不是艺术家，现在我们觉得认识不对，它们同样有历史文化价值，应该当作文物。再比如皇帝的马鞍子，马鞍子上有一个钟表，我们将这个钟表取下来给古器物部保管，马鞍子则留在宫廷部，这个做法恐怕大家现在都不会认可的。还有一些重要文物的盒子，有些相当漂亮，而且不少是皇帝下命令做的，现在在档案里都可以查到。去年，故宫出版了朱家溍先生编的《养心殿造办处史料辑览》的《雍正朝卷》，雍正皇帝哪一天命令谁画一张画，或者做一张桌子，或者烧制一件什么东西，记得清清楚楚。现在我们正在整理乾隆朝的。我到台北故宫博物院的地下库房看过，他们把文物与它的包装完整地放在一起。但我们却将很多文物与它的包装分开了，文物是文物，包装是包装。1999年，故宫博物院办了一个清宫包装文物展，还是一个比利时人提议的。展品有各种包装物。外地进贡的酒，至今送酒的外包装都没有打开，有些是草编的，非常结实，这次展览引起轰动，还到国外展了。大家现在认识到，这些精美的包装与文物是不可分的，同样是文物。我说这些，就是我们对文物的观念应该随着时代的变化而变化。故宫的资料里还有一批陶瓷，相当珍贵，有的是绝无仅有的，但因有些残缺，所以便列为资料而不能算作文物。有同志说按照中国的这个标准，维纳斯肯定不是文物，因为它有残缺。所以我谈文物保护，第一要解决对文物的认识，一定要从文化遗产、要从历史的遗留来看待，能反映我们历史文化记忆的东西，都是文物。这样，我们的视野就开阔了，就感觉很多东西需要保护。我到故宫工作后，看到一个副院长屋子里挂着一块木牌，刻着光绪皇帝给太监的训令，是对宫里某一个太监点名申斥之后给所有太监发的训令。我问为什么挂它，他说觉得字刻得好，他正练字。后来这个训令被保护了起来，因为皇帝让把它刻在木板上，说明它肯定是重要的。

第二是文化遗产要全面保护。文化遗产现在分的类别很多，有世界遗产，有全国重点文物保护单位，也有省一级、市一级的文物保护单位，历史文化名城，历史文化名村、名镇，以及非物质文化遗产，等等。对政府来说、对文物工作者来说，要把它作为一个整体来保护，不管是什么级别的，只要是应该保护的我们都一定要保护。只要有保护的价值，不能因是世界级遗产就特别认真，是市一级的就不大在意。由于管理体制的不同，现在很多文化遗产包括寺院道观等，有的属于宗教部门管理，还有的是园林部门管理，也有机关、学校管理的，有的还是民居，尽管隶属关系不同，但是作为主管这项业务的部门，都要把它统管起来，起码起到监督、检查、督促的作用。现在西藏文物部门提出，要组织专家给宗教文物定级，还要搞博物馆，比如西藏萨迦寺，因为藏品丰富，国家已拨款修了一个文物库房，他们现在要办博物馆。作为主管部门，要把它们全面管理起来，包括对民办的博物馆，要从业务上指导。

第三是文化遗产要整体保护。许多不可移动文物与它周围的环境是联系在一起的，构成整个景观的不可分割的一部分。多年以前，遵义会议旧址周围的那些房子因为破旧，都被拆掉了，国家文物局对此提出了批评。作为遵义会议的旧址，如果没有当时周围的环境，你来看它时会有什么感受？有人说这样还不如将旧址搬到城里。离开了那样的环境，就看不出当时的状况了。现在大家逐步认识清楚了，要保

293

护文化遗产的完整性、真实性，一定要重视它的周边环境，这两者是不可分割的。联合国教科文组织一再提出故宫保护要有缓冲区，也正是这个道理。

第四是保护与利用。文物既要保护，也要利用，文物保护的方针中就有"合理利用"的表述。这里有个度的问题。我们一定要适度，不能过度地开发，或者是破坏性地开发，竭泽而渔，不考虑如何将遗产长远地留给我们的后代。利用应该可以是多方面的，不是搞旅游就算利用。保护与利用之间是有矛盾的，但保护始终是第一位的，当然处理得好，也是可以互相促进的。

第五是保护与研究。我们要始终重视对遗产的研究。我们对遗产的了解、对遗产的内涵和意义的挖掘、认识有一个过程，随着时代的发展、科技水平的提高，后来的人可能会有更新、更深的认识，这是正常的，是一个没有终结的过程。而且，对遗产可以从艺术、历史、社会等不同的角度、不同的学科进行研究。这里面还涉及研究和普及的问题，现在一些专家写大文章、出专著比较多，但是把研究成果向普通民众进行通俗宣传的还不多。我们要注意向公众做普及性的宣传。

第六是保护与服务。包括博物馆等，一定要重视服务，不能说保管好文物就行了，不能因为要保护就不给观众看。以故宫博物院为例，过去因为条件的限制，展出的文物还不够多，长期展出的个别展品有一二十年未换过的，以至于出了事。比如说文物的部件有损失了，我们也不清楚是什么时候发生的，因为时间太长了，文物的提取单子都弄不清楚了。文物是全民的遗产，所以文物部门、文物管理机构一定要有服务意识，要从文化遗产的价值和作用认识遗产服务的重要性。如果没有文化遗产服务，爱国主义教育可能是一句空话。故宫博物院在进一步改善和加强这方面的工作，做好服务，以人为本。总而言之，我们要让更多的人享受古代文化遗产所蕴含的丰富价值。

第七是保护与传承。这主要是指非物质文化遗产。非物质文化遗产大家都知道，有一些技术、记忆、工艺，不能消极地保护，最好的保护办法是传承。古琴艺术现已列入非物质文化遗产的代表作，故宫有古琴45部，多数是唐、宋、元等朝代的。保护好古琴和保护好古琴艺术是两个概念：古琴是有形的物质，是一个物质的文化遗产；古琴艺术是非物质的文化遗产。在古琴艺术上我们现在也是后继无人，有一个老先生已经82岁了，还能弹，有几个年轻人跟着学，还调动专门人才来学，但是学起来也比较费劲。又如，故宫古建筑的工艺、技术也是非物质文化遗产。对这些遗产，包括民间的艺术，最好的保护办法就是传承，要以人为本，落到人身上。现在各地已经在重视这个问题了，相信这对防止一些技艺的失传会起到很大的作用。

第八是多种力量参与保护并采用多种方法保护。对文化遗产的保护，我们强调国家为主、社会力量参与。政府主导这是肯定的，但在市场经济条件下，因为经济的发展，因为多种所有制形式的发展，一部分人手里也有钱了，有一些人也愿意投资，有的机构有的个人愿意投入文化遗产的保护事业，我们应该让多方面的人来参与保护，而且不光是有钱人参与，民间组织也可以参与。我佩服冯骥才先生等人，他们对很多地方不重视文化遗产保护的现象不断给予批评。作为一种社会的力量，我觉得这很可贵，也是很重要的一种参与。参与的方式，有钱出钱当然好，其他方面比如出技术、出一些点子等，也是好的，有时甚至可以起更大的作用。总之，我们考虑参与的方式时，思路应开阔一些。还有就是保护的方法，有的是传统的，同时采用一些比较成熟的先进技术，提高文化遗产保护的科技含量。国外的技术，如果效果确实好我们也会使用。文化遗产的科技保护，还包括数字化，包括音像的数字化，比如说《清明上河图》，每多打开一次，对它的寿命都会有影响，如果进行数字化处理，以后不一定要看原作了，它和原作是一样的。最近美国的IBM公司和我们签订了一个合同，其中有一个合作项目，就是在2008年前，用他们的技术搞一个平台，将故宫里的文物包括故宫流失出去的文物都数字化并联网。我们认为这是很好的，可以使藏品让更多的人看到。文物保护的方式多种多样，我们应该在实践中不断探索。

四 当前加强文化遗产保护的几项重点工作

当前加强文化遗产保护的工作，以我在实际工作中的体会，感到有4方面是需要重视的：

一是对文化遗产的调查。对文化遗产进行认真而全面的调查，摸清家底，是遗产的保护管理、研究以及发挥遗产作用的基础工作，十分重要。我国的文物调查是从20世纪80年代开始的，在此基础上我们编纂出版各个省市区的文物地图集，已经出了一批，进度还不算快。开展调查，我们已搞过几次，一定要克服厌烦情绪。有些地方虽已调查过，但由于人们在文化遗产认识上的拓展以及考古的新发现，就有进一步调查的必要。例如，广州市过去搞过3次普查，每次都有新收获。从2003年6月到2004年7月，又进行了为期一年的第四次文物普查，工作做得很细，硕果累累，发现新的文物线索达3000多条，提供的重要线索就有1000多条，其中有28处古村落、10处当铺建筑、3处近代民族工业旧址、6处近代港口码头和仓库旧址，还有侵华日军的罪证。这说明这个调查确实很重要。故宫博物院从去年开始，全面开展院藏文物清理，即摸清文物家底。当然多数的底细还是很清楚的，但有一些不清楚，而且有一些宫殿长期没有彻底清理过，主要是宫廷遗留的东西比较多。这次故宫大修，有些宫殿的物品要全部搬迁，这样就发现了一些新的藏品。前边说过，故宫博物院还有10多万件资料，哪些可以算作文物，也需要重新评估、审定或定级。我们保存的是国家的财产，家底不清楚怎么给人民交代？所以，一定要进行摸底，一件一件搞清楚，然后编印故宫藏品总目录，并向社会发行。这一方面是对国有财产负责任的态度，另一方面也是为了更好地服务社会。要搞好遗产调查，根据各地经验，要重视宣传有关法律法规和遗产知识，依靠当地群众，实地调查，填写好调查登记表；要把物质文化遗产与非物质文化遗产的调查结合起来进行，这对于充分认识一个地区或一个城市的文化传统有重要作用；在调查中，要了解遗产的保护状况，对它的保护或抢救要提出建议。

二是要充分发挥政府的主导作用。在管理、投入上，政府是主导。这里要强调两点。第一，要重视文化遗产，绝不能急功近利，不能当成政绩工程去搞。对文化遗产的管理要遵循客观规律。比如建立博物馆，这是个好事，但这个地方是否有藏品，该不该建博物馆，或建多大规模比较合适，一定要科学论证，防止随意、武断的做法。不是说建得越大就越好，花钱越多就表示越重视。有的县市，藏品不多，但建了个很大很讲究的博物馆，结果成了当地财政的一个包袱。因此要防止好心办坏事。第二，政府要依法管理，依法行政。现在有法不依的事很多，很多领导干部对文物保护法不太了解。

三是要重视法律法规的建设。现在很多历史文化名城已有了保护法规，世界遗产地多数地方也有了保护法规，但有的法规还不完善，可操作性不强。有必要强调的是，《保护世界文化和自然遗产公约》也是一个法律，我们加入它就受它约束。现在我们也已加入《保护非物质文化遗产公约》，我们也一定要遵守它。

四是增强公众的文化遗产保护意识。在制定和完善法律法规的同时，要加大对公众的教育力度，提高公众的文物保护意识，引导公众积极参与。如果没有公众的支持和配合，文物保护肯定搞不好。公众自觉地参与不仅使文化遗产的保护有了坚实的群众基础，而且可以对各种违法行为进行有效监督。有了政府完善的法律保护和公众的大力支持，我国的文化遗产保护工作必将出现一个全新的局面。

附：与听众的交流

提问：第一个问题，有人提出现在要抢救民国时期的文物和"文革"时期的文物，请问文化部是否赞成这个观点？如果赞成，有什么样的具体政策和措施？第二个问题，据《人民日报》报道，现在《中华人民共和国文物保护法》遇到的最大问题，是对地方政府违反《中华人民共和国文物保护法》的行为难以执法，请问文化部对此有什么样的对策？

郑欣淼：我个人不能代表文化部，因此这里只谈个人的看法。第一个问题，对民国时期和"文革"时期的文物有没有保护的措施和打算的问题。对民国时期的文物，包括民国时期的建筑物，有很多已经在保护了，各地博物馆也都藏了很多藏品，包括一些名人的来往书信，以及很多的历史资料，只要属于文物，肯定是在保护之列的。反映"文革"的物品、资料，有不少被人收藏。据我所知，海外有的图书馆，光"文革"时期的大字报就收集了相当多。是否当作文物来看待呢？没有什么明确的规定。如果已认定为文物，那就当然要保护。"文革"从发生到现在也快40年了，反映这段不寻常历史的资料及有关物品，日益引起人们的重视。随着时间的推移，人们也会更加理性地认识它的历史价值。第二个问题，所谓地方政府违反《中华人民共和国文物保护法》的行为，从多年的情况来看，大致有这么几种表现：一是在城市改造中，简单、粗暴，把一些有重要价值的历史建筑物或民居拆除，破坏城市文脉；二是在文化遗产地乱盖乱建，过度开发；三是忽视文化遗产的公益性特征，随意改变文化遗产的管理体制，由企业经营，造成对遗产的损害。这些情况近年来有所好转。2002年颁布的《中华人民共和国文物保护法》对于文物保护管理中的法律责任，包括行政法律责任、刑事法律责任、民事法律责任等，都有明确的规定。应该说，不存在难以执法的问题。但是涉及地方政府的案件都十分复杂。还是要加强两点：一是对政府官员要进行《中华人民共和国文物保护法》的教育，要依法行政；二是要加强社会监督，包括舆论监督，只要问题暴露出来了，终究会得到解决。

提问：郑部长能否从微观的角度谈文物保护，或者给市民一些建议？

郑欣淼：宏观与微观是不可分的，只有民众的文化遗产保护意识普遍提高了，宏观上的文化遗产保护才有可靠的保证。我们的文化遗产地，一般都有居民居住，还有一些民居被列入重要文化遗产。这就需要遗产地的居民充分认识遗产的价值，要在政府帮助下解决一些实际困难，要按照文物保护的要求规范自己的行为，要始终把保护放在第一位，合理利用，不可只顾眼前，不计长远。我去过浙江、安徽的一些著名的古村落，村民服从整体的规划和要求，他们很爱惜先人留下的东西，整个村子形成了好的风气，旅游业也达到了一定的规模。但个别村也出现不协调的建筑。由于利益的驱使，常常发生一些影响当地形象的问题。因此，对群众的宣传教育是不能停止的，一定要坚持进行。这是一个漫长的过程，但是影响却是深远的。

提问：关于文物遗产保护与对待建筑的保护是怎样区分的？

郑欣淼：我理解你所提的问题是指名人住宅与著名建筑物保护的区分。有一些建筑因名人住过而有相当的知名度，有的建筑因其本身价值属于应保护的对象，这个建筑是因为它本身还是因为住过什么人物而作为保护对象，应加以区别，但这方面也确实存在着争议。

提问：具体如何看待免费开放与文化遗产保护之间的关系？

郑欣淼：去年报纸上故宫门票要涨价的消息，曾引起社会关注，后来北京市有关部门宣布门票价格暂维持不变。文化遗产、博物馆是公益性质，不能以营利为目的，公众有享受的权利。但是，收费不收费，做法不一致。巴黎卢浮宫、纽约大都会博物馆收费，伦敦大英博物馆则不收费，而是由政府提供经费。我曾问大英博物馆馆长：如果政府不拨款，你能免费开放吗？他说当然不行。他们现在深受经费不足之困扰。故宫博物院的门票现在是60块钱，每年11月到来年3月的淡季期间为40元，中小学生集体参观实行免费。另外，像美术学院的大学生，还有特定的人，也是给予免费的。故宫的游客是世界上博物馆游客中人数最多的，排在第一位，去年是800万，卢浮宫的馆长说他们是600万。需要给大家说明的是，故宫博物院实行门票收支两条线。每年故宫博物院需花费多少，要上报项目，上级核准后才能花，我们每年都有一定的收入上交，不是说有多少门票收入就可花多少。故宫门票涨价与否，我们尊重北京市召开的听证会，北京市的物价管理部门做决定也要尊重大家的意见。但我认为故宫不可能免费，故宫的门票不算是高的。故宫有一个管理成本，在职有1400人至1500人，离退休有500多人，总共2000多人。故宫一年365天开放，非典期间都没有关闭，每开一天就要有四五百人上班，管理成本是比较高的。还有古建维修。当然，社会上也谈到，故宫作为国家重点博物馆，国家也应该投入。现在故宫的维修是用门票收入来支持。故宫要免掉门票，我以为是办不到的。不考虑经费需要，仅从古建安全、游客安全来说，也是不可能的。黄金周最多的一天，故宫游客曾经达到13万人。那一天光小孩与父母、亲人走失的就有上百人，广播不停地找人。1925年10月10日，故宫博物院开放第一天，当时是半价，一块大洋，参观的人也相当多，人挤人，第二天清扫时光鞋袜就抬了几筐子。今年5月2日参观者近10万，人挤人，到不了太和殿跟前，确实是人太多了。最近每天都是四五万人。故宫是国家的博物馆，也是展示我国历史文化的窗口，外国政要来得比较多，每年我们的国宾接待任务相当重。可以想象，如果免费，游客肯定如潮水般涌进，对地面、建筑本身的损害，后果是不堪设想的。故宫要免费是不可能的，但是故宫的票价会按照北京市的管理规定，执行有关部门的决定。从我们的角度考虑的主要是如何服务好游客。现在故宫逐步增加了很多展览，扩大开放了一些新修好的区域，但故宫太大，可能大家去时又顾不上看。

提问：按照消防要求，不装消防设备可能有责任，装了又会影响外观，这个问题不知道怎么解决？

郑欣淼：古建筑消防是古建保护的头等大事，有关规定对此有严格要求，我们必须按规定执行。在实施中，我们既要做到安防第一，同时又尽最大限度减少对古建外观的影响。

提问：在文物保护工作中，我们经常遇到的一类文物是敏感性的建筑，它并没有被划入文物保护名单中，但确实有保护的意义，比如北京的四合院，广州的西关大屋，广州也有四合院，在规划中一些用地被建筑单位征用了就要拆迁。这些如果被拆掉，建筑图都没有留下来。请问您对此问题怎样看待？

郑欣淼：没有列入文物保护单位，但本身确实有一定的价值，或者是名人的故居，或者是建筑物确实不错，当然需要保护。怎么保护，具体情况恐怕还要具体分析。但总的来说，像北京的四合院、胡同等，现在拆得太厉害了，拆得面目全非了。对此，大家批评得也很尖锐。比如有一年我要到瑞士访问，瑞士驻华大使给我送行，请我吃饭，他说他不理解北京的做法，为什么只划分了42片保护区，难道其他的就不需要保护了？我跟他解释说，这是北京历史形成的，冰冻三尺非一日之寒，现在可能能保护的只有这么一些了。对诸如北京四合院一类的建筑物，虽未列入文物保护单位，但有很重要的价值，是一个城市历史文化传统的有机组成部分，甚至是它的最重要、最基础的部分。现在人们普遍认识到了这一点，各地也正在采取积极的措施，通过文物调查，通过城市规划，甚至通过立法努力保护。当然，实际中还有许多问题，需要具体分析，具体解决。

提问：我是广州艺术博物院的，现在大家对文物遗产的保护比较重视，这令我高兴。我也很高兴地告诉大家，关于民国时期的文物和"文化大革命"时期的文物，广州市的博物馆也在力所能及的范围内进行保护，比如我们艺术博物院就收藏了一批"文革"时期的美术作品。广州市委、市政府对于保护文物也做了很多事，对于文化工作投入也比较大，比如搞广州文物库、征集艺术精品，投入了很大的人力物力。但是我觉得除了文物遗产的保护问题之外，还应多支持文物的研究工作，比如地上文物研究、馆藏文物研究。

主持人：你这个就不算问题了。

提问：刚才你提到《研山铭》，卖了2000多万，很多地方都在关注这个事，有专家对这个文物的断代、年份、朝代有不同的看法，在不同的声音里故宫还是出钱将东西买下了。我一直很想听到故宫博物院院长的声音。所有的媒体中都没有听到你的声音，今天能否谈谈你对这个事的看法？

郑欣淼：你可能指的是《出师颂》。《研山铭》是宋代大书法家米芾的字，2002年由国家文物局买下，花了2999万元，现存放在故宫博物院。文物局当时做的决定也是很慎重的，经过了一批专家，包括我们国内顶级的文物鉴定专家的认可，有一套比较完善的程序。买这些字画，这些东西，其实争论永远都会有的，2003年我们自己出钱买了《出师颂》，花了2200万，当时众说纷纭，媒体很关注，不少人说是假的，不是晋人的字，其实我们一开始就当作"隋贤"的书法买的，我们认为很值得。

（本文为作者2005年7月28日在"广州论坛"的演讲，收入《广州论坛演讲录》第2辑，商务印书馆，2006年）

民族地区新农村建设中的民族文化问题

一

我们党历来重视农民、农业和农村问题，党的十六届五中全会又提出推进社会主义新农村建设，这是我国现代化进程中的重大历史任务。我国是各民族人民共同缔造的统一的多民族国家。对于少数民族地区，新农村建设任务尤重。少数民族地区绝大多数是农村，而且是相对贫困落后的农村。我国55个少数民族的1亿多人口中，约60％分布在农村和牧区。全国2610万农村绝对贫困人口，少数民族地区占到47.7％；国家确定的592个扶贫开发工作重点县，少数民族地区占45％，特别是在少数民族地区的农村牧区，还有很多特困少数民族群众。由此可见，对少数民族地区来说，社会主义新农村建设意义更为重大，任务也更为艰巨。在新农村建设中，与一个民族的价值取向、生活方式以及民族认同感联系在一起的民族传统文化的状况，它的价值与作用，它的扬弃与传承，文化遗产的保护等，一句话，它的命运如何，就不是一个简单的文化问题，而与一个民族自身的发展、民族特色的坚持有着重要的关系，需要加强研究，认真对待。

二

　　文化是民族的身份标志，传统文化是一个民族历史上创造的文化的总和。中国各民族的传统文化都为丰富中华民族的大传统做出了贡献。民族传统文化包含着有形的物质文化，但更多体现在无形的精神文化方面，而且资源丰厚，呈现出一种神秘、古老、奇特的文化魅力。以贵州省为例，经过千百年的多次迁徙和演化，目前有17个少数民族的1400万人世居在这片土地上，各个民族又在其中形成若干个甚至几十、上百个分支。由于地处偏远，山水相隔，与外界及自身相互之间交往较少，这些少数民族以及各个分支都长期按照各自不同的自然环境在生产、生活，传承和发展着自己的历史，形成了人类学上极为独特的"文化千岛"现象，传统节日、舞蹈、歌唱、戏曲、服饰，以及传说、故事、风俗习惯、娱乐竞技等，加上众多的独具地方特色和民族风格的风雨桥、鼓楼、吊脚楼等，丰富多彩，以其特有的内涵，从不同角度向世人展示着各民族的发展历史、文化心理、伦理道德和审美意识。少数民族传统文化的基本特征是文化的多样性，它的最主要价值是体现了民族的生命力与创造力，是母体性文化。当文化多样性与文明共生成为一种共识、优胜劣汰的文化观已为"相互交流、共同成长"所代替时，我们充分尊重民族差异和民族特点，特别是尊重少数民族的风俗和信仰，也理所当然地尊重各个少数民族的传统文化。从这一点着眼考察民族地区的新农村建设，就提醒我们所采取的一切举措，都要充分考虑到这个民族的文化传统、风俗信仰等因素，都要从实际出发，因地制宜、因族制宜，讲求实效。社会主义新农村建设的根本目标，可以说是农民精神素质的逐步提高，是价值观的改造，因此，新农村建设的深层次意义也是一场持久的文化建设，是适应新农村建设的文化精神的培育，传统文化自然是其中一个重要的方面。

三

目前少数民族传统文化面临严峻的形势。改革开放以来，特别是西部大开发战略的实施，民族地区封闭的大门打开了，经济有了较快发展，传统文化却受到强力挑战。在现代化和经济全球化的冲击下，文化生态环境急剧改变，传承机制日益遭到破坏，许多传统技艺濒临灭绝，后继乏人，遗产资源破坏、流失严重，等等。正像有的地方说的：路通了，文化没了。这些问题的出现有三方面原因：一是传统文化赖以生存的社会土壤的改变，二是急功近利的盲目的开发利用，三是相关法律、法规建设的滞后。这是社会主义新农村建设中必须正视并要认真解决的一个重大问题。社会主义新农村建设，重点是解决农村问题，是从农村的角度来全面审视和统筹解决"三农"问题。新农村建设的目标是"生产发展、生活宽裕、乡风文明、村容整洁、管理民主"。全面、准确地理解党中央关于新农村建设的基本精神，在指导思想上就要明确，它是以经济建设为中心推动农村全面进步的一项宏大的事业，既有物质文明的发展，又有精神文明的促进，文化建设是题中应有之义。民族地区有许多历史悠久并颇具民族特色的山寨、村落，有许多有价值的民族建筑，都需要认真保护。那种认为"建设新农村"就是"新村建设"的认识是片面的，容易把建设新农村演化成对村容村貌的简单追求。要吸取我国20世纪八九十年代城市建设中大拆大改的教训，坚决避免新农村建设中的建设性破坏。在新农村建设起步之时，就要站在农村各项事业协调的、可持续发展的高度，做好新农村建设的科学规划，做到两个文明一起抓，包括对优秀传统文化的传承、保护和利用。很显然，有了这个指导思想，新农村建设就是民族传统文化抢救、保护的一个机遇；反之，则难免继续恶化的厄运。

四

　　许多少数民族都遇到传统与现代的两难选择：一方面要求加快现代化建设步伐；另一方面又希望长久保留本民族的传统文化，担忧以至恐惧传统文化消失。这个问题在人口较少民族中更加突出。改变贫穷面貌、享受现代文明成果、实现现代化的愿望是合理的，保留本民族传统文化、坚持民族特质也是必需的。传统文化与现代化是不是截然对立、非此即彼？当然不是。传统文化是一个民族的历史生命在现实社会中的延续，它既具有历史性，是经过长时间形成并传承下来的；又因其生命力而具有现实性，在现实生活中被继承，是一种"活"的文化；同时它又在深层次上普遍影响着本民族的成员，具有大众性。因此，传统文化与现代化是辩证统一的关系。现代化的实践，同样需要文化的创新，需要民族文化的现代化。传统文化是建设现代文化的基础，是现代化成功的保障；没有传统文化为依托，现代化难以成功。传统文化的现实性和大众性，是建设现代民族文化的坚实基础。如前所说，传统文化是个很大的概念，它是可以变异、创新、重构的，但作为其中最精华部分的文化遗产，则是需要保护、传承的，这就是我们常说的取其精华、弃其糟粕，就是扬弃。但应注意，区分精华与糟粕，多数情况下可能比较容易，但有时精华与糟粕共存共生，加之人们的认识不断发展，也会带来审美标准的变化。有的少数民族在形成和发展过程中，宗教起了重要的作用，他们的文化与宗教关系十分密切，对此更不可采取简单的态度。传统文化的丰富资源及重要价值，在社会主义新农村建设中起着不可代替的作用。例如，在新农村建设的总体目标中，"乡风文明"为其中之一。"乡风文明"即健康文明的风尚、习俗。少数民族普遍存在着敬畏自然，重视环境保护，人与自然和谐相处；尊老爱幼，家庭和睦；勤劳、朴实、节俭、讲求诚信；村邻友爱互助，农村社会安定有序等传统美德，这些都是我们建设和谐农村和先进文化的深厚根基。"乡风文明"离不开传统伦理资源，但从民族传统文化适应现代化的要求看，还要有所创新与发展，例如要求树立现代村民的平等、参与意识与进取精神，同时要革除陋习。这是在传统基础上向现代转换的过程，也是切切实实的文化建设。在当今世界一些国家的农村发展中，注重从古老传统中挖掘文化资源，最终被开发为一种新时代的民族精神，并成功地与现代政治、社会秩序相结合。韩国就是一例。取得举世瞩目成就的韩国"新村运动"，对我们很有借鉴作用。韩国实行的是资本主义制度，但它实际上克服了在引进美国文明时的盲目西化倾向，很好地保留了传统文化，树起了民族精神和民族文化，建立了国家伦理和道德，也为建设和谐、诚信、文明的国际新秩序奠定了基础。

五

传统文化是一个民族历史创造的集体记忆与精神寄托，它是发展变化的；传统文化中的文化遗产则是民族历史上遗留下来的值得保护的物质财富和精神财富，对它只能保护其原形态，不能重新创造，它消失后不可再生。正因为少数民族有着丰富的文化遗产，特别是非物质文化遗产，国务院《关于加强文化遗产保护的通知》中明确提出："加强少数民族文化遗产和文化生态区的保护。重点扶持少数民族地区的非物质文化遗产保护工作。对文化遗产丰富且传统文化生态保持较完整的区域，要有计划地进行动态的整体性保护。对确属濒危的少数民族文化遗产和文化生态区，要尽快列入保护名录，落实保护措施，抓紧进行抢救和保护。"少数民族地区的社会主义新农村建设，必须遵照国务院的通知精神，把文化遗产保护作为文化建设的一项重要工作切实抓好。各地情况不同，应从实际出发，探索多种办法和渠道，不可强求一个样，但有4点则应共同重视：其一，要把文化遗产保护与生态环境保护结合起来。民族地区一般都重视生态环境，许多文化遗产与自然环境密不可分。忽视生态环境保护，不仅影响到文化遗产的完整性、真实性，而且会对该地区的长远发展带来灾难性的后果。近些年旅游业发展后，有些地方的生态环境保护已受到很大威胁。其二，要把非物质文化遗产的申报与管理保护结合起来。有的地方申报的积极性很高，但对管理保护的具体措施考虑不到位。我国非物质文化遗产的申报才起步，是应该重视的，但不能把它看作是一个临时性、突击性工作，不能当作"政绩"工程、"形象"工程，而要认识到这是一项意义十分深远、责任非常重大的事业，做好普查、登记、记录、整理、展示、研究、传承以及开发、利用等一系列工作，做好"申报"成功后的管理、保护工作。其三，把政府的重视、引导与群众的自主作用结合起来。我国的文化遗产保护，政府起着主导的作用，要在法律、政策以及经费等方面给予保证和支持。农民群众则是保护的主体，非物质文化遗产的传承人也是保护的重点，必须依靠他们对遗产保护的觉悟、热忱与努力。还应重视从少年儿童抓起，进行社区乡土传统知识的教育，让他们从小热爱自己的村寨、民族，热爱自己的文化。其四，抓重点项目与抓薄弱地区相结合。在少数民族的非物质文化遗产中，有一些比较重要的项目已经引起社会普遍关注，要继续抓好保护与传承工作，同时对薄弱地区要给予更大支持。在我国55个少数民族中，有22个人口在10万以下，总人口约63万人，统称"人口较少民族"，他们的发展还面临一些特殊的困难和问题，在非物质文化遗产的保护上也存在同样的困难，应引起高度重视，给予积极帮助。

六

民族传统文化不仅具有深刻的精神价值，而且还蕴含重要的经济价值，特别是丰富的非物质文化遗产，通过开发利用，对于许多地方的经济发展起了积极的促进作用。这突出表现在旅游业的发展上。不少地方依托少数民族地区秀美的自然风光，充分发挥民族文化优势，积极发展民族文化观光旅游和乡村旅游，在餐饮、娱乐以及旅游商品方面都有较快发展，吸纳了大量从业人员，吸引了大批国内外游客，农民的收入明显增加。旅游业的发展，还使封闭的村寨与社会、与世界相通，扩大了村民的眼界。但存在的问题也是相当严重的。据贵州省反映，近年来，不少地方由于急于脱贫致富的短期行为，在缺乏规划和论证的情况下，对非物质文化遗产盲目开发和轻率遗弃，导致了大量有价值的民族文化资源损毁、流失和变异，造成了不应该有的损失。保护和利用民族文化资源是一对尖锐和复杂的矛盾。出现了问题，要认真研究解决，不能采取消极的态度，重新关上村寨的大门。我们要清醒地认识到，改变贫穷落后的面貌，大力发展生产力，实现社会主义现代化，是少数民族不可动摇的目标。在建设社会主义新农村中，发展是主要的，在发展中保护民族传统文化的精华，同时通过合理利用使民族传统文化在保持其本质基础上得到发展，这是需要共同探讨的课题。旅游业是一门科学，有其自身的发展规律和特点。少数民族地区发展旅游业，要从实际出发，循序渐进，并突出自己的优势和特色，不能一个模式，不能急于求成。除了旅游业，民族文化资源的开发利用的形式还很多，需要大胆摸索。鉴于少数民族地区自然环境的脆弱性和民族传统文化的易变性，对它的开发利用必须坚持保护第一的原则，坚决反对和制止过度或破坏性的开发。必须明确，保护好这些珍贵的文化资源，就是保护包括旅游业在内的一切开发利用的可持续进行，也是保持一个民族的血脉及其自身的发展。

（本文为作者2006年上半年在中央党校进修一班学习时写的调研报告，刊载于《中国文化报》2006年8月19日）

博物馆使命：文明的共享与传承

一 人类文明、文化遗产与博物馆

　　文化与文明，都是有着多种不同定义与解释的概念。文化作为一种历史现象，其发展具有历史的继承性。不同民族、不同地域的文化又形成了人类文化的多样性。文明，指的是人类社会进步状况，与"野蛮"相对，是文化中进取的那一部分。人类创造的文明成果，体现着文化的多样性，其中蕴含着超越历史、超越民族、超越国界的文化精华，是人类的共同财富，人们可以共享，应该弘扬。人类文明的重要载体和结晶是文化遗产。文化遗产指人类社会承袭下来的前人所创造的一切优秀文化，包括物质文化遗产和非物质文化遗产。具有杰出的普遍性价值的文化遗产，被列入《世界遗产名录》，它们既是民族的也是世界的，是人类共同的遗产，对其保护也是国际社会的责任。博物馆是集中收藏、展示人类文明即文化遗产的专门文化场所。它不仅是一个国家、民族历史文化遗产的重要载体，也是展示社会历史变迁和文明发展的重要窗口，尤其是那些专业博物馆，更是民族历史和精神的浓缩体。作为专业机构，博物馆经过长期发展和实践，在文化遗产保护和展示上，在人类文明的共享与弘扬上，有其不可代替的作用。在国际社会文化领域中，博物馆仍然是一种具有特殊价值、受人尊重的文化行业。国际博物馆协会提出，要将博物馆看作倡导遗

产保护价值最有效的代言人。博物馆是公益性事业，体现的是公共精
神，向所有人开放。人们从博物馆的藏品中获取知识，开阔视野，受
到启迪，净化心灵，这就是文明的共享。中国有的博物馆过去曾实行
过国人与外国观众不同的收费标准，以后取消了。为什么要取消？就
是对博物馆宗旨的真正认识与坚持。观看不同民族、不同地域、不同
类型的遗产展览，更使人们看到世界文化的多样性、丰富性，也有利
于从世界文明的大格局中认识自身，从而加深彼此的理解，达到互相
尊重，促进世界的和谐的目的，这就是文明的对话。北京故宫博物院
2007年游客已达930万人次，其中1/6为海外游客，他们的参观，既是
文明共享，也是文明对话。博物馆的文明共享、文明对话，是通过具
体、实在、生动的文物实现的，是在感受基础上的认知，是能够反复
进行、长期浸润的自我教育。

二　加强博物馆界的交流与合作

　　文物藏品是博物馆赖以存在的基础，藏品的种类、规模和等级也
决定着博物馆的性质和地位。一般来说，一个博物馆的藏品再丰富，
相对于整个社会的收藏状况，它总是有局限性的。还要看到，博物馆
补充新的文物藏品越来越困难，特别是古代文物。这并不意味着博物
馆在展示人类文明方面一定会受到影响。这些年来，许多博物馆之间
增强交流合作，或引进展览，或合作办展，做到文物资源共享，为博
物馆的发展做出了新的探索。博物馆之间的交流合作，特别是世界博
物馆之间的国际交流，异域文明展览的引进，为展示人类文明开辟了
广阔的天地。欧美等国的大型博物馆，都精心组织引进一些古文明
国家的古文物展览，都曾引起轰动。这些展览，也为各博物馆带来了
生机与活力。博物馆的交流，不只是办展览，还包括学术研究、科技
保护、社会教育、经营管理等多方面的交流，并在思想观念上互相启

发，从而对博物馆的发展起到积极作用。故宫博物院从文明共享与文明对话着眼，不仅重视与国内博物馆的交流，也重视与世界博物馆同行的交流，并出现了3个特点：一是从以前单方面对外出借文物转变为与从国外引进展览、交换展览、共同策展并重；二是由过去单一的展览交流为主转变为全方位多层次的交流；三是从过去只针对发达国家的交流转变为面向更加广阔的国家和地区，包括更多的发展中国家。每年赴国外举办的文物展览约10个，同时开始有计划地引进世界各大博物馆的文物展览。

三　博物馆藏品内涵的挖掘与研究

博物馆藏品作为文明的结晶，它们的价值是客观存在的，是遗产本身所固有的。但对遗产价值的认识，对其内涵的了解，不是一次完成的，而是随着社会发展，人们认识水平的不断提高而不断深化的。共享文化遗产，最重要的是认识文物藏品的价值。博物馆不仅要展示文化遗产，还要帮助人们认识文化遗产的价值。这就需要加强科学研究。文化遗产的收藏、展示、研究是博物馆互相促进、不可分割的三项任务。博物馆的藏品，一般都已离开了其原生环境，只是一个个孤零零的存在，但它们在原生环境中，具有原来的意义和用途，特别是与宗教仪式和祭祀活动相关的文物更是这种情况。这就需要传达藏品的本原。在博物馆里，一种新的按藏品内涵和地缘将其融入背景的做法已经产生。深入发掘、科学诠释和合理表现文物藏品的内涵及其背后的故事，使藏品穿越时空融入其背景，增进公众对于人类遗产的认识和理解，分享其中的知识及现代意义。这就是科学研究的重要任务。对于藏品的研究，既要着重对珍稀文物、镇馆之宝之类的研究，也要重视对其他普通藏品的研究。用文化遗产即"一切历史文化遗存"的视角看藏品，更应重视藏品的社会历史文化价值。由于观念的影响，博物馆许多藏品并未引起人们的重视，其价值也未被人们所充分认识。例如，故宫藏两万多幅清代帝后书画及其他宫廷类遗物，过去不被故宫博物院当作文物看待。从遗产角度看，其实都是很重要的文物，都需要认真研究，认识其价值。目前中国博物馆科研存在的突出问题是比较封闭，主要反映在两个方面：一是馆藏资源封闭，二是科研课题封闭。因此要加强博物馆科研的开放与社会化。博物馆资源努力向社会共享方向发展，博物馆科研要参与社会学术洪流，参与前沿课题的探讨，博物馆科研的活力才能得以激发。要克服闭门科研、孤芳自赏。故宫博物院在科研方向不断探索，也有很多体会。从故宫古建筑、清宫旧藏以及宫廷历史文化遗存的整体性出发，提出了"故宫学"。故宫有丰富的藏传佛教文物和几十处佛堂，在故宫学视野下，这些遗产与清代民族、宗教政策、宫廷崇佛的风气以及清帝对佛教的态度等结合起来，就有了深刻的意义。这些年来，故宫藏传佛教研究取得了不少成果。从故宫学角度审视，故宫不仅是举世闻名的物质文化遗产，同时也承载着重要的非物质文化遗产内容，其中最突出的是中国古代宫殿建筑的工艺技术。现在故宫的传统工艺技术和书画装裱工艺已被列入国家非物质文化遗产，故宫古建筑维修的理念、实践，对于中国文物保护理论的探索以及世界遗产保护理论的丰富，都有着积极的意义。

四　关于博物馆的免费开放

博物馆体现的是公共精神，它是人们共享与弘扬人类文明的公共文化场所，是传承民族文化的重要阵地。早在晚清戊戌变法时，维新派提出的"新政"之一，就是开设博物馆，以"开民智"。博物馆在中国发展到现在已经有100多年的历史。20世纪90年代，社会对文化遗产保护的意识不断提高，进入21世纪以来，遗产事业日益得到重视。博物馆作为集中展示人类文化遗产的场所，也迎来了一个大发展的时期。博物馆免费开放，它的运营及日常支出由国家财政给予支持，这是我国文化事业蓬勃发展的一个生动反映，是国家综合实力增强后对文化事业支持的结果，也是让人民群众共同分享改革开放的成果，其意义是重大而深远的。总之，博物馆免费开放是社会意义非常重大的文化事件。党的十七大报告提出要促进文化大繁荣大发展，博物馆免费开放说明国家对文化建设的重视，是提高国民素质的一个重要举措。博物馆本身是公益性的，应该对所有人开放，这是人民群众应该享有的文化权利。过去我们缺乏公共意识，对怎样使博物馆真正为公众服务这些问题想得不够，现在我们要认真改进，努力提高博物馆为公众服务的意识。免费开放为博物馆发挥其主旨创造了更好的条件，它能吸引更多的观众，让人民群众逐渐养成到博物馆去的习惯。国家对博物馆的扶持是振奋人心的，对博物馆事业来说具有划时代的意义。博物馆应该抓住这个契机，一改过去惨淡经营的状况，以高度的责任心为人民群众提供又多又好的展览，提供让观众满意的服务。博物馆的安全、展览水平、参观质量等问题都要认真地进行研究总结，同时也要把事业单位的改革、内部激励机制、人事制度改革等工作做好。博物馆行业要对自己提出更高的要求，政府主管部门要加强对博物馆的检查指导。

故宫博物院没有免费开放，这是对古建筑保护的需要。2007年故宫接待游客930万人次，其中1/6是外国游客，这个数字在世界博物馆范围内也是绝无仅有的。对故宫来说，游客太多始终是我们的一个压力。但这并不是说故宫与免费开放无关，免费开放的精神实质是让博物馆更好地为公众服务，坚持它的公益性质，发挥它的社会作用。故宫虽然还不能免费开放，但如何提高我们的服务质量，让游客在故宫看到更多的东西，让游客觉得故宫值得一来，则是我们要认真研究的问题。近年来，我们做了一些努力和探索。例如，从观众需求出发，完善服务体系。2004年在箭亭设立了观众咨询服务中心。太和门观众咨询中心、贞度门西至崇楼、昭德门东至崇楼一线，以及中左、中右、后左、后右四门和午门售票处等的多媒体演示、导览和互动系统正在建设，计划在2008年上半年投入使用。同时，不断完善自动讲解器的讲解内容并新增语种，语种总数达到23种，高居世界各大博物馆前列。其中，汉语又分为普通话和粤语两种，普通话又分为较庄重的张家声版、较诙谐的王刚版和针对少年儿童的鞠萍版。着眼于服务特殊人群，进行专用坡道、残疾人升降器、爬楼车等无障碍通道和设施建设。以迎接奥运为契机，把以双语标牌、餐饮、商店、绿化、环境卫生、综合服务为核心的院整体形象建设列入全院重点工作，为游客提供更好的游览环境和休闲氛围。作为爱国主义教育基地，在探索将博物馆纳入国民教育体系的具体方式方法上积极尝试。第一是建立了面向未成年人的免费开放制度。2005年，故宫博物院在国内博物馆界率先通过预约方式向有组织的中小学生免费开放，并无偿提供讲解。至今，已免费接待来自全国10多个省市的学生、教师16万余人次。第二是成立青少年活动中心，把紫禁城昭德门东侧崇楼作为永久固定地点接待学生团体。中心配备有投影仪、电子触摸屏，邀请学者不定期举办各种历史文化讲座，以加强和青少年的互动交流，让他们从中受到传统文化的熏陶。第三是针对青少年观众，以喜闻乐见的形式、寓教于乐的特色，开展丰富多彩的系列活动。近年来，先后策划实施了针对中小学生的"故宫知识课堂"主题教育活动、"故宫畅想"知识竞赛和征文活动、"小手拉大手"家庭游故宫活动，都获得了空前的热烈反响，累计参加活动的学生和家长达7万多人次。其中"故宫畅想"活动吸引了全国31个省市的6万多名学生参加。2007年还邀请北京海淀行知小学师生500人免费来故宫参观。这些活动不但普及了故宫历史文化知识，丰富了中小学生的课余生活，也有利于学生全面发展和综合素质的提高。

然而，与社会的需要和期盼相比，我们还有差距，要做的事还很多，我们要继续努力。当然，从去年11月湖北省博物馆开始的免费开放试行以来，也遇到了很多问题，比如观众数量出现"井喷"式暴发，展品的安全受到一定程度的影响，等等。但是我们在前进中遇到的问题，是应该解决而且可以解决的。过去我们没有应对此类问题的经验，现在就要认真研究，比如可以通过提前预约控制游客数量，通过对游客的教育更好地保护展品，等等。博物馆界要加强交流，政府要加强指导。尤其针对今年奥运期间的游客增多，要研究新的应对措施。

[解放日报报业集团于2008年3月18日举行"第十四届文化讲坛暨全球博物馆高峰论坛"，英国大英博物馆、法国卢浮宫博物馆、美国纽约大都会博物馆、俄罗斯国立艾尔米塔什博物馆（冬宫）、中国北京故宫博物院以及上海博物馆的馆长，共论"人类文明的共享与弘扬"，本文为作者的演讲]

艺术的民族性与艺术交流

　　什么是民族艺术？民族艺术的基本要素离不开民族、技艺和审美，合而为之即民族艺术就是通过一定的技艺表现出本民族文化的审美理想。艺术给文化插上了审美的翅膀，使之飞往其他陌生的地方和陌生的民族。艺术本身就是人类在劳动中为了交流情感而产生出来的，这就规定了艺术是一种沟通人类思想感情的方式，这种方式是人类都能够理解的共同语言，如音乐、美术、戏曲、舞蹈、建筑和园艺等等，它可以超越国界、超越民族、超越一切空间。当然，由于艺术家和欣赏者在认识上的差距，会有一些具体的作品，在一定时间和范围内，难以使一些人理解，但迄今为止，还没有发现不能交流和无法理解的艺术门类。

一　艺术的民族性问题

　　艺术可以像鸟儿一样飞翔，艺术也和鸟儿一样是有窝的，这个窝就是民族归属。吉卜赛的歌舞艺术几乎浪迹整个世界。在过去，它一直保持着自己的民族性。否则，这个没有祖国的弱小民族早就被当地民族的艺术同化了。不妨说：艺术没有优劣之别，只有民族之异。和文化一样，艺术不可能被武力征服。当19世纪的洋枪洋炮征服了非洲大陆后，西方人却被非洲的原始艺术征服了。19世纪末、20世纪初的西方现代派绘画就是得益于非洲人的原始艺术。

政治多极化、经济一体化、文化多元化是未来世界的发展方向，是当今世界走向和谐的基本要素。和谐是在界面友好的前提下，诸多事物均衡发展的结果。文化和谐的基础是多元化。以艺术为例，由无数个支点支撑起来的世界艺术才能均衡地发展，每一个民族的艺术既是世界艺术的一个支点，又是世界艺术的一个部分，失去民族艺术特色的支点，世界艺术必然会出现失衡的现象。艺术的民族性关系到世界艺术的丰富性和存在的意义，也关系到该艺术的生命。

由于历史、文化等诸多方面的原因，某些艺术"死亡了"，大致有两种情况：其一是该艺术的社会功用和传承人没有了，如古代的岩画艺术基本上失传了，现代几乎没有岩画艺术创作了。这种情况在20世纪依旧存在，如20世纪二三十年代在上海兴起的月份牌年画在几十年后渐渐消失了，好在这些消亡的艺术在技艺上没有秘诀，比它复杂的技艺可以使其艺术复苏，但产生这些艺术的文化背景已不同以往。其二是某个艺术被别的艺术同化了，其原来的民族性已经没有了，如公元前1世纪至公元六七世纪的古代印度佛教的阿旃陀石窟绘画间接影响到中国敦煌石窟的壁画艺术，敦煌壁画汲取外来艺术后在唐代形成了中华民族的壁画艺术特色，一直传承并影响到今天的工笔人物画。可是，由于宗教发展的原因，现在的印度佛教已不是1000多年前的佛教了，阿旃陀的佛教壁画艺术已与今天的印度绘画失去了内在联系。今天有一些民族文化的基因渐渐退化，如因纽特人、印第安人和毛利人等民族的艺术面临着被西方艺术同化的局面，美洲和澳洲国家也已经注意到了这个问题，已经采取积极的保护措施，但问题的关键还在于，这些民族的后裔是否还能像他们的祖先那样有着继承和发扬本民族文化传统的意识。特别是在经济一体化的今天，国家间的经济发展将国际社会聚集成一个大村庄，艺术的民族性问题将更为艰巨地摆在弱小国家和民族的面前。

民族艺术是一个民族文化基因的载体，无数个基因构成了这个民族的精神特质、审美意识、价值观念等等，这是在漫长的历史发展中形成的，民族文化基因是众多民族艺术之间相互区别的基本标志。民族艺术可以汲取许多外来因素，在这个过程中应当保持本民族的文化基因，一旦失去本民族的文化基因，这个艺术就不再属于这个民族了。如中国传统式的建筑可以接受西方的建筑材料，甚至吸收建筑内部的功能设施，但中国建筑讲求天人合一的哲学理念不能丢失，传统的中国建筑元素如四合院和后花园的布局、坡顶、廊柱、斗拱等都体现了中国文化的思想。正因为这些，中国建筑才引得西方建筑学家的青睐，成为世界建筑艺术里一个独立的体系。没有民族文化基因的艺术是没有灵魂的艺术，而没有灵魂的艺术是缺少感染力的。

艺术元素传达出民族文化的基因，无数个艺术元素与文化基因的统一就是艺术的民族性。艺术的民族性是艺术存在的基础，民族性上升到最高层位就是民族责任感，一个对自己的民族没有责任感的艺术家不可能对世界拥有良知、抱有真情。如果托尔斯泰没有一颗伟大的俄罗斯民族之心的话，他的《战争与和平》《安娜·卡列尼娜》等巨著不可能一直震撼到今天的世界。鲁迅的《药》《阿Q正传》等小说在大声唤醒"关在铁屋子里"的人们，这正是他逝世后覆盖其遗体上的三个字"民族魂"的体现。艺术的民族性是进行民族间艺术交流的前提，没有民族性的艺术也就失去了交流的内容和形式，就如同一只空杯无法与任何饮品进行比较和交流一样。

因而有一句话常被引用："越是民族的，就越是世界的。"换言之，越是具有中华民族传统面貌的艺术就越能被异域所接受。有例为证，2004年的"中法文化年"，我国在巴黎举办大型文物展览"神圣的山峰"，当中方策展人向法国总统希拉克问及最欣赏哪几幅山水画时，法国总统指出的10余幅山水画竟然都是一级甲等文物。2007年是"中比文化之春"，在北京和布鲁塞尔分别举办的大型绘画展览"中国·比利时绘画500年"，欧洲著名的油画家、比利时策展人吕克·杜芒斯先生看到清初石涛和八大山人的作品时，惊异之极，他说：在300多年前的中国，就有了非常成熟的现代艺术，他们是有理论的！

二　艺术的多样化问题

无数个民族产生出无数种民族艺术，艺术的民族性加强了，艺术才能出现多样性的局面，才能形成艺术交流的基本条件，这符合艺术发展的基本规律。艺术的多样性是建立在多种民族的基础之上，其多样性有两个层面：

其一是艺术种类的多样性。一种艺术是不可能独立存在的，它必须和多种艺术门类并存并且相互交流，才能形成符合当时潮流的时代风格。没有一个民族只有一种艺术，以能歌善舞的草原民族为例，他们除了舞蹈之外，不可能没有其他艺术，因为与舞蹈相伴的是音乐，舞蹈要叙事，就必须有诗歌等文学，舞蹈的形象要被留存下来，就需要绘画，等等。

其二是各类艺术风格的多样性。艺术的风格因人而异、因时而异、因民族和地域而异，民族风格之下，体现了不同地区的地域风格、时代风格、个人风格等等，这也是同类艺术之间的交流的基本前提。

艺术的多样性不仅是艺术本身发展的需要，而且是当今世界格局所决定了的。国际政治的多极化是因为世界经济利益和经济发展不均衡所决定的，也折射出国际文化的多元化，文化的多元化必定反映出艺术的多样性，这是和谐世界的基本定律。政治上单边主义的结果只能是文化上的大国沙文主义，单边主义将打破世界政治力量的均衡，一个失去均衡的世界是不可能和谐的。因此，艺术的多样化和民族性的问题不是一个简单的学术问题，已经是国际战略发展中的重要一环。这一环，通过文化艺术将全世界弱小国家和民族紧密地联系在一起，也使各个强国和大国听到他们艺术化了的心声，这就形成了在国际范围内的艺术交流。

三　艺术交流的形式

我们立足于东方看世界，主要有以下三大类艺术交流的形式，随着时代的发展，相信还会出现更多的交流形式。

（一）民族之间的艺术交流

民族间的艺术交流大致有4种类型：

1. 东西方的艺术交流

由于东西方民族艺术的基因相差较大，这种交流的结果，大到产生新的艺术种类，小到形成新的艺术流派。长期以来，中国艺术不是在真空中封闭发展，每一次大的发展都是与域外民族的交流密切相关。如清代康乾时期欧洲传教士在宫中传播了西洋绘画的透视、解剖等技艺，将宫廷绘画的写实技能推向了历史上的峰巅。东方的园林艺术在18世纪传播到了欧洲宫廷，又从欧洲宫廷波及贵族家庭，形成了一整套的设计和管理模式，西方才具有了完整意义的园林艺术。这种新的生活方式将人与自然的关系大大拉近了。直到今天，欧美中产阶级旧式住宅的后面都有一个优雅的小花园，他们会津津乐道地说起这种生活方式来自于明代中国江南的文人。又如法国19世纪印象派艺术的产生是取自日本浮世绘对线条、色彩的理解，当时出口到法国的日本瓷器是用废弃了的日本浮世绘作品作为包装纸。

2. 中外民族间的艺术交流

比起东西方之间的艺术交流，中华民族与周边国家和民族的艺术交流的历史条件要便利得多，其性质是东方民族之间的艺术交流。

321

向西：由于地理因素等原因，处在中国西部周边的国家和民族与欧美民族有更多的联系，中国从他们那里间接地获得了西方艺术的基本样式。如敦煌艺术的产生和发展就结合了中国、印度、尼泊尔等国家的民族艺术。再如北齐时期，来自曹国（今乌兹别克斯坦撒马尔罕一带）的曹仲达将佛像画"其体稠叠，衣服紧窄"（俗称"曹衣出水"）的造型风格传到中国北方，实际上这是受到古希腊雕刻影响的艺术语言。向东：中国明代的折扇绘画就是来自新罗的艺术样式。日本绘画的渊源也可以上溯到中国的隋唐宫廷绘画。

3. 中华民族内部的艺术交流

古代，中华民族之间主要是草原文化与农耕文化的艺术交流。如胡旋舞在唐代宫廷产生了较大的影响。据《旧唐书》记载："康国乐，工人皂丝布头巾，绯丝布袍，锦领。舞二人，……舞急转如风，俗谓之胡旋。"即"胡旋舞"，其特点是疾转如风，是古代西域人的民族舞蹈，在唐代入宫，影响到宫廷舞蹈，许多民族的舞蹈家都学会了这种舞蹈语言，直到今天，它还是西北许多少数民族舞蹈的重要表现语言之一。

元代许多西域民族研习汉民族的书画艺术，并且成为当时书画艺术的领军人物，如绘画有高克恭，他是畏兀儿人（今维吾尔族），成为元代米氏云山的代表画家。和他同属一个民族的边鲁，则在水墨细笔花鸟画中占据鳌头。在书法方面，有来自新疆的康里巎巎（音náo），他在汉学方面的造诣使其在朝廷里做到翰林学士承旨（从一品），《元史》评价他的书法是"得晋人笔意，单牍片纸，人争宝之，不啻金玉"。

4. 复合性交流，即中外民族的艺术交流与中华民族内部的交流融合在一起

这种多相结合所产生的艺术，必须有一个主体民族，如盛行1000余年的唐卡艺术是我国藏传佛教特有的绘画。唐文成公主与尼泊尔尺尊公主与藏王松赞干布成婚，两位公主各自带去佛像、佛经。大昭寺

和桑耶寺就是融合了多种外来文化而建造的。寺中的壁画、雕刻就是尼泊尔和汉地匠师参与制作的。在大昭寺中心佛殿门楣的木雕和二楼回廊壁画具有鲜明的尼泊尔艺术风格。在壁画基础上发展起来的唐卡，不可能不受其影响。这可以从1900年敦煌藏经洞绘于公元8世纪至11世纪的帛画的发现得到印证：现被大英博物馆收藏的《观音曼陀罗》《如意轮观音绢索》《观音菩萨像》是吐蕃时期壁画粉本，法国卢浮宫收藏的绘于公元8世纪的《莲花部八尊曼陀罗》帛画，都与唐卡的画法有许多惊人的相似之处。还有斯坦因在藏经洞发现的几幅西藏风格的帛画，画中出现"救度母"等藏传佛教女神。在吐蕃时期，藏传佛教的画工们立足于本民族的绘画，将来自唐朝、印度和尼泊尔的绘画融为一体。

（二）不同艺术门类、不同学科之间的艺术交流

不同门类之间艺术交流的结果是融合成新的艺术门类，如文学与表演艺术相结合产生出戏剧等艺术，摄影与文学、表演艺术的结合又产生了电影艺术，等等。再如绘画与文学的结合产生了连环画、插图等绘画类型。

跨艺术门类的交流古已有之，如唐代书法大师张旭草书的灵感来自于公孙大娘的舞蹈《舞剑器行》中的空间感，恰似杜甫所说，张旭"自此草书长进，豪荡感激"。又如20世纪最杰出的画家毕加索的现代主义绘画就是汲取了非洲的黑人木雕和诸多东方艺术的养分。中国台湾著名的摄影大师郎静山先生的风光摄影吸收了中国传统水墨画的意蕴，使其风光摄影宛如飘逸欲仙的山水画笔墨。

不同学科之间在学术层面的交流结果，会产生出新的艺术门类或新的边缘学科。特别是艺术与自然科学的结合，这是当今艺术发展的趋向之一。对艺术来说，萌生出新的艺术门类，对自然科学来说，开拓了新的科学领域。如在古代，造型艺术与土木工程学的结合，形成了建筑艺术，艺术与植物学的联姻，孕育出园林艺术。在当代，艺术

与电子技术的融合，造就了动漫艺术。可以说，没有一个自然科学领域是艺术借鉴的禁区，而由此生发出无数具有时代气息的艺术新面目。

（三）地域、流派和个人之间的艺术交流

这是同类艺术、不同风格之间的交流，都是产生新的艺术流派的重要条件。比起民族间、艺术门类之间的交流，这种地域、流派和个人之间交流的范围要小得多，可称之为艺术内部的"微循环"，没有这种循环，艺术肌体将会逐渐坏死。因而艺术内部的"微循环"体现了一个民族艺术的基本活力。

如徽班在清乾隆五十五年（1790年）进京，是中国戏剧史发展的关键之年。徽班的兴起，使北京城的京腔、秦腔、昆腔的演员相继进入徽班，昆弋班、京腔班渐趋衰落。此后湖北汉剧进京，徽班又汲取了汉剧的一些唱腔，使徽班的剧目、腔调更为丰富、成熟，最终形成了以皮黄为主、"联络五方之音为一致"的京剧唱腔。

以人与人之间的艺术交流而言，如明代沈周、文徵明、唐寅等名士间的书画交往，形成了"吴门画派"的高峰。又如清初"四王"中"娄东派""虞山派"的山水画风，在宫廷里与来自吴门的画风以及西洋传教士的写实技法融合成当时的正统画派。清初龚贤在金陵（今江苏南京）教授出一批弟子，形成了金陵画派的基础。清代粤籍画家居巢、居廉兄弟的没骨"撞水""撞粉"法就是借鉴了早于他们200年、远在千里之外常州派画家恽南田的写生笔意。

然而，有一些艺术家在特定的历史环境中，由于受到社会矛盾的刺激或不能接受当时的社会政治，反对将艺术作为人际交流的工具，以隐逸的生活方式日趋走向自闭。如元代的倪瓒、吴镇，清初的八大山人等，他们的艺术创作不是为了交流，而是出于排遣内心的郁愤。但这种类型的创作活动是暂时的，他们的后人还是要将他们的艺术与后世进行交流。

因而从哲学的高度上说，封闭是静止的，交流是运动的；封闭是

暂时的，交流是永恒的；封闭是有条件的，而交流是无条件的。如果说交流还需要条件的话，那就是随着现代科技的发展，将大大加强交流的频率和效率。现代交流的形式达到了多种多样，如各种形式的实体展示会、媒体展示、电子展示和图书传播等等。

此外，艺术的交流不仅可以超越空间，而且可以超越时间。我们未必能读懂甲骨文，但是能够读懂古人留给我们的艺术。假如我们前辈的在天之灵看到今天的艺术作品，相信他们也是能够会意的。继承传统是今天与古代艺术交流最重要的目的，继承艺术传统其本身就是与古人进行交流。我们的后代必定要与我们今天的艺术进行交流。

四　艺术交流的意义

艺术是为了表达情感而产生的，也是为交流而产生的。对个人来说，是人与人之间的交流；对国家来说，是国家之间的交流，交流的目的是为了扩大国家和民族的和平空间。如果两个地理位置相近而不进行文化交流的民族，就有可能出现猜疑，由猜疑发展到误识，由误识上升到戒备，由戒备激化到暴力。在暴力冲突的背后，往往潜藏着文化的对抗，国家和民族之间的冲突大多是从文化对立开始的，其结果是多个民族受到严重伤害。艺术交流是消除民族隔阂最有效的手段之一，因为它是和平的力量。近几年反复论及的文化软实力，说到底，就是一个国家进行文化交流的能力。

艺术是在交流中发展的，在交流中因彼此融合程度的不同，会出现千差万别的变化，这种差异或不同，使艺术变得愈加丰富多彩。

艺术是在交流中实现艺术价值的，这个价值无法以价格来衡量。如京剧在与西方歌剧的交流中体现了它自身独一无二的存在价值，即东方独特的表演体系和意会手法。

艺术交流要保持本民族的文化基因，只有这样才能在交流中不断强健。不能在交流中投到对方的怀抱而失去了自我，出现本民族文化"大部分转基因"的现象，失去了本民族的文化价值观。随着时代的发展，人类将联系得愈加紧密。如何在交流中保持各民族的艺术特性已经成为一个世界性的重要课题。

艺术交流将促进世界和谐。人类用艺术来交流感情时往往是在彼此互相尊重、相互平等的状态中进行的，人与人之间是这样，民族之间、国家之间也是如此。国与国之间的艺术交流，是和平时期最高尚的精神享受，这种享受的时间越长，离战争就越远。

（本文刊载于《文艺研究》2008年第12期）

以温情与敬意厚待民族文化

——兼谈鄱阳湖生态经济区的文化建设

很高兴来到南昌参加这个文化高峰论坛。唐代才子王勃在《滕王阁序》中，盛赞江西"物华天宝，人杰地灵"，宋、元、明三朝，直至清前期，江西地区承晋唐文风，人才济济，群峰竞秀，逐渐成为中华文化的重要之区，并对中华民族文化的发展做出重大贡献。这几年，我多次来江西，去了世界文化景观庐山、中国最美的乡村婺源、世界瓷都景德镇、革命摇篮井冈山，对山美水美的赣鄱大地留下非常深的印象。江西生态坏境好，发展势头喜人，现在又提出建设"鄱阳湖生态经济区"，这将是21世纪江西崛起的新跨越。文化高峰论坛的应时举办，对宣传赣鄱文化、提高民众的文化素养，乃至提高整个区域的人文品位，应该说有非常重要的意义。发展更美好、更和谐的未来，必须要认识和理解过去，理解人类不同文明在产生以后，能够以文化的名义积淀下来的各种方式、形态、过程、变化和内涵。清晰的文化脉络，可能喻示着一条通往未来的正确之路。今天我想就民族文化的保护谈几点认识。

一 以温情与敬意厚待民族文化

钱穆先生在《国史大纲》里面说过："任何一国之国民，对其本国以往历史，应该略有所知。尤必附随一种对其本国以往历史之温情与敬意。"①人类文明在无垠的时空中自由延展，形成了多维的文化向度、丰富的文化表征和深邃的文化内涵。对人类历史、文化的好奇与敬畏，让人们期冀能触摸过往历史的真实，品味社会文明的价值，思考人类精神的共享，学会更好地在现代社会中承载历史前进的记忆和重量。源于对人类文明的景仰与传承，历史上从来不乏虔诚之举，听说日本学者到瓷土原料产地中国景德镇瑶里是跪行亲吻高岭土的。我们故宫博物院有大量明清的地毯，但是2000年以前，因为多种原因，没有对它们进行过整理、研究。2000年，有一个英国的地毯专家对中国地毯很有兴趣，要求来看看，我们院里同意了。他来到库房，戴着防毒面具、全副武装，一看到明代的几块地毯，激动万分，跪了下来。2005年我到英国，他请我吃饭，三句话不离这些地毯，使我非常感动。在他的启发下，我们对馆藏地毯进行了蒸熏、整理，现在有800多块地毯整理出来了。但历史上也从来不缺乏对文化的错误态度。以故宫为例：80多年前，有国民政府国府委员提出拍卖故宫博物院的文物；40多年前，有人想要拆除故宫。直到近来也还有人意欲用故宫的地皮开发房地产。20世纪五六十年代，由于对古城自身的价值认识不足，梁思成的保护建议未得到及时有效的贯彻和推广，而"破旧立新"的北京旧城改造和扩建思路，却为全国各地所仿效。这一时期，许多城市开始拆除城墙、城楼和街市公共建筑，如城楼、钟鼓楼、牌楼等，在旧城改造和扩建以及兴办工业的过程中，一些古城的风貌遭到了严重的毁坏。好在现在我们的认识都在提高，大家已经意识到要用温情和敬意来对待我们的文化遗产。党的十七大更高屋建瓴地提出："要激发全民族文化创造活力，提高国家文化软实力，认识中华文化是中华民族生生不息、团结奋进的不竭动力，增强中华文化国际影响力。"中国是世界上唯一历史悠久而文明未曾中断的国

---

① 钱穆：《国史大纲》，商务印书馆，1996年，第1页。

家，中华民族以博大精深、灿烂辉煌的历史文明为全人类做出了重要贡献。在这个过程中，留下的各类文化遗产不计其数，保护这些珍贵的文化遗产，就是保护中华民族赖以生存、发展和走向未来的文化根基。文化遗产的流失，在某种意义上说，就是血脉的流失。鄱阳湖是大自然对江西的恩赐，它集湖光山色、农耕文化、商贾文化和文武之道为一体，博大精深、奥妙无穷，一年又一年地滋润着赣鄱大地，一代又一代地哺育着勤劳的江西儿女，孕育了悠久灿烂的历史文化与宝贵丰实的红色文化，还有不断创新开拓进取的社会主义建设和改革开放的新文化。可以说，有许多的历史值得研究，丰富的素材值得挖掘，鲜明的主题值得称颂，大量的故事值得传扬。面对古人馈赠的丰厚遗产，要有自豪感，同时要以敬畏之心来善待，从对国家和历史负责的高度，从维护国家文化安全的高度，建立高度的文化自觉，加强对民族文化的研究与利用，以虔诚的心灵澄澈文化的血脉。

二　以共享与弘扬传承民族文化

在现代和历史之间，浓缩历史精华的文化遗产是一种纽带和桥梁，它是提供古人与今人对话、沟通历史与未来的平台，是社会大众接受历史教育、提高文化修养的宝贵资源。它绝不应该是一片孤芳自赏的天地、一种远离现实的摆设，一块埋在地下深处的化石。随着社会的发展，寻根之情普遍存在于人类，但我们珍惜文化遗产，不只是要"发思古之幽情"，它更是创造新文化的需要。联合国教科文组织1972年在巴黎通过的《关于在国家一级保护文化和自然遗产的建议》中就说道："在一个生活条件加速变化的社会里，就人类平衡和发展而言，至关重要的是为人类保存一个合适的生活环境，以便人类在此环境中与自然及其前辈留下的文明痕迹保持联系。为此，应该使文化和自然遗产在社会生活中发挥积极的作用，并把当代成就、昔日价值和自然之美纳入一个整体政策。"文化遗产可以提供或者是参与营造适宜于人类生存发展的好的人文环境。在全球化趋势深入发展的今天，在更广泛的区域和范围内，以更加多样化的渠道展示所承载的多种文化成果，与更多的人分享人类文明的记忆，促进不同文化间的交流、理解，推进世界和平与社会和谐，具有更加崇高的社会意义。人民是文化的创造者，又是文化遗产的使用者和守护者，参与文化遗产事业是人民的权利，享受这些成果也是人民的权利，维护好人民的这些权利，才能使文物事业有雄厚的群众基础。

江西省委省政府以高度的文化自觉重视文化遗产保护工作。我在国家文物局工作期间，对江西的文物保护与利用工作有着深刻的印象。今年伊始，国家实行博物馆免费开放，人们期待多年的文化遗产保护成果由人民共享，"博物馆走向大众"的脚步终于迈出。我特别要称赞江西的勇敢创新精神和服务社会的思想境界，从去年11月开始，就率先分两批向社会免费开放11处全国爱国主义教育示范基地，成为全国范围内博物馆免费开放的推波助澜者。博物馆的免费，是政府提高公共文化服务水平的务实举措。而发挥公益性文化机构的辐射功能，必将造就公众亲近历史文化的良好契机。博物馆以往服务精英文化的定位将转向大众文化，我们必须适应人们需求的变化，扩大公共服务体系，向人民群众提供更多更好的精神食粮，让民众分享和参与文化遗产保护，促进人的全面进步。随着时代的发展，社会的进步，公众对精神文化产品的需求，文化遗产保护与社会生活的关联度越来越高，这势必要求我们有更准确的定位，有更开放的思维方式，以及更合理的行为方式，努力完成传承文化遗产保护使命，为社会发展提供更多的服务与贡献。

三　以开拓与进取保护文化遗产

文化遗产是具有公共物品性质的公共资源，不同于一般的物品或商品：它们是独一无二的历史文化载体和人类历史发展的见证，具有时代性、不可再生性和不可替代性，具有符号和象征的作用，与人类的文化感情、群体认同具有密切的联系。毁坏一件或一处，就永远失去一件或一处历史见证物和象征物，永远少了一个历史符号。文化遗产以其历史价值、艺术价值、科学价值等对社会发生积极的作用，为全社会服务，它的发展程度是现代社会文明程度的一个重要标志。其价值是动态的、发展的和不断积累的，会随着社会发展、人们认识水平的提高而有一个不断丰富的呈现过程，可对一代一代人发挥永续的作用。目前，我国文化遗产保护工作的内涵和外延都有了新的发展和变化，在新形势下，深刻理解文化遗产保护理念，准确把握其发展趋势，把更多的文化遗产及时纳入保护范畴，是关系到当前正处于转型期的中国文化遗产保护事业发展全局的重大课题。目前江西确定以鄱阳湖生态经济区为发展战略，将迎来新一轮发展高潮。经济社会的快速发展将使社会生活的各个方面都发生急剧变化，原有的生产生活方式及其实物遗存消失速度可能大大加快。如不及时加以发掘和保护，我们很可能将在极短的时间内彻底忘却昨天的这段历史。全国政协孙家正副主席曾经说过："保护文化遗产时不我待，我们的保护工作是在和时间赛跑。"我们必须担负起历史赋予我们这一代人的使命，树立大文物的观念，拓展文化遗产保护的领域和空间，进一步深化对已知文化遗产价值的再认识，使我们对赣鄱地区文化遗产的认识水平和保护管理能力再上一层楼。江西有红色革命、绿色生态和古色历史相映生辉的丰富文化资源，在鄱阳湖生态经济区核心圈内，山、江、湖齐备，有世界文化景观——庐山，有我国最大的河流与黄金水道——长江，有中国最大的淡水湖与大地之肺——鄱阳湖，这种优势在全世界都是少有的。应该很好地利用这些资源，把鄱阳湖文化做大、做精、做优、做深、做透、做美，做出品牌项目，做出大的影响，将资源优势转化为经济社会快速发展的优势，把区域文化资源量的优势转变为文化经济质的强大，在加快推进文化事业发展的同时做强、做大文化产业，形成具有鲜明特色的文化产业体系。关键要在开放的视野下，立足文化资源，积极作为，借助社会力量，为广大公众提供精神盛宴，实现对民族文化的弘扬。

（本文为作者2008年7月11日在江西"鄱阳湖生态经济区文化建设高峰论坛"上的演讲）

博物馆与非物质文化遗产

今天我演讲的题目是《博物馆与非物质文化遗产》，这个主题的确定，有两方面原因，一个是2月25日全国人大常委会通过了《中华人民共和国非物质文化遗产法》，这对我国文化遗产保护以及文化事业发展具有里程碑意义，标志着非物质文化遗产保护新时代的到来。另一个是，今年"5·18国际博物馆日"的主题是"博物馆与记忆"，而非物质文化遗产的实质是文化的记忆，博物馆与非物质文化遗产有着直接的关系。澳门博物馆陈迎宪馆长也告诉我，澳门博物馆亦担负澳门非物质文化遗产保护的工作，3月底刚完成澳门特区的第二轮申报工作。由于以上几方面原因，我就确定了这个讲题。

一　文化自觉与非物质文化遗产

"文化自觉"是费孝通先生晚年提出来的一个重要概念。他认为，进入信息社会、全球化时代，文化形态也变得那么快，这就发生了自身文化如何保存下去的问题。他认为只有从文化转型上求生路，要善于发挥原有文化的特长，求得民族的生存和发展。他说，提出"文化自觉"，"其意义在于生活在一定文化中的人对其文化有'自知之明'，明白它的来历、形成的过程、所具有的特色和它的发展趋向，自知之明是为了加强对文化转型的自主能力，取得决定适应新环境、新时代文化选择的自主地位"。①文化自觉首先是对自己的文化有自知之明，也就是充分认识自己的历史和传统，这是一种文化延续下去的根与种子。在全球化的今天，对我们来说，文化自觉还有一层非常重要的内容，就是要在多元文化的背景下找到民族文化的自我，明确在新时代下中华文明存在的意义，它可以为世界的未来发展做出什么样的贡献。②按照费孝通先生的观点，文化转型是当前人类共同的问题，不管是中国还是西方，都有一个文化自觉的问题，都要通过文化自觉来重新审视自己的文化和他人的文化，找到本民族文化的"安身立命"之所。

非物质文化遗产关系到民族认同和文化认同，因此与文化自觉有着重要的、直接的关系。我国是世界上历史最悠久的国家之一，而且文明不曾中断过。文化遗产是中华民族历史的重要见证，是光辉灿烂的中华文化的重要载体，是维系中华民族团结统一的精神纽带。文化遗产有物质文化遗产与非物质文化遗产两种。物质文化遗产包括文物、建筑群、遗址等类别，如文化遗址、古墓葬、古建筑及其他重要史迹、建筑物，各时代珍贵的艺术品、工艺美术品、文献资料，等等。按照我国《中华人民共和国非物质文化遗产法》的定义，非物质文化遗产指各族人民世代相传并视为其文化遗产组成部分的各种传统文化表现形式，以及与传统文化表现形式相关的实物和场所。它包括传统口头文学及作为其载体的语言，传统美术、书法、音乐、舞蹈、戏剧、曲艺和杂技，传统技艺、医药和历法，传统礼仪、节庆等民俗，传统体育和游艺；其他非物质文化遗产。可见其内容相当丰富，十分庞杂。

---

① 费孝通：《论人类学与文化自觉》，《关于"文化自觉"的一些表白》，华夏出版社，2004 年，第 194 页。

② 参阅乐黛云：《文化自觉与中西文化会通》，载《河北学刊》2008 年第 1 期。

物质文化遗产与非物质文化遗产都是我国历史的见证和中华文化的重要载体，蕴含着中华民族特有的精神价值、思维方式、想象力和文化意识，体现着中华民族的生命力和创造力等特征。物质文化遗产具有历史性、实物性、静态性、不可再生性和不可传承性等特征。非物质文化遗产是活态的，可传承的，突出人的创造性和人的主体地位。因此，非物质文化遗产蕴藏着传统文化的基因和最深的根源，是母体文化。联合国教科文组织《保护非物质文化遗产公约》指出："这种非物质文化遗产世代相传，在各小区和群体适应周围环境以及自然和历史的互动中，被不断地再创造，为这些小区和群体提供持续的认同感，从而增强对文化多样性和人类创造力的尊重。"可以说，保护非物质文化遗产，不只为拯救传统技艺、保护民俗，更重要的是文化价值的重建，即寻求自我认识。促成我们对传统的理解，并在这种理解上重建对历史和文化的认同。由此可见，非物质文化遗产对于促进文化自觉有着多么重要的意义。

非物质文化遗产之所以引起如此广泛的关注与重视，主要有3个方面原因。

第一，它是人类对自身创造的遗产的认识不断深入和提升的结果，也是文化遗产保护事业深入进行的逻辑发展。国际社会对文化遗产关注与保护由来已久，从近现代国际公约所见，早在1899年和1907年通过的《海牙公约》和1935年通过的《华盛顿条约》中，就确立了关于武装冲突中保护文化财产的各项原则。联合国教科文组织成立之后，通过了一系列关于文化遗产保护的公约、建议和建议案。其中引起重大反响的是1972年的《保护世界文化和自然遗产公约》，但是这个公约没有涉及无形的文化遗产保护。因此，《保护世界文化和自然遗产公约》通过后，一部分会员国就提出在联合国教科文组织内制定有关民间传统文化的国际标准文件。后来在1989年的联合国教科文组织大会第二十五届会议上，通过了《保护民间创作建议案》，主要考虑到民间创作是人类的共同遗产，是促进各国人民和各社会集团更加接近以及确认其文化特性的强有力手段，它在一个民族历史中的作用及在现代文化中的作用等，以及其面对多种因素所冒的危险，认为各国政府在保护民间创作方面应起决定性作用，并应尽快采取行动。1998年，联合国教科文组织颁布《人类口头及非物质文化遗产代表作宣言》。2003年，通过了《保护非物质文化遗产公约》，《保护非物质文化遗产公约》已经认识到了非物质文化遗产是密切人与人之间的关系以及他们之间进行交流和了解的要素，它的作用是不可估量的。《保护非物质文化遗产公约》是对"国际上现有的关于文化遗产和自然遗产的协议、建议书和决议需要有非物质文化遗产方面的新规定有效地予以充实和补充"。有了物质文化遗产与非物质文化遗产两个方面的保护，对文化遗产的保护才是全面的，这反映了人类在遗产上认识的提升过程。在我国，也是经过了由单纯的文物（物质遗产）保护发展到同时重视非文物（非物质文化遗产）保护这么一个过程。

第二，非物质文化遗产面临危机现状的警示。改革开放以来，我国经济社会发生了翻天覆地的变化，特别是随着城市化、工业化、市场化的浪潮，人们生产、生活方式的改变，非物质文化遗产的生存环境受到极大影响与破坏，许多优秀的民族民间文化，包括说唱艺术、手工艺等已濒于消失，或后继无人。严峻的现实使人们认识到，这些流失或消亡的文化艺术，不只属于一个地区、一部分人，而是我们民族文化百花园的一个组成部分，不能任其衰亡，必须认真保护，大力抢救。

第三，对我们中国来说，还有一个重要原因，就是从民族复兴、文化复兴的高度认识传统文化，弘扬优秀传统文化。经过30年来的奋斗，我国经济的高速发展，国家的实力和基础越来越强，国际地位也越来越高，民族复兴成为国人的共同追求。民族复兴需要高扬民族精神，需要文化的复兴。应该看到，为了改变中国近代以来积贫积弱的状况，以对民族危机的深重的文化焦虑为基础，中国"现代性"是在一种对于传统文化的批判和反思中建构自身。传统文化长期受到全面批判，包括传统的节庆文化、祭祀文化和传统服饰等都曾以"封建""落后"而受到激烈的批判和否定。随着改革开放、思想解放，社会对于文化传统的传承有了更为深刻的要求。我们认识到，这些活在当下的传统对于我们新的发展和自我认同的生成，对于认识我们民族的历史以及我们对于人类文明的贡献，都具有重大意义。这也是文化软实力的体现，是文化复兴的重要基础和内涵。还应看到，文化是人民群众创造的，保护和传承非物质文化遗产，就是保护中国人民大众的文化生产与文化接受的基本权利，是文化大繁荣、大发展的题中应有之义。

中国的非物质文化遗产事业，在原来已有的民族民间文化保护工作的基础上，取得了举世瞩目的成就。2001年，中国昆曲艺术被联合国教科文组织列入首批"人类口头和非物质遗产代表作"名单。2003年，联合国教科文组织发布了《保护非物质文化遗产公约》，2004年，我国正式加入该公约组织。2005年，国务院办公厅颁发了《关于加强我国非物质文化遗产保护工作的意见》，我国正式引进"非物质文化遗产"这一概念。2006年，文化部公布了第一批国家级非物质文化遗产保护名录，至今列入国家级非物质文化遗产保护名录的项目1028个，公布国家级非物质文化遗产项目代表性传承人1488名，确立文化生态保护实验区11个，全国普查的非物质文化遗产资源已近87万项，被联合国教科文组织认定为世界级非物质文化遗产项目35项。从2001年中国首次向联合国教科文组织申报非物质遗产项目算起，到今年《中华人民共和国非物质文化遗产法》的公布，我国的非物质文化遗产工作，已走过了整整10年。这10年进展之快、成果之丰、影响之广，出乎人们的预料。

在以上所有成就中，我认为《中华人民共和国非物质文化遗产法》最为重要，它是在总结我国10年来非物质文化遗产保护实践经验的基础上，同时参照联合国教科文组织《保护非物质文化遗产公约》而制定的，并为今后的非物质文化遗产保护提供了坚实的保障，标志着我国非物质文化遗产工作进入依法保护的崭新阶段。我国非物质文化遗产保护立法工作，最早可以追溯到20世纪90年代。全国人大教科文卫委员会对云南、四川、贵州、重庆、广西等地的民间艺术、传统工艺等进行调查后，向文化部提出了研究起草民族民间传统文化保护法的建议，并着手工作。记得2000年11月，全国人大常委会教科文卫委员会、文化部、国家文物局在昆明联合召开了关于保护民族民间文化立法工作座谈会，参加的有各省市区人大常委会负责人及文化文物部门的同志，我作为国家文物局副局长出席了会议，并在会上做了《关于民族民间文化立法工作几个问题》的发言。这次会议令我记忆犹新的是西藏自治区人大常委会一位副主任在会上的发言，他非常认真地说，西藏是个文物大区。当时我吃了一惊，但细细一想，他说得很有道理。按我们传统的文物观念，西藏肯定不能是文物大区，陕西、山西、河北、河南、北京才是，古建筑、文化遗址多，但是如果加上民族民间文化，西藏、新疆、云南等省区则是名副其实的遗产大区、大省了。而这个时候国家文物局正在修订《中华人民共和国文物保护法》，我主持召开过多次修改座谈会。记得在大连召开的会上，我提出文物保护法应包括无形的文物保护，但几位老专家不同意，认为物质的、有形的我们都管不过来，何必自找麻烦！这话有道理，但最主要的还是对非物质文化遗产认识不够，包括我在内，对它的一些基本概念也不很清楚。

2003年11月，全国人大教科文卫委员会组织起草了《中华人民共和国民族民间传统文化保护法》（草稿），提交全国人大常委会审议。现在看，过去开展的中国古代和现当代民族民间文化的保护，与我们现在新进行的非物质文化遗产保护还不太一样。非物质文化遗产保护的内涵和外延显然要比民族民间文化保护的内容更丰富。借鉴联合国教科文组织《保护非物质文化遗产公约》的基本精神，为进一步与国际接轨，2004年8月，全国人大把法律草案的名称改为《中华人民共和国非物质文化遗产法》。现在，这部法律终于正式颁布了。联合国教科文组织《保护非物质文化遗产公约》要求各缔约国采取法律措施，确保非物质文化遗产得到保护和弘扬，我国加入了《保护非物质文化遗产公约》，因此这部法律的出台，是履行《保护非物质文化遗产公约》的责任和义务，而且今年6月1日起就要实施。这说明我们对非物质文化遗产的特点、规律有了深刻把握，对其概念、内涵和保护思路都有了清晰认识。过去在文化领域，我国只有一部法律，就是《中华人民共和国文物保护法》，1982年公布，2002年修订，这是专门保护物质的、有形的文化遗产的法律，现在有了《中华人民共和国非物质文化遗产法》，又把无形的遗产保护了起来。中国的这些文化瑰宝不只属于中华民族，同时属于全人类。这两部法律的认真执行，对中华民族文化遗产的全面的、切实的保护，也是我们为保护人类文化的多样性、丰富性所做的应有贡献。

非物质文化遗产有助于"文化自觉"的形成，反过来，保护非物质文化遗产，同样需要"文化自觉"。这是文化自觉的又一层重要含义，它"主要指一个民族、一个政党在文化上的觉悟和觉醒，包括对文化在历史进步中地位、作用的深刻认识，对文化发展规律的正确把握，对发展文化历史责任的主动担当。文化自觉是一种内在的精神力量，是对文明进步的强烈向往和不懈追求，是推动文化繁荣发展的思想基础和先决条件"。[①]《中华人民共和国非物质文化遗产法》虽然来之不易，虽然公布了，但能否贯彻执行好，还不能盲目乐观。多年以来，在文物保护上有法不依、知法犯法、违法难究的现象时有发生，非物质文化遗产保护也存在同样的问题。当前，在非物质文化遗产保护上，有几种倾向已引起社会普遍关注，需要认真解决：

其一，非物质文化遗产项目申报上的功利性。目前许多地方政府热衷于非物质文化遗产保护项目（尤其是国家级项目和联合国"人类

---

① 云杉：《文化自觉 文化自信 文化自强——对繁荣发展中国特色社会主义文化的思考》，《新华文摘》2010 年第 20 期。

非物质文化遗产项目")的申报,不是出于保护文化遗产,而是基于利益驱动的行为。如为了扩大地方知名度,吸引游客,增加地方财政收入,甚至争取中央财政支持,等等。还有些官员把申报非物质文化遗产项目当作政绩工程,动辄要"打造",不惜大量投入,甚至弄虚作假。一旦申报成功,又是庆祝会,又是举办节庆,而具体的保护工作往往被放到一边,任其自生自灭。

其二,非物质文化遗产项目开发上的问题不容忽视。某些非物质文化遗产项目因为被过度生产性开发而偏离了其本真性。非物质文化遗产资源有着特殊的优势,在有效保护基础上,开展生产性保护有利于非物质文化遗产项目的活态保护和发展。但过度开发已带来严重后果。比如皮影、剪纸、酿酒等工艺,原本是手工的,现在许多地方已变成用机器生产。延续多年的技艺是现代技术根本无法完成的。偏离了遗产的本真性,也就丢掉了遗产的灵魂和精神。又如,国内一些旅游景点,常有许多原本有其独特意义的民族仪式被当成游戏节目向游客开放,这无异于把一种独特的生活方式当成商品向游人出售。生活方式一旦成了赚钱工具,其自身的生命力就会大大削减。很显然,这一类的项目的开发,其实质不是在保护,而是在加速遗产的消亡。[1]

其三,警惕城市化悲剧可能正向农村转移。这是全国政协常委、作家冯骥才在今年两会上的大声疾呼,他也为此递交了提案。他说,古村落是中国文化的根基所在,目前全国有230万个村庄,普查显示,依旧保存跟自然相融合的村落规划、代表性民居、经典建筑、民俗和非物质文化遗产的古村落,现在还剩两三千个,而在2005年时,这个数据还是5000个。这是未来10年中国文化最大的问题。他认为,古村落的加速消失主要有3个原因:城市化加速;地方政府需要土地作为发展经济的资源;房地产开发在城市中已经很难寻求到空间,于是向农

---

① 袁祺:《重建文化价值观:年轻的非遗承载之重》,《文汇报》2009年6月13日。

村转移。[①]

我们看到，以上问题的发生，主要责任在领导与地方政府，解决这些问题，当然也主要靠他们。各级领导与政府一定要有高度的文化自觉，要有强烈的法律意识，要有"担当"，努力纠正错误的观念，切实把包括非物质文化遗产在内的整个文化遗产保护工作做好。这是关于中华民族、中华文化持续发展的大问题。

二 文化遗产保护实践的发展与博物馆的与时俱进

博物馆与非物质文化遗产的结缘，这既是人类对文化遗产认识不断加深、保护领域不断拓宽的客观要求，也是博物馆自身适应时代潮流和社会需要、理念不断提升、功能和职能不断发展的结果。

我们不妨放开视野，从博物馆发展历程中去看待这一变化。近代博物馆在欧洲产生，至今已有三百来年历史。200多年前卢浮宫开放，法国大革命开创了博物馆社会化的先河，也标志着世界博物馆的发展开始了一个新的时代。19世纪是博物馆发展的黄金时期，各种不同规模的博物馆发展很快，特别是一些大型博物馆的诞生，亚非拉地区也陆续建立了一些博物馆。博物馆专业化的发展趋向逐渐明显，博物馆科学水平得到提高，社会教育职能得到加强。[②]而这一时期帝国主义对亚非拉的文化掠夺，使欧美许多博物馆藏品得到充实。也给这些被掠夺国家、民族留下刻骨铭心的伤痛。这个时期，博物馆重视的都是"物"，是有形的物质文化遗产。

1946年国际博物馆协会（以下简称"国际博协"）成立，回顾这60余年国际博物馆理论和博物馆发展的状况，更是启人深思。社

---

① 《中国青年报》2011年3月11日。

② 王宏钧：《中国博物馆学基础（修订本）》，上海古籍出版社，2001年，第62—72页。

会的进步，文化遗产理念的提升以及保护实践的发展，都在影响着博物馆。博物馆作为社会文化教育机构，从其承担的社会职责而言，称为博物馆职能；从其所发挥的功用和效能而言，称为博物馆功能。据我国著名博物馆学专家苏东海先生研究，国际博协一成立，就产生了认识分歧，分歧始于大会制定的博物馆的第一个定义："博物馆是指向公众开放的美术、工艺、科学、历史以及考古学藏品的机构，也包括动物园和植物园，但图书馆如无常设陈列室者则除外。"领导层为此展开了争论，争论的焦点在于那些不以藏品为中心的机构，如动物园、植物园、图书馆陈列室应否算作博物馆。苏东海先生认为，围绕这一机构之争，实际上正是博物馆改革的一个新思想的开端，体现了博物馆走向社会最初的一种努力。在博物馆领导层努力开放自己的同时，领导层的另一些人则在努力巩固博物馆自身，强调专业人员培训。这样开始了分化，并逐渐形成两条各有侧重的思想路线：一条是以博物馆功能为基础的专业化路线，另一条是以博物馆职能为基础的社会化路线。这是博物馆在适应社会发展大环境中产生的分歧。在博物馆专业化的挤压下，在联合国教科文组织的支持下，1971年，古迹、遗址、国家公园和自然保护区从国际博协分化出去，成立了国际古迹和遗址保护理事会，成为另一个非政府组织的国际遗产保护机构。在这次体制分化的同时，博物馆改革的呼声也日益高涨，1971年的国际博协第九次大会主题是"为人民服务的博物馆：今天和明天；博物馆的教育和文化功能"。以人与环境的紧密结合为特征的生态博物馆的新思维推动了新博物馆学的诞生。1972年智利圣地亚哥圆桌会议，博物馆专家与教育、文化、科学机构学者的深入探讨，形成将博物馆与社会整合在一起的"整体博物馆"思想。这种博物馆可以理解为：博物馆的功能（保护、研究和传播）应当相互整合在一起（称之为内部整体），同时博物馆的功能还应当与环境整合在一起（称之为外部整体）。博物馆的整体，意味着它必须是多学科和跨学科合并成为社会的一部分。1974年，在哥本哈根召开的国际博协第十次大会主题是"博物馆与现代世界"。这次大会决定了国际博物馆的未来，所有与会者都清楚地意识到章程变得陈旧，不能再代表国际博协的真正目标，终于产生了新的章程及其新定义，给予博物馆更加面对社会、面对未来的新意义："博物馆是一个不追求营利、为社会和社会发展服务的公开的永久性机构。它把收藏、保存、研究有关人类及其环境见证物当作自己的基本职责，以便展出，公之于众，提供学习、教育、欣赏的机会。"这是个很重要的定义。

在世纪之交，对博物馆职能扩大与专业提升进行整合的理论逐渐抬头。国际博物馆理论界已看到了博物馆面临的新情况，新趋势，有人概括为5个扩大：一、博物馆概念的扩大，把博物馆看作一种现象而不仅仅是一种机构；二、物品概念的扩大，超越了人类的"创造物"而包容了人类社会及自然环境之间的所有证据，收藏行为要作为发展的一个优先考虑，收藏不是手段而是博物馆的一种最终目的；三、遗产概念的扩大，超越了有形文化遗产，包含了文化的无形证据；四、社会概念的扩大，包含所有人类群体、平等地融入博物馆中；五、发展与可持续性概念的扩大，21世纪必须研究发展的多元模式共生的可能性、可持续发展的不同模式。[①]为此，有人倡导整合性博物馆、有人倡导包容性博物馆，这都是在国际文化遗产理论大发展和保护行动推进下对博物馆改革推动的结果。非物质文化遗产保护已不可避免地进入了博物馆视野。2005年，国际博协制定的战略规划进一步重申了博物馆核心价值和历史使命，再次明确了博物馆的核心价值在于"对物质与非物质世界的文化遗产保存、延续、交流的义务"，其历史使命在于"在社会上致力于保存、传播和交流目前与未来世界的有形与无形、自然和文化遗产的工作"。[②]

---

① 特丽萨·希尔纳：《博物馆学、遗产与可持续发展——新世纪新理论》，转引自苏东海《博物馆的沉思（三）》，文物出版社，2010年，第177—178页。

② 苏东海：《国际博物馆理论发展中的两条思想路线述略》，载《博物馆的沉思（三）》，文物出版社，2010年，第178—179页。

国际博协2001年通过的《国际博物馆协会章程》，对博物馆规定："博物馆是一个为社会及其发展服务的、向公众开放的非营利性常设机构，为研究、教育、欣赏的目的征集、保护、研究、传播并展出人类及人类环境的物证。"并列举了9项认为"具有博物馆资格"的机构，说明博物馆快速发展且多种形态的博物馆在涌现。其中第八项为"保护、延续和管理实物或非实物遗产资源（活遗产和数字模拟活动）的文化中心和相关机构"。根据博物馆外部条件的变化和业界对博物馆工作目的的认识，国际博协2007年对博物馆的定义又做了一些修订："博物馆是一个为社会及其发展服务的、向公众开放的非营利性常设机构，为教育、研究、欣赏的目的征集、保护、研究、传播并展出人类及人类环境的物质及非物质遗产。"与2001年定义比较，有3处重要调整：其一，是调整了博物馆业务目的表述顺序，将"教育"调到第一位，取代了多年来将"研究"置于首位的认识。看起来这只是表述语序的调整，实际上反映了国际博物馆界近年来对博物馆社会责任的强调，反映了对博物馆社会效益的关注，也反映了博物馆在工作态度上更采取外向的选择。其二，是将博物馆工作对象的外延延伸到非物质遗产。在2004年国际博协首尔大会上，已经显现出将非物质遗产纳入博物馆工作对象的迹象。在经过多年广泛讨论的基础上，这次博物馆定义正式申明"非物质遗产"是博物馆工作对象。这一申明，有助于消除长时间以来围绕博物馆能否进行非物质遗产保护工作的争议，明确了博物馆不仅要继续保护管理好物质遗产，也要调整工作方向、业务流程和工作规范，成为保护、传承、管理非物质遗产的积极力量。其三，是去除了沿用多年的对可视为博物馆的组织的列举，只保留了对博物馆组织目的、性质、功能和工作对象的原则表述。去除列举部分也传递了一个信号，即当代公共博物馆的发展进入一个百花齐放的时代，也处在变革发展的重要时期。在这个时代，出现了许多新样态的博物馆，人们很难只是以组织的名称、构成成分和组织结构来简单确定其是否为博物馆。这一调整似乎也反映了国际博物馆界开放、包容的心态，只要组织宗旨、身份、目的、任务和主要业务活动的基础和内容符合博物馆的原则规定，并经所在国家博物馆组织的认定，就可以被接纳成为博物馆大家庭的成员。这一做法也为博物馆组织的创新和革新亮了绿灯，人们不再纠缠组织名称和构成要素，而是更重视博物馆的组织特性、社会责任和社会效益。①

这里，我想谈谈对于"国际博物馆日"主题的一些认识。"国际博物馆日"是国际博协于1977年5月20日在第十二次全体会议上通过并设立的，时间定为每年的5月18日，旨在提高公众对博物馆在推动社会发展中所扮演的角色的认识，也为博物馆专业人员提供了一个与公众面对面交流的绝好机会，并帮助公众认识到博物馆在努力成为"为社会及社会发展服务的机构"的过程中所面临的各种挑战。从1992年至2010年，每个"国际博物馆日"都有明确的主题，至今已有18个，依次为"博物馆与环境""博物馆与土著居民""博物馆幕后""响应与责任""为明天而收集今天""与文物的非法贩运、交易行为做斗争""发现的快乐""致力于社会和平与和睦的博物馆""博物馆：建设小区""博物馆与全球化""博物馆与朋友""博物馆与无形遗产""博物馆：沟通文化的桥梁""博物馆与青少年""博物馆和共同的遗产""博物馆：促进社会变革与发展的力量""博物馆与旅游""博物馆致力于社会和谐"。这些不同的主题，一方面反映博物馆功能的逐步扩大，其与社会及社会发展的主题和热点的关系；另一方面为博物馆的发展指明了目标和方向。自从"国际博物馆日"设立以来，其发展一直处于上升势头，影响也越来越大。

今年"国际博物馆日"主题为"博物馆与记忆"，强调博物馆作为人类文明记忆、传承、创新的重要基地，承担着记录过去、反映现代和未来发展的重要职责，应积极发挥文化遗产作用，并动员公众一

---

① 宋向光：《国际博协"博物馆"定义调整的解读》，《中国文物报》2009年3月20日。

起来探索与发现历史记忆，共同保护人类珍稀而脆弱的文化遗产。我认为这个主题很好，"记忆"是个值得认真研究的概念。这里我想介绍有关"记忆"的一些资料。

记忆虽然几乎与人类的历史一样长久，但对它的专门研究还非常短暂，而且记忆研究具有跨学科、综合性的特点，是多种学科共同关注的对象。20世纪初期，这种对记忆的研究逐渐突破心理学的藩篱，引入社会学领域。一般地，法国社会学家莫里斯·哈尔布瓦什（Maurice Halbwachs）被认为是从社会的角度来探讨记忆的开创者。哈氏更强调记忆的社会性。1925年，他出版了代表作《记忆的社会框架》，首次引入了"集体记忆"这一概念，并且指出集体记忆不是个人记忆的组合，而是对过去的集体重构。他将记忆分为3个层次：第一个层次，他称之为"个人记忆"，它主要是与个人的生活经历有关。第二个层次是"集体记忆"，它是由一些经历过同样事件的人们的共同记忆和相关的事件留下的客观痕迹（与事件有关的空间留下的制度、与此相关的文字和口头档案材料等）构成的。第三个层次是"传统"，它是在相关事件的当事人消失以后才出现的。①他在《论集体记忆》中提出，集体记忆具有双重性质，既是一种物质客体——比如一尊塑像、一座纪念碑、一个地点，又是一种象征符号——某种具有精神含义的东西，或某种附着于并被强载入这种物质客体之上的为群体共享的东西。②

这里再介绍一个关于"文化记忆"的概念。所谓文化记忆，就是一个民族或国家的集体记忆力。这个概念由德国学者扬·阿斯曼（Jan Assmann）在20世纪90年代首次提出，所要回答的是"我们是谁"和"我们从哪里来、要到哪里去"的文化认同性问题。文化记忆的内容通常是一个社会群体共同拥有的过去，其中既包括传说中的

① 沈坚：《法国记忆史视野下的集体记忆》，《中国社会科学报》2010年3月2日。
② 高源：《读〈社会如何记忆〉》，《中国人类学评论》第18期。

神话时代，也包括有据可查的信史。它在时间结构上具有绝对性，往往可以一直回溯到远古，而不受一般局限于三四代之内的世代记忆（generations geachtnis）的限制。在交流形式上，文化记忆所依靠的是有组织的、公共性的集体交流，其传承方式可分为"与仪式相关的"（rituelle koharenz）和"与文字相关的"（schriftliche koharenz）两大类别。任何一种文化，只要它的文化记忆还在发挥作用，就可以得到持续发展。相反，文化记忆的消失也就意味着文化主体性的消亡。文化记忆的具体表现形式有档案与历史、学堂教育、庆典活动、纪念性建筑物等。阿斯曼的文化记忆理论为研究文化的内部传承与交流方式提供了一个基本的理论构架。目前，一批德国学者正致力于扩充和完备这一理论体系。除了试图运用该理论分析一些古代文明的兴衰史之外。海德堡大学的60多名学者建立了一支以"仪式动力"（ritual dynamik）为主题的特别研究队伍，其出发点就在于纠正阿斯曼文化记忆理论重"文"轻"礼"的倾向，强调仪式在文化记忆功能机制中所发挥的重要作用。在他们看来，由文字形成的文本文献只有在仪式化之后才能发挥集体记忆的功效：书本知识需要学习传授和反复朗诵才能嵌入大脑；纪念性的建筑物如果不举行定期的庆典仪式（如奠基礼、揭幕礼、定期的拜谒等），就不会引起任何人的关心和注目；管束人们思想行为的经典文本，也必须将其内容转化为可见可感的仪式规范之后才能发生作用。总之，仪式对于一种文化的意义，远远大于我们迄今为止的认识。它不仅和文本相辅相成，而且在很大程度上还具备了超越和驾驭文本的巨大潜能。①

从以上介绍看到，莫里斯·哈尔布瓦什与扬·阿斯曼的理论有其共通之处，如都强调"集体记忆"，都重视精神的作用，等。文化遗产的本质就是一种记忆，包括物质的与非物质的文化遗产。人类

---

① 王霄冰：《文化记忆、传统创新与节日遗产保护》，《中国人民大学学报》2007 年第 1 期。

是需要记忆的，并需要不断地通过各种不同形式的"怀旧"手段，借以找到精神的家园，人类还将自己的记忆能力"移接"到某些物质载体上，所以人们称文化遗产是"历史的见证"，这些见证物也就理所当然成为人类的生存条件之一。强化记忆意识，使得博物馆拓宽了思路，在遗产的保护和利用上会有新的天地。对于记忆，我感到有3点需要注意：一是要发现记忆，甚至抢救有关记忆。两岸故宫博物院2010年开展的"温故知新：重走故宫文物南迁路"活动就是一例。二是对于遗产特别是民俗、民间信仰及传统等文化活动，要进行认真考察，梳理记忆的发展脉络，克服长期形成的"迷信"概念的简单化认识，把真正的非物质文化遗产保护起来。[①]三是记忆也可能变形，精神也可能流失，要重视保护记忆的原真性。例如节日文化，有人说现在春节的年味儿越来越淡了。要注重节日的精神实质和功能。

三　博物馆在非物质文化遗产保护中的机遇与挑战

博物馆保护非物质文化遗产还是一个新的课题。2002年10月，在上海召开的"国际博协亚太地区第七次大会暨博物馆无形文化遗产国际学术讨论会"，产生了《上海宪章》，宣告亚太地区博物馆开始了保护非物质文化遗产的国际联合行动，唤起亚太地区国家、社会和博物馆对保护非物质文化遗产的关注。特别是表述在《上海宪章》中的14条原则，不仅集中了亚太地区创新探索的初步经验，而且规划与规范了今后的行动准则。例如"创立跨学科、跨行业的方法，使可移动与不可移动、物质与非物质、自然与文化的遗产融为一体"；"制定全面开展博物馆和遗产保护实践活动的档案记录、方法与标准"；

---

① 宋红娟：《"迷信"概念的发生学研究——对非物质文化遗产保护工作一个难题的探讨》，《思想战线》（昆明）2009 年第 3 期。

"开展试点项目，为建立小区参与制定非物质遗产资源清单的方法做出示范"；"努力确保以符合地方特色的方式，真实地保护、展示、诠释遗产资源"；"利用印刷品、视听、影视、数字化和电子通信技术等各种媒体形式"；"评估并着手开展物质与非物质遗产统一管理所需的培训和能力培养"；"用恰当的语言提供全面解说，并尽可能聘用非物质遗产资源当地的保管人员"；"为博物馆和其他遗产机构建立一套物质与非物质遗产相结合的标准与方法"；等等。[①]这次会议距今已快10年，博物馆在非物质文化遗产的保护方面又有许多新的探索、新的经验。《中华人民共和国非物质文化遗产法》第4章第35条规定：包括博物馆在内的文化机构，"应根据各自业务范围，开展非物质文化遗产的整理、研究、学术交流和非物质文化遗产代表性项目的宣传、展示"。

博物馆对于非物质文化遗产的保护与保存，有其特殊的优势条件，这主要在于博物馆有一套保护、保存遗产的科学设置及一批专业人员，还有长期积累的丰富经验。其实不少博物馆在非物质文化遗产保护与传扬方面已做出了努力，例如从20世纪七八十年代以来，曾经参与对民间文学艺术诸如文学、音乐、歌舞、戏曲、剪纸、说唱、皮影、刺绣、编织等调查、整理和抢救，采取笔记、图画、记谱、录音、照相等方式对传统技术进行整理，成功地抢救了许多已濒临危境的非物质文化遗产。澳门博物馆在这方面就很出色。我以前来过澳门3次，每次都会去澳门博物馆，每次都有新的收获。特别是关于澳门民间艺术与传统文化的展示，反映澳门的传统节庆、日常生活习俗、传统手工艺及典当行业等，突破平面展览模式，利用立体、光、声、像等新技术，还有多种语言可供选择，给观众留下较深的印象。而且澳门博物馆还承担着澳门非物质文化遗产的整理、申报等工作，更发挥着重要作用。在2010年的"中国文化遗产日"上，澳门博物馆围绕

---

① 《上海宪章》，《中国博物馆》2002年第4期。

"文化遗产在我身边"的主题开展了一系列活动，还在大炮台回廊举行了"人类非物质文化遗产——粤剧"图片展，向社会进行宣传。

博物馆承担非物质文化遗产保护、保存的任务，不仅是人类为了社会的可持续发展赋予博物馆的新使命，也给博物馆界带来新的机遇与挑战。它不仅引起博物馆收藏观的变化，也必然带动科研、展示、教育、传播等各种功能的扩大与改革，给博物馆注入新的活力。但是由于非物质文化遗产保护事业开展时间并不长，博物馆也在探索起步阶段，需要研究解决的问题还很多，其中一个重要方面仍是应加深对非物质文化遗产概念的认识，特别是对物质与非物质关系的认识。称之为非物质文化遗产，并不是说这一类文化遗产没有物质表现形式，不需要物质的载体加以呈现。其实各种形式的非物质文化遗产，如中国的昆曲艺术、古琴艺术、新疆维吾尔族的木卡姆艺术，中国与蒙古国蒙古族长调民歌，等等，都要靠表演它们的人和一定的乐器、道具以及具体的表演过程这些物化的载体和表现形式才能呈现出来。然而，非物质文化遗产所重点强调的并不是这些物质层面的载体和呈现形式，而是蕴藏在这些物化形式背后的精湛的技艺、独到的思维方式、丰富的精神蕴含等非物质形态的内容。总之，非物质文化遗产指的不是物，也不是人，但又离不开人，离不开物。[①]或者说，物质文化遗产与非物质文化遗产的区别只是相对的：非物质文化遗产中有物质的因素，物质文化遗产中也有非物质的、精神价值的因素。因为我国传统博物馆长期强调的是"物"，掌握了非物质文化遗产这一内涵，博物馆在对其收藏、展示、传承的探索与实践中就可注意以下4点：其一，在确认非物质文化遗产项目时，一定要弄清遗产的源流关系，掌握遗产所蕴含、所反映的精神和价值。有的地方对非物质文化遗产的调查常常是以征集为目的，未做认真深入的挖掘与梳理，忽视了文化的源流关系、文化的传承关系，所获得的遗产知识往往不是准确的。

---

① 王文章：《非物质文化遗产概论》，文化艺术出版社，2006年，第9—10页。

其二，非物质文化遗产是具有活态流变性的特殊文化形式，博物馆在将非物质文化遗产陈列展示时，要尽量避免采取静止、凝固的展陈方式，要做到非物质文化遗产的"活态传承"，这是衡量非物质文化遗产保护传承方式合理性的基本原则。其三，任何非物质文化遗产的表演演示，都不应随意地进行商业性加工、改造，不能改变其活态传承的本质。其四，要有完整保护文化遗产的理念。在博物馆社会功能的实现中，坚持物质与非物质文化遗产相结合的观点，通过保存和传播尽可能完整意义上的文化遗产，起到理解、诠释和传承文化的多样性的作用。

近年来，一些新型博物馆在我国的产生，促进了物质文化遗产与非物质文化遗产的全面保护，如生态博物馆、小区博物馆、民族博物馆、村寨博物馆、数字博物馆等，都是有益的探索。非物质文化遗产包括了一系列活的、持续创造的实践活动、知识及其表现形式，它可以使小区公众产生认同感和延续感。非物质文化遗产的保护和传承依赖于遗产相关小区及其民众的意愿和态度。从这一观点出发，博物馆对非物质文化遗产的保护，必须依赖小区民众的积极参与。1998年10月31日，中国同挪威合作的中国第一座生态博物馆——贵州六枝梭嘎生态博物馆正式成立。生态博物馆是对自然环境、人文环境、物质遗产、非物质遗产进行整体保护、原地保护和居民自己保护，从而使人、物与环境处于固有的生态关系中，并和谐发展的一种博物馆新理念和新方法。以后贵州又建了两座生态博物馆，内蒙古、湖南、广西等省区也有了生态博物馆。2000年，我在国家文物局工作，曾去梭嘎考察过，留下了很深的印象。记得那天是个赶集的日子，路上碰到梭嘎村的中老年妇女，头上两边都有两条像木角一样的饰物，因而被称作"长角苗"，有其独特的生活方式、风俗习惯以及本民族语言，村里有新建的博物馆，负责遗产的调查、整理和抢救。

2001年，我曾在湖南通道县参加过湖南、广西、贵州等省区关于保护民族民间文化、建设生态博物馆的会议。记得贵州的同志认识最高，讲得也最好。近10年我再未考察过梭戛。前不久，看到田青先生一篇文章，他从其他人写的文章中，了解到梭戛生态博物馆处于衰落状况①，我为此给贵州文化厅同志打电话询问，她说因为经济太落后，村民要外出，但博物馆还是坚持了下来，做了很多探索。我想，不管梭戛生态博物馆是兴是衰，都是值得认真总结的。

对中国一些大型博物馆或某些收藏有特色的博物馆来说，传统的文物修复、文物保护技术也是重要的非物质文化遗产，需要认真发掘、整理并传承、弘扬。中国是文明古国、文物大国。历代传世和埋藏出土的文物十分丰富。文物在传世或埋藏过程中，常常由于物理的、化学的以及生物的种种原因，造成残破、毁损、腐蚀、变形等等。因此，文物修复就与文物收藏传承相伴而生。又由于文物种类的多样性，文物价值的珍贵性，文物修复的复杂性等原因，文物修复的技术和手段就必然具有针对性强、精密度高、技巧性强的特点。中国传统文物修复技术是一门有上千年历史的传统工艺技术，大致分为古书画装裱、古籍修复、金属类修复、陶瓷器修复、木器家具修复及各类文物复制技术、碑帖传拓技术、囊匣制作技术等几个大项。②《保护非物质文化遗产公约》中指出，非物质文化遗产包括传统的手工技能。各国、各民族保存下来的传统的手工技艺可能是本国、本民族文化遗产的直接创造方法，同时它也是本国、本民族文化遗产保存、保护以及传承的重要媒介。我国特有的传统文物（包括可移动文物与不可移动文物）制作修复与复制工艺，不但包含了精巧的技术，还包含了中国千年的文化精粹，有着自己独特的发展轨迹。这些独特的传统手工技艺作为中国古代一种特殊的传统文化，是历史文化遗产传承的承载者，它包含了中国古代各个时期的有关文化遗产创作的重要历史

---

① 参阅田青：《我们拥有足够的"文化自觉"吗——对当前非物质文化遗产保护的思考》，《中国文化报》2010年2月22日。

② 贾文忠：《无形文化遗产：中国传统文物修复技术》，《中国博物馆》2002年第4期。

信息，是研究和保护中国古代历史文物的重要途径之一，是我国特有的一类非物质文化遗产。

试以故宫为例。故宫博物院不但收藏了180余万件（套）的文物精品，还保存了许多中国古代特有的传统手工技艺——传统文物修复、复制技术。其中包括古书画的装裱与修复、青铜器的修复与复制、宝玉石的雕刻与镶嵌、传世漆器与木器的修复、古书画临摹复制技术、古钟表的修复技术、囊匣的制作技术、古建修缮技术等。这些技术，都有着上百年的历史，有的历史甚至更为悠久，是经过世代相传，在不断完善和发展中形成的有着完整工艺流程的技术，具有中国鲜明的民族风格。它们大多是在"故宫"这个特殊环境下完善和发展的，是具有故宫特色的"非物质文化遗产"。《故宫博物院2003—2020年发展总体规划纲要》中提出"要特别注意进一步挖掘、存留、传承非物质文化遗产"。故宫博物院在2008年制定的《故宫博物院近期科研规划》中，把"加强我院非物质文化遗产的整理和传承工作，整理出我院非物质文化遗产的具体项目并初步制定包括传承在内的保护措施和申报工作"作为近期的科研发展目标之一。从2007年以来，已有"故宫官式古建营造技艺""古书画修裱技艺""古书画人工临摹复制技术""青铜器传统修复复制技术"4项列入国家级非遗名录项目。

例如，故宫保存的中国古代书画临摹复制技术，是中国各博物馆中仅有的。中国古代书画临摹技术的历史非常悠久。按历史文献记载，公元3世纪，东晋画家顾恺之不仅创作了很多名画，同时临摹了许多绘画作品；公元5世纪，南朝刘宋时期的画家刘绍祖，是个"善于传写"的摹画高手；公元6世纪，南齐谢赫撰写的画论《古画品录》中有六法之一的"传移模写"；唐初，皇家设立掌理秘书图籍的官署"集贤院"，曾大规模地进行临摹和研究古书画的工作；宋代大书法家米芾，因爱好古人书画，遍临晋唐名迹，可以乱真；宋代以后随着绘画艺术的发展，书画临摹的风尚也随之更加普遍；特别是明清以来，临摹书画之风更盛。但是，随着社会的发展，书画艺术品进入社会经济领域。人们由于利益的驱使，开始利用特殊的技术进行古书画临摹复制，即古书画"作伪"。从明末开始，赝品书画的制作不仅手法多样，且带有地区特色，出现了"湖南造""河南造""广东造""苏州片""扬州皮匠刀"等。民国初期，上海地区集中了一批专以临摹传世名画作伪的书画临摹高手，成员主要有谭敬、汤安、金仲鱼、郑竹友、胡经等。他们制作赝品书画分工合作，或绘画，或写字，或摹刻印章，或装裱作旧，所摹作品惟妙惟肖，几乎可以乱真。现在包括故宫博物院、上海博物馆等很多博物馆还收藏有当时他们临摹的作品。与此同时，北京、天津画坛也出现了一批绘画高手，其中包括"湖社画会"的陈林斋和著名女画家冯忠莲（陈少梅之妻）以及专门临摹书法印章的金禹民。中华人民共和国成立后，故宫博物院成立文物修复工厂，聘请金仲鱼、郑竹友、冯忠莲、金禹民、陈林斋等大师临摹故宫收藏的国宝级书画文物。这些大师在故宫传承技艺，培养了包括刘炳森在内的一批书画临摹大师，为中国的文物保护事业做出了贡献。

又如，故宫钟表的制作修复技术成形于18世纪后半叶，已延续了200多年。这项技术源于清宫造办处做钟处。当时的做钟处是承制御制钟的地方，也兼修宫廷钟表，主要技术集广钟制造、西洋钟表修复、清宫钟表技术于一身，以宫廷钟表为主要修理对象，传承有绪。直到清末，清宫造办处做钟处仍负责宫廷钟表的制作维修与保养。辛亥革命后，原做钟处的工匠仍然留在紫禁城中从事清宫钟表的修复与维护。1925年故宫博物院成立，原做钟处的工匠又被留在了故宫博物院，为故宫修复钟表文物。1949年后，这些工匠继续在故宫博物院从事古代钟表修复工作，同时传承技艺，培养了一批技术精湛的钟表修复专家。

为进一步抢救性保护故宫传统文物修复、复制技术，故宫博物院于2008年着手制作电视纪录片《故宫绝活》，希望通过影像的形式对故宫现有的传统文物修复技术进行记录，存留数据。经过长期的筹备，《故宫绝活·古书画装裱修复》于2008年底正式开机，这是故宫博物院着力保护非物质文化遗产的重要行动。

故宫博物院除了拥有传统文物修复技术、古建修缮技术等既有传统手工技艺类的非物质文化遗产，还拥有宫廷音乐、宫廷典礼、宫廷饮食文化等寓于实物数据之中的非物质文化遗产，这些非物质文化遗产都是故宫的珍贵资源，都有待于进一步发掘、整理和弘扬。①

（本文为作者2011年4月16日在澳门博物馆的演讲）

---

① 刘舜强：《故宫博物院的非物质文化遗产保护》，为未刊稿。

《郑欣淼文集》书目